古漢字字形表系列

黄德寬 主編

徐在國 副主編

商代文字字形表

夏大兆 編著

本項目爲
國家社科基金重大項目「漢字發展通史」（11&ZD126）
二〇一五年國家古籍整理出版資助項目

前言

近年來，我們先後承擔了國家社會科學基金重點項目「漢字理論與漢字發展史研究」(05AYY002)、重大招標項目「漢字發展通史」研究(11&ZD126)等課題。前一課題的結項成果《古漢字發展論》，有幸列入「國家哲學社會科學成果文庫」(二〇一三)，由中華書局於二〇一四年出版；後一課題目前也已進入研究的後期階段。

漢字理論與發展史是一項基礎性研究課題。作爲自源的古典文字體系，漢字歷史悠久，内涵豐富，系統複雜。在開展課題研究時，我們曾設想在以下方面有所創新並取得進展：一是進一步歸納和揭示漢字的結構類型，重新闡釋漢字的構造理論及其功能；二是更客觀地描述漢字形體的特點及其發展變化，揭示漢字形體發展演變的基本規律；三是劃分出漢字發展演進的歷史階段，並對各個階段漢字構形、形體、使用等情況作出準確的判斷；四是建立觀測漢字發展歷史的理論構架和衡量標尺，以便更準確地描述漢字的發展演變歷史；五是形成比較符合漢字實際的文字學理論體系和有關專題研究的新成果。這些設想在《古漢字發展論》的「前言」中我們曾經提及。顯然，要實現上述理想目標絶非一日之功，需要做出長遠規劃並分階段開展研究工作。隨着研究工作的有計劃推進，圍繞上述目標我們已經取得了一批預期的研究成果。由上海古籍出版社出版的這套古漢字系列字形表，就是這些階段性成果的一部分。

中國文字學研究有着悠久深厚的傳統，先秦兩漢時期就逐步形成漢字構形分析的理論和方法，那就是「六書」學說。東漢許慎《説文解字》是兩漢文字學理論和實踐的結晶，它的問世確立了傳統文字學的基礎和發展方向。傳統文字學不僅重視漢字構造及其形音義關係的闡釋，也十分重視漢字使用情況的研究，這與傳統「小學」形成的背景密切相關。傳統文字學研究文字的目的是「説字解經誼」（《説文・敘》），「以字解經，以經解字」是經學家和文字訓詁學家的不二法門。在漢唐經傳訓釋和歷代文字學著作中，保留了極爲豐富的分析漢字字用的資料，「通假字」、「古今字」、「正俗字」等概念，都是前人分析字用現象形成的認識成果。百餘年來，文字學研究取得了重要發展，尤其是甲骨文等古文字新材料的發現，極大促進了漢字形體和結構的分析，以漢字形體結構爲研究重點的「形體派」，遂成爲文字學研究的主流，而文字學界對前人字用研究的成果和傳統卻有所忽視。

我們認爲，漢字發展史的研究，要在繼承和發揚文字學研究傳統的同時，以現代學術視野來確定研究的理論、路徑和方法。漢字發展史研究的首要工作，是要確定好觀測漢字發展的理論構架，因此，我們提出要從漢字結構、形體、使用和相關背景等維度，全面考察漢字發展的各個方面，進而揭示漢字體系發展的基本走向和運動規律。其次是要以斷代研究爲基礎，在科學劃分漢字發展歷史階段的基礎上，對不同階段漢字進行深入的斷代研究，以理清不同時期漢字發展和使用的全面情況，從而爲漢字發展研究奠定堅實的基礎（見《古漢字發展論》第十七至十九頁）。

不同時代的文字使用現狀及其變化，是不同時代文字發展的真實記録。在開展漢字發展史研究時，只有通過對這些用字現象的深入考察，才能更好地認識漢字體系在不同時代的發展演變。這就是我們之所以提出從結構、形體、使用三維視角，來觀察漢字發展的一些理論思考。與此同時，任何文字體系的發展，又都不能脱離其時代的變更和發展，只有對文字體系發展的時代背景有了深入而全面的把握，才能真正揭示各種文字現象產生發展的歷史動因。因此，嚴格意義的漢字斷代研究，應該包括上述幾個方面。

在開展漢字發展史研究過程中，我們尤爲重視字形表的編纂工作。字形表的編纂雖然只是從形體結構對某一時代的文字狀況進行全面清理，並不是斷代研究的全部，但無疑卻是最基礎性的工作。這套古漢字系列字形表，以出土文獻資料爲依據，對商代、西周、春秋、戰國、秦文字進行了斷代清理，較爲全面地呈現出古漢字階段各個時期字形的典型樣本。與編纂文字編的宗旨不盡相同，字形表主要是爲了全面系統地展現古漢字各個時期形體結構的特點和實際面貌，展

字系列字形表，能爲漢字理論與發展史研究打下堅實的材料基礎。

這套古漢字系列字形表的編纂經歷了較長一段時間，在納入漢字發展史研究計劃之前，有的編著者實際上就已經開始了相關工作。在啟動「漢字理論與漢字發展史」課題後，各字形表的編纂工作也隨之全面展開。二〇一三年元月，該課題進行結題總結，各字形表初步編成，課題組爲此組織了第一次集中審讀。此後，根據「漢字發展通史」研究課題的新要求，各字形表進入材料增補和編纂完善階段。二〇一四年八月，課題組對已編成的字形表初稿再次組織了集體審讀，進一步明確和統一體例，對各表中存在的問題提出了具體修改意見。二〇一五年七月，課題組召開了第三次集體審讀會。這次會議之後，各字形表陸續進入到定稿階段。我們之所以多次組織集體審讀，主要是由於字形表編纂需要跟蹤學術研究進展，對不斷公布的新材料、新成果的增補吸收和一些疑難字的處理，都需要集思廣益，發揮集體力量。二〇一五年九月至二〇一六年二月，各表修訂稿陸續完成交稿，主編對稿件進行了全面審訂，並提出修改意見。二〇一六年上半年，完成了修訂稿終審，編纂工作遂告一段落。上海古籍出版社收到字形表稿件後，又一次進行了體例的統一和完善。在這個過程中，各書編著者和出版單位都付出了艱辛的勞動。字形表的編纂看似容易成卻難，正是由於課題組多年努力，團結協作，相互學習，相互砥礪，才能完成這一艱巨繁難的編纂任務。

古文字學是一門始終處於快速發展的學科，新材料層出不窮，新成果不斷問世。古文字學界一直有着跟蹤研究新進展，適時編著各類文字編的良好傳統。近年來，利用新材料、新成果編纂的各種文字編不少，這些文字編較好地反映了古文字學界的研究成果，也爲字形表編纂工作提供了極大便利，是編纂字形表的重要參考，在此謹向各位文字編著者表示衷心感謝！在字形表編纂過程中，我們始終注意吸收古文字學界新成果，但限於體例，未能逐一注明，謹向有關作者致以歉意並表示感謝！各字形表引用和參考各家成果情況，請參看書後所列「參考文獻」以及「凡例」、「後記」所作的有關說明。儘管我們將編纂高水準字形表作爲工作的目標，但囿於見聞和學識，字形表中存在的疏忽或錯謬一定不少，誠懇期待各位讀者批評指正。

最後，我們要由衷感謝國家社會科學基金對該項研究計劃的資助支持！由衷感謝上海古籍出版社吴長青先生、顧莉丹博士等爲系列字形表的編纂出版所做的貢獻和付出的辛勞！

黄德寬

二〇一七年六月

凡例

一、本表爲商代文字字形表，收録了商代的甲骨文、金文及陶文等字形。

二、全書分爲正文十四卷、合文一卷。正文字頭排列大致按照許慎《説文解字》一書順序，並按流水順序編號，一個字頭一個號碼。見於《説文解字》者，首出楷書字頭； 同一字頭下的異體字出隷定字形，另起一欄，字形分列排列。凡《説文解字》所無之字，徑出隷定字頭，在字頭右上角標＊號，按偏旁部首附於相應各部之後，大致按照筆畫多少排序。合文大致按以類相從、筆畫多少的順序排列。

三、本表收字原則： 收録全部已釋字； 可隷定且大體了解用法的字； 經常出現但尚未釋出的可隷定字。

四、每一字頭下所收字形爲具有文字學意義之典型字形，各類異形異構字儘量全數收録，字形殘缺或有相同字形但不具有典型性者一般不收。其中甲骨文字形兼顧不同組類和異體。

五、本表中甲骨文字形下標出組類情況，相同寫法的字形大致按照組類時代先後排列。王卜辭大致分爲𠂤組、賓組、出組、何組、歷組、無名組、黄組，非王卜辭分爲子組、圓體類、午組、婦女類、花東子、屯西類子卜辭。爲節省篇幅，標注時一般用首字簡稱，如字形屬於無名組，只在出處後標「無」，字形屬於婦女類，只在出處後標「婦」。由於花東子卜辭從其出處就可看出組類，故不再單獨標明。

六、字頭下必要時以按語注明用法或代表性考釋意見，不詳注出處。書後附有《參考文獻》。

七、爲避免字形失真，本表收録的字形，全部采用原拓掃描録入，不作任何翻轉處理，但字形大小有所調整。字形儘量收録拓片字迹清晰者，但字形特别重要又無拓片者則附摹本收録。

八、每一字形下均詳細標明出處，具體出處材料詳見《引書簡稱表》。

九、書後附有拼音檢字表和筆畫檢字表，以備檢索。合文部分不出檢字表。

十、收録資料截止時間爲二〇一五年六月。

目録

商代文字字形表　卷一

	0001 一		0002 元	
	一		元	
甲骨文	 合 19772 自	 合 26954 何	 合 4855 賓	 合 32193 歷
	 合 36 賓	 合 31976 歷	 合 722 正　賓	 合 27894 無
	 合 4531 賓	 合 35858 黃	 合 5856 賓	 合 27894 無
	 合 5289 賓	 合 36542 黃	 懷特 898 出	 屯 1092 無
	 合 22562 出	 合 21536 子	 屯 130 歷	 合 6 賓
	 合 27003 無	 花東 4		
金文及其他	 肄作父乙簋 集成 4144	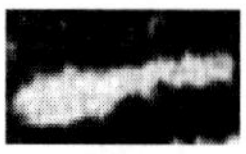 六祀𠨘其卣 集成 5414.2	 狽元作父戊卣 集成 5278.1	 狽元作父戊卣 集成 5278.2
	 斆卣 集成 5380.2	 子黃尊 集成 6000		
	 一冑 集成 11893	 𠭯 霝卣 集成 5373		

0005 上　　0004 叀　　0003 天

上	叀		天			兀
 合 20024 自  合 808 正 賓  合 3337 賓  合 6801 賓  合 24979 出	 合 23657 出  合 26872 出  合 27070 何  花東 231	 合 177 賓  合 1672 賓  合 5539 賓  合 17185 正　賓	 合 22454 午  合 22453 午  合 22453 午  屯 2241 午	 合 36541 黃  英 2529 黃  屯 643 自 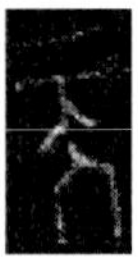 合 22103 午	 合 20975 自  合 18400 賓  合 17985 賓  合 36535 黃	 合 13837 賓  合 19642 正　賓  屯 3726 歷
 小子罥簋 集成 4138	按：甲骨文「叀」用爲「事」、「使」。		 天己丁簋 集成 3233.2  圭天斧 影彙 665  天爵 集成 7325	 天爵 集成 7324  父丙卣 集成 5208.1  册父癸卣 集成 5173.2	 天爵 集成 7323 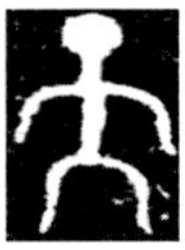 天簋 集成 2912  天卣 集成 4769	按：或釋「兀」。

0008	0007		0006			
下	旁		帝			
下	旁		帝			
 合 1166 甲 賓  合 6482 正 賓 合 6482 正 賓  合 6483 正 賓  合 24980 出  合 32330 歷	 合 26953 何  合 36945 黃  合 37791 黃  合 5776 正 賓  合 5776 正 賓	 英 634 賓  合 6665 正 賓  合 6666 賓  合 33198 歷  屯 918 歷	 合 32012 歷  合 27438 何  合 36171 黃  合 22495 婦  合 22450 婦	 合 15961 賓  合 24982 出  合 24980 出  合 34147 歷  合補 10447 歷	 合 21174 自  合 21175 自  合 21080 自  合 217 賓  合 368 賓	 合 32615 歷  合 32616 歷  合 35320 歷  屯 505 歷  屯 3004 無  合 30388 何
		 旁父乙鼎 集成 2009	 盂鼎 影彙 1244	 甗鼎 影彙 1566	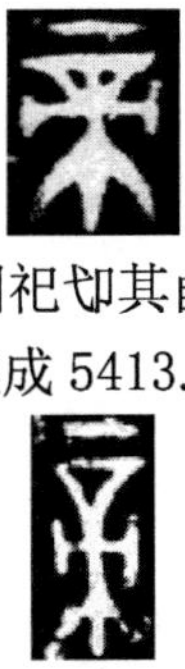 四祀𠨘其卣 集成 5413.3 盂鼎 影彙 1245	

0011 祐	0010 禮	0009 示				
祐	禮	示				
 合 2087 賓	按：甲骨文以「豊」爲「禮」，見卷五「豊」字。	 合 21082 自	 合 36515 黃	 合 1166 甲 賓	 合 19812 反　自	 合 32615 歷
 合 30481 無		 合 22062 正　午	 英 2260 無	 合 27456 正 何	 合 2354 臼 賓	 合 32615 歷
 合 30536 無		 合 22062 反 午	 合 27412 無	 合 32039 歷	 合 32400 歷	 合 32616 歷
 合 27583 無		 合 19858 自	 合 28250 無	 合 36511 黃	 合 32031 歷	 合 27973 無
 合 32114 歷		 屯 643 自	 合 28268 無	 花東 228	 合 22285 子	 合 28231 無
						 屯 173 無
		按：或釋「主」。	 辛亞禽斝 集成 9238	 示卣 集成 4797	 交觚 集成 6924	
			 亞干示觚 近出 750	 亞干示爵 集成 8785	 丁示觚 影彙 1577	

0013 祭　　0012 祇

祭			祇			
 屯 4544 無	 合 23076 出	 合 15886 賓	 合 29365 無	 合 18801 賓	 合 12869 正乙　賓	 合 33759 歷
 合 35411 黄	 合 32544 歷	 合 4064 賓	 屯 3897 無	 合 18801 賓	 合 31779 何	 合 22215 婦
 合 35564 黄	 合 35233 歷	 合 5684 賓		 合 26787 出	 合 30538 何	 合 22220 婦
 合 22045 午	 合 30994 何	 合 7905 賓		 合 26788 出	 合 30539 何	 花東 291
 花東 4	 合 27081 何	 合 22863 出		 合 33128 無	 合 34603 歷	 合 34348 歷

0014 祀

祀

合 21113 𠂤

合 5949 賓

合 9185 賓

合 9613 正甲 賓

合 2231 賓

合 9658 正 賓

合 9817 賓

合 30437 何

合 28170 何

合 29714 無

合 37866 黃

合 37842 黃

合 38731 黃

懷特 1915 黃

合 22153 婦

小臣缶方鼎 集成 2653

六祀𠨘其卣 集成 5414.2

宰椃角 集成 9105.1

甗方鼎 影彙 1566

四祀𠨘其卣 集成 5413.3

陶彙 1.110

0015 祖

祖

按：甲骨文以「且」爲「祖」，見卷十四「且」字。

0016 祐

祐

合 14685 賓

合 15704 賓

合 15217 賓

合 327 賓

合 2020 賓

合 13551 賓

合 15216 賓

合 15215 賓

英 21 賓

懷特 176 賓

0017 禘

禘

按：甲骨文以「帝」爲「禘」，見本卷「帝」字。

祼

酉	酒	𢍷	禉		禶	
 合 19805 自	 合 32448 歷	 英 313 賓	 合 23481 出	 合 905 正 賓	 合 30920 何	 合 719 正 賓
 合 21224 自	 合 30303 歷	 合 24942 出	 合 32979 歷	 合 418 正 賓	 合 30524 無	 合 25476 出
 合 18438 賓	 屯 1106 歷	 合 25592 出	 合 34381 歷	 合 3174 賓	 屯 958 無	 合 25460 出
 屯 867 歷	 合 27349 無	 屯 2409 無	 合 32571 歷	 合 13619 賓	 合 38454 黄	 合 25502 出
 合 22421 反 婦	 花東 226	 合 30449 何	 花東 181	 合 15836 賓	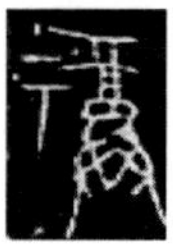 花東 474	 合 27862 何
按：或釋「福」、「禫」。					 毓且丁卣 集成 5396.2	 毓且丁卣 集成 5396.1

卷一 示部

0019 祝

兄

合 19852 𠂤

合 19890 𠂤

合 21522 𠂤

合 787 賓

合 2331 賓

作册祝鼎 近出 253

合 23430 出

合 32528 歷

合 26899 何

合 27361 無

合 32390 無

祝

合 15278 賓

合 32418 歷

合 30726 無

屯 16 無

花東 6

合 15280 賓

合 22919 出

合 25916 出

合 25919 出

合 25921 出

合 15398 賓

合 10148 賓

合 15028 賓

合 15362 賓

花東 361

0020 祈

𣃔

合 946 正 賓

合 816 賓

合 816 賓

合 7920 賓

合 17389 賓

合 7919 正 賓

合 7912 賓

合 7913 賓

合 18482 賓

合 32998 歷

禦

𥙊	御	𠨰				
 合 27559 無	 合 6760 賓	 合 31993 屯西類子	 合 20352 𠂤	 合 32844 歷	 合 20980 正　𠂤	 合 7920 賓
 合 27559 無	 合 6761 賓	 合 22258 子	 合 21172 𠂤	 合 23178 出	 合 362 賓	 合 30 賓
 合 30297 無	 合 6158 賓	 合 22074 午	 合 32675 歷	 合 27897 何	 合 641 正 賓	 合 7914 賓
	 合 27972 無	 合 22426 婦	 合 32042 歷	 合 22094 午	 合 2558 賓	 屯 7 歷
	 合 13911 出	 花東 3	 合 30666 無	 合補 338 賓	 合 713 賓	
					 天禦尊 集成 5687	

0022

𥙊

𥙊		舌		午	迎	奸
 英 2371 無	 合 22867 出	 合 32335 歷	 合 20115 自	 合 22047 午	 合 28013 無	 合 656 反 賓
 合 36356 黃	 合 27282 何	 合 32619 歷	 懷特 424 賓			 合 1076 正 甲　賓
 合 36357 黃	 合 27194 何	 合 26935 何	 合 23260 出			
 合 37387 黃	 合 31089 何	 合 27417 無	 合 23261 出			
 合 38228 黃	 合 31087 無	 屯 610 無	 合 26032 出			
 英 2519 黃	 屯 3019 無	 花東 226	 合 34650 歷			
				按：「禦」省作「午」形。		

0025 祐*	0024 禫					0023 祟
祐	禫	⿱宀柰	⿰扌⿰柰又	⿰柰又		柰
 合 19964 𠂤	 合 19891 𠂤	 合 15701 賓	 合 27640 無	 合 30550 何	 合 22550 出	 英 2119 賓
 合 19941 𠂤			 合 30537 何	 合 30550 何	 合 22625 出	 合 1593 賓
 合 21154 𠂤			 合 21672 子	 合 30551 何	 合 25364 出	 合 15663 賓
 合 21153 𠂤			 合 21832 子	 合 35446 黃	 合 25324 出	 合 23340 出
 合 20035 𠂤			 合 21832 子	 合 38361 黃	 合 25353 出	 合 23431 出
 合 20024 𠂤			 合 27635 何	 合 38375 黃	 合 25300 出	 合 25370 出

合 15401
賓

合 14120
賓

合 22284
婦

合 22259
婦

合 21152
婦

0026 祩*

祩

花東 409

0027 祕*

祕

合 26896
無

按：或釋「惑」。

0028 祙*

祙

合 36554
黃

合 38730
黃

輯佚 909
黃

0029 袳*

袳

花東 395

0030 禶*

禶

合 15921
自

合 1293
賓

合 26007
出

屯 629
歷

合 32891
歷

合 21226
自

合 952 正
賓

合 35680
黃

花東 395

合 22190
婦

0035	0034	0033	0032	0031		
⿰示卩*	⿱覀示*	禒*	⿰礻魚*	⿰⿱𠂉示又		
⿰示卩	⿱覀示	禒	⿰礻魚	⿰⿱余示又	⿰⿱𠂉示又	
	 屯 751 歷	 合 23783 出	 合 1606 賓	 合 36515 黄  合 36507 黄  合 36511 黄  懷特 1871 黄  合 36514 黄	 合 36482 黄  合 36747 黄	 合 22161 婦  合 15920 正 賓  屯 2598 無  合 35501 黄  合 35815 黄
 父丁斝 集成 9240  戈父丁盉 集成 9404. 1		按：或釋「彝」。		按：或釋「祭」。		

0038	0037			0036		
皇	王			三		
皇	王			三		
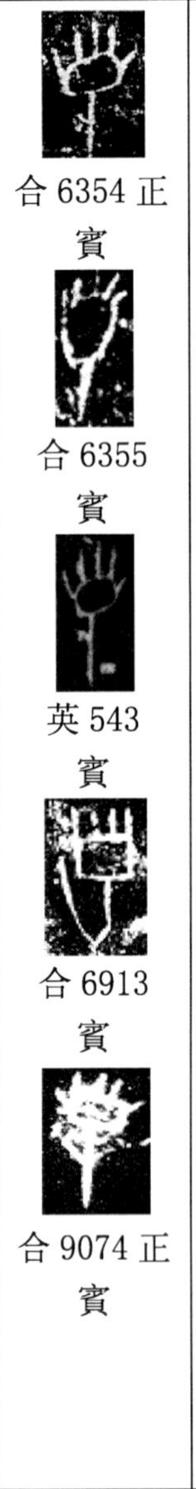 合 6354 正 賓 合 6355 賓 英 543 賓 合 6913 賓 合 9074 正 賓	 合 22550 出 合 34100 歷 合 36390 黄 花東 480 合 27166 何	 合 7 賓 合 5267 賓 合 367 正 賓 合 28435 何 合 28400 無	 合 19946 反　𠂤 合 20278 𠂤 合 20305 𠂤 合 21305 𠂤 合 21471 反　𠂤	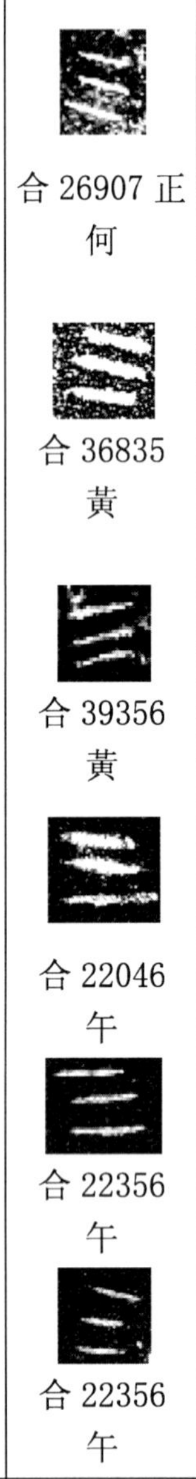 合 26907 正 何 合 36835 黄 合 39356 黄 合 22046 午 合 22356 午 合 22356 午	 合 26850 出 合 22600 出 合 32014 歷 合 33061 歷 合 29435 歷 合 29435 無	 合 20045 𠂤 合 20582 正 𠂤 合 14 正 賓 合 1100 正 賓 合 4963 賓 合 6648 正 賓
 皇戈 集成 10670 皇鬲 集成 443	 帚孳鼎 影彙 924 小臣邑斝 集成 9249	 宰甫卣 集成 5395.1 戍圅鼎 集成 2694	 作册般甗 集成 944 戍嗣鼎 集成 2708	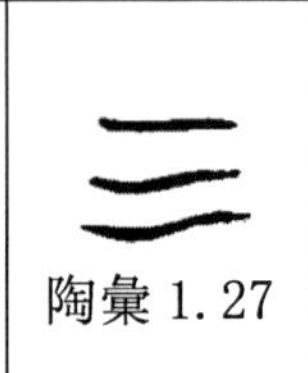 陶彙 1.27	 文嫊己觥 集成 9301.2	 作册般黿 影彙 1553

0043 玉		0042 ⿰王卩*	0041 ⿱卜王*	0040 珗*	0039 麦	
玉		⿰王卩	⿱卜王	珗	麦	瑝
 合 4720 賓  合 9505 賓 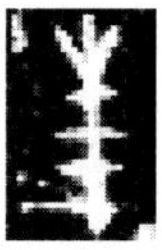 合 6016 正 賓  合 10171 正 賓  英 1610 正 賓	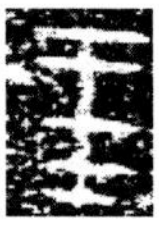 合 11364 賓  合 16089 賓  合 3990 正 賓  合 34148 歷  合 30997 無	 合 4222 賓	 合補 6226 賓	 合 4932 賓	 合 20196 𠂤  合 27005 無	 合 6960 賓  合 6961 賓
 玉册父丁爵 集成 8911	 亞𠃬作祖丁簋 集成 3940  玉册父丁爵 集成 8910					 亞䰜皇𢊍卣 集成 5100.2

0044 瓚

瓚

合 4849 反 賓

合 17535 臼 賓

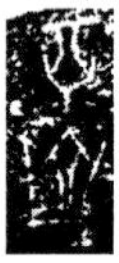
合 17539 賓

合 36751 黃

花東 493

0045 璧

璧

花東 37

花東 180

花東 198

花東 475

花東 490

0046 亞*

亞

合 3313 賓

合 3315 賓

合 5505 賓

合 8098 賓

合補 510 出

亞父丁爵 集成 8472

合 32806 歷

合 32981 歷

合 32981 歷

屯 1263 歷

合 22088 午

六祀𢀛其卣 集成 5414.1

六祀𢀛其卣 集成 5414.2

亞

合 36810 黃

合 36941 黃

合 36942 黃

合 36959 黃

英 2536 黃

按：或釋「琮」。

0047 璋

璋

按：殷金文以「章」爲「璋」，見卷三「章」。

0048 玗

玗

叡霝卣 集成 5373.2

按：或釋「璧」。

0054 玨		0053 璽*	0052 瑨*	0051 玌*	0050 琅	0049 玫
	玨	璽	瑨	玌	琅	玫
 合 826 賓  合 1052 正 賓  合 32487 歷  合 14588 賓  合 16091 賓	 合 20316 自  合 24951 出  合 32486 歷  屯 280 歷  合 33201 歷	 花東 147  花東 289	 合 37455 黄  合 37364 黄  合 37738 黄  合 37739 黄  合 37660 黄	 合 32288 歷  合 35279 歷		 合 143 賓  合 11400 賓  合 24 賓  合 32850 歷
	 亞鳶作祖丁簋 集成 3940 按：「玨」之省。				 子黄尊 集成 6000	按：或釋「攻」、「殺」。

0055 吾*

吾

合 10478
自

合補 1243
賓

0056 气

气

合 6292
賓

合 43
賓

合 583 反
賓

合 564 正
賓

合 584 甲正
賓

合 22647
出

合 22600
出

合 22652
出

合 22653
出

合 22659
出

合 35180
歷

合 35168
歷

合 35202
歷

合 33060
歷

屯 603
歷

0057 中

中

合 20024
自

合 20587
自

合 6174
賓

合 35246
歷

合 389
賓

合 811 正
賓

合 32982
歷

合 34061
歷

合 13357
賓

合 4931
賓

合 22587
出

合 32226
歷

且日乙戈
集成 11403

中盉
集成 9316

中父丁盉
集成 9405.2

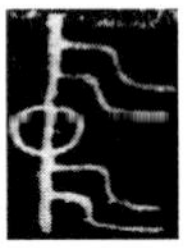
中鐃
集成 367

中父辛爵
集成 8630

祉中且觶
集成 6213

中鐃
集成 371

大中且己觚
集成 7215

中中斧
集成 11780

0058 叔*

叔

花東 75

合 5807
賓

合 21302
自

合 14868
賓

合 2727 反
賓

合 5861 正
賓

合 24350
出

合 24350
出

陶彙 1.21

陶彙 1.46

0059 串*

串

串父癸鼎
集成 1693

串父辛簋
集成 3204

串父辛簋
集成 3203

串父甲爵
集成 8369

0060 中

中

合 18661
賓

合 6732
賓

合 15396 反
賓

合 27218
無

屯 591
無

史購 237
無

合 22030
圓

中父己爵
集成 8547

中中斧
集成 11780

中戈
影彙 1715

陶彙 1.51

陶彙 1.50

0061 屯

屯

合 20416
自

合 4143
自

合 4070 臼
賓

合補 2472
賓

合 2631 臼
賓

	0064 朩*			0063 每	0062 蚰*	
杏	朩			每	蚰	
 合 1276 賓	 合 21095 自	 屯 256 無	 合 29185 無	 合 18428 賓	 合 32591 歷	 合補 4803 反　賓
 合 2215 賓	 合 6708 賓	 合 35354 黄	 村中南 240 無	 合 27954 何		 合 24469 出
 合 9560 賓	 合 6709 賓	 合 36492 黄	 合 33514 無	 合 27115 何		 合 32187 歷
 合 5058 賓	 合 6689 賓	 合 36909 黄	 英 2298 無	 合 29323 何		 屯 897 無
 英 581 賓	 合 11513 賓	 合 22457 婦	 屯 2254 無	 合 29185 無		 花東 220
		 [illegible]每爵 集成 8138	 亞每乙甗 西清續鑑 甲編 13.29	 [illegible]每爵 集成 8134		

0065 萑			0066 芇	0067 苞		0068 艾
	萑	雈	芇	苞		艾
 合 6461 正 賓  合 6461 正 賓  合 11518 賓  合 25370 出  合 25371 出	 合 28348 無  合 10211 賓  合 18432 賓	 合 8785 賓  合 8184 賓  合 18422 賓	 合 29805 無	 合 20624 自  合 20624 自  合 20625 自  合 20626 自  合 8313 賓	 合 8640 賓  合 8638 賓  合 11253 賓  合 11473 賓  合 33201 歷	 合 8015 賓  合 18428 賓  合 18483 賓
按：或釋「條」，讀「秋」；或釋「艸」，讀「早」；或釋「載」；或釋「者」。	按：或釋「莫」。				按：或釋「鬱」。	按：「刈」古字。

0069 茲

茲

按：甲骨文以「丝」爲「茲」，見卷四「丝」字。

0070 蔡

蔡

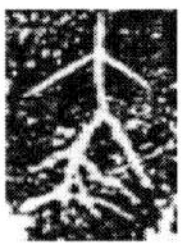
合補 6209
賓

0071 苑

苑

合 9506
賓

0072 芟

芟

合 10571
賓

0073 茨

茨

合 14218
賓

合 14250
賓

合 34687
歷

合 34689
歷

合 34688
歷

0074 若

若

合 21129
自

合 20057
自

合 226 正
賓

合 14269
賓

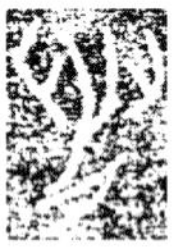
合 24156
正　出

合 24980
出

合 33123
歷

合 34139
歷

合 30733
何

合 30623
何

亞若癸簋
集成 3713

亞若癸觚
集成 7309

若父己爵
集成 8545

亞若癸彝
集成 9887

0078	0077			0076	0075	
⿰⿱屮屮斤	⿰⿱屮屮刀*			芻	苴	
⿰⿱屮屮斤	⿰⿱屮屮刀			芻	蔖	
 合 18459 賓	 輯佚附 8 賓	 合 22062 反　午	 合 940 正 賓	 合 20500 𠂤	 合 36966 黄	 合 30574 無
 合 18457 賓	 花東 263	 合 22043 午	 合 974 正 賓	 合 93 正 賓	 合 36965 黄	 合 35913 黄
 合 7923 賓		 合 11407 賓	 合 32183 歷	 合 95 賓	 英 2523 黄	 合 22114 子
 合 21002 𠂤		 合 126 賓	 合 32008 歷	 合 106 反 賓		 合 22411 婦
 合 15004 賓		 合 10279 賓	 屯 1111 歷	 合 111 正 賓		 花東 26
按：或釋「析」。	按：或釋「蕘」。					 亞若癸鼎 集成 2400  亞若癸觶 集成 6430

0079 芳	0080 蒿	0081 春				
莽	蒿	芚	𦶃	莾	𣋍	萅
 合 33225 歷	 合 29375 無	 合 649 賓	 合 4672 賓	 合 2358 正 賓	 合 11533 賓	 合 29715 無
 合 33225 歷	 合 28132 無	 合 4596 賓	 合 8181 賓	 合 6073 賓	 合 8582 正 賓	
 合 37517 黄	 合 38152 黄	 合 8525 賓	 合 9784 賓	 合 18442 賓	 合 17314 賓	
 合 32963 歷	 合 36534 黄	 合 9518 賓	 合 8627 賓	 合 37852 黄	 合 4852 正 賓	
 屯 936 歷		 合 36344 黄	 合 11532 賓	 英 2563 黄	 英 718 賓	
	按：甲骨文用作「郊」。					

0085 𦸗*　0084 𦺑*　0083 𧀟*　0082 𦱣*

𦸗	𦺑	𧀟	𦱣	𧋊	𧉅	㫟
 合 13674 賓  合 13674 賓  花東 3	 合 6036 賓  合 31790 何	 合 24469 出  合 27791 無  屯 4462 無  合 29371 無  合 37439 黄	 合 29237 無	 合補 6829 子  合補 6829 子	 合 20074 自	 合 30851 無
					按：或釋「生月」。	

艸部

				0088 莫	0087 莀*	0086 芺*
藿	[illegible]	替	莫	苩	莀	芺
 合 24155 出	 合 10729 賓	 屯 1087 歷	 合 31941 無	 合 27397 無		
 合 29806 無	 合 30972 無	 合 15588 正 賓	 合 29788 無	 屯 4060 無		
 屯 2383 無	 合 33743 歷	 合 10227 賓	 合 29807 無	 合 27032 何		
 合 33545 無	 屯 2196 無	 合 26949 無	 合 28822 何	 合 27274 何		
 合 31949 無		 合 30786 無	 合 18429 賓	 合 30836 何		
			 父乙莫觚 集成 7264		 𡨦莀鼎 集成 2710	 亞㫃父辛尊 集成 5926

0090 葬			0089 莽			
⿴囗从	⿴囗爿	焚	莽	⿱𠦝大	⿱⿱艹日茻	
 合 6043 反 賓	 合 17176 自	 合 18409 賓	 合 18430 賓	 合 23207 出	 合 23148 出	 屯 345 無
 合 17172 賓	 合 6943 賓	 合 21437 自	 合 18431 賓	 合 23209 出	 合 24155 出	 屯 3036 無
 英 2251 出	 合 17180 正　賓		 合 29264 何	 合 24311 出	 英 1978 出	 輯佚 附 88 正無
 花東 195	 合 17181 賓			 英 1953 出	 花東 314	 花東 286
 合 21375 自	 英 115 賓			 合 30731 無	 合 32014 歷	 合 33744 歷
				按：「暮」古字。或釋「⿱𠦝大」爲「朝」。		

				⿰爿⿰人歺	⿴囗歺	⿰爿歺
				 懷特 1518 𠂤  花東 372	 合 32829 歷  合 32830 歷  合 32831 歷  屯 2273 歷	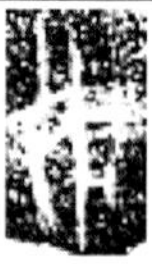 合 20578 𠂤  合 20578 𠂤  屯 4514 歷 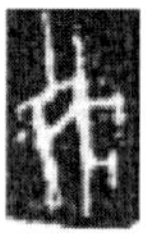 屯 4514 歷  合 22415 婦
				按：或釋「⿰爿⿰人歺」爲「疾死」合文。		

商代文字字形表 卷二

類別	0091 小		0092 少	0093 八
	小		少	八
甲骨文	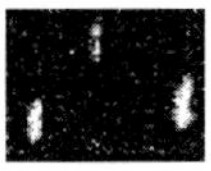 合 630 賓	 合 29970 無	 合 20800 自	 合 20925 自
	 合 12712 賓	 合 32192 歷	 合 20912 自	 合 93 正 賓
	 合 15826 賓	 合補 11300 反 黄	 屯 4518 歷	 合 16287 賓
	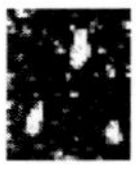 合 23712 出	 合 21805 子	 合 33919 歷	 合 22937 出
	 合 23719 出	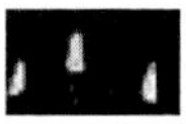 花東 14	 合 22073 午	 合 26508 出
金文及其他	 小子父己方鼎 集成 1874 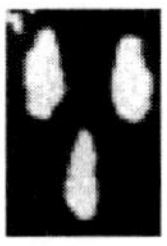 小子作父己方鼎 集成 2016	 小子作母己卣 集成 5176  小臣系石簋		 八胄 集成 11899

0098	0097	0096	0095		0094	
仌	介	㒸	曾		分	
仌	介	㒸		曾	分	
 合 593 賓	 合 816 賓	 合 10863 正 賓	 合 26015 出	 合 20344 𠂤	 合 11398 賓	 合 33371 歷
 合 3601 賓	 合 19027 賓	 合 7653 賓	 合 28235 何	 合 489 賓	 花東 391	 合 27459 何
 屯 2009 歷	 合 19028 賓		 合 32164 歷	 合 6536 賓	 花東 391	 合 37459 黄
 合 33160 歷	 合 2340 賓		 屯 815 無	 合 7354 賓		 合 37944 黄
 合 29400 無	 合 2348 賓		 合 22294 婦	 合 16062 賓		 合 22050 午
				 曾[illegible]爵 商周 7991		

0104	0103		0102	0101	0100	0099
⿱八隹*	⿱八矢*		余	⿰必必*	必	公
⿱八隹	⿱八矢		余	⿰必必	必	公
 合 18830 賓  合 17533 正 賓	 合 21464 自  合 13517 賓  合 13517 賓  屯 2845 歷	 合 28128 何  合 36515 黄  合 22424 婦  村中南414 午  花東 475	 合 20233 自  合 20313 自  合 20315 自  合 3950 賓  合 24132 出	 屯 604 自  懷特 379 賓	 合 175 賓  合 19713 賓  合 14034 正 賓  懷特 962 賓  合 23602 出	 懷特 1465 無  合 27497 何  合 27149 何  合 36543 黄  合 36547 黄
					按：「柲」古字。	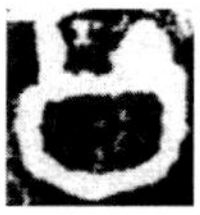 帆公父丁卣 集成 5074. 1

0111	0110	0109	0108	0107	0106	0105
牛	釋	宷	釆	⿱八龜*	⿱八魚*	⿱八皀
牛	釋	宷	釆	⿱八龜	⿱八魚	⿱八皀
 合 19761 𠂤  合 19779 𠂤  合 1027 正 賓  合 22641 出  合 27299 何	 合 5922 賓  合 5923 賓  合 5924 賓	 合 10678 賓	 合 20340 𠂤  英 380 反 賓	 合 138 賓  合 139 正 賓	 英 1798 𠂤  合 18811 賓  合 26794 出  合 26792 出	 合 522 反 賓  合 10940 賓  合 26804 出  合 18792 賓
 牛簋 集成 2973 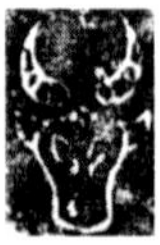 牛鼎 集成 1103			 [illegible]作父乙卣 集成 5205.1  釆作父丁卣 集成 5075			

0112
牡

𧱏		𦍩		牡		
 合 22045 午	 合 2303 賓	 合 22713 出	 合 19817 自	 合 23151 出	 合 3140 賓	 合 32058 歷
 合 22067 午	 合 15480 賓	 合 30743 無	 合 1951 賓	 合 22884 出	 合 15481 賓	 合 27443 無
 合 22363 婦	 合 25202 出	 花東 314	 合 14271 賓	 英 1961 出	 合 34080 歷	 合 37008 黄
 花東 330	 合 34155 歷	 合 105 賓	 英 80 賓	 屯 2364 無	 合 34406 歷	 合 22350 婦
 花東 291	 合 22073 午	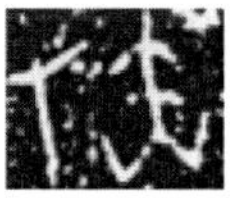 懷特 1588 自	 合 23018 出	 花東 169	 屯 1094 歷	 合 22078 午

0114 0113

牝 犅

牝		⿰⿱罓牛刂	靯	⿸鹿土	⿸虍⿰牛土	⿰馬土
 合 22945 出  合 23364 出  合 27583 無  合 22065 午  花東 226	 合 19897 自  合 19974 自  合 14834 賓  合 34079 歷  合 34574 歷	 合 22947 出  合 36809 黄  合 36813 黄  合 36814 黄  屯 2100 無	 花東 354	 合 8233 賓	 花東 198	 花東 98
		 犅伯誃卣 影彙 1588  犅伯誃卣 影彙 1588				

0115

犗

⿱刈土	刹	⿰虎匕	⿰兕匕	⿰馬匕	⿰豕匕	⿰羊匕
 合 27721 何  合 28195 無	 合 24506 出  合 24506 出	 合 795 正 賓	 合 11050 賓  合 17224 賓  合 2307 賓	 合 3411 賓  合 11049 賓  花東 98  花東 296	 合 20053 自  合 19832 自  合 23707 出  屯 2291 無  花東 162	 合 24564 出  合 27627 無  合 27582 無  合 22073 午  花東 495
按：或釋「利」；或讀「惠」。					 戍鈴方彝 集成 9894	

		0119		0118	0117	0116
		牢		牽	牲	牟
宰		牢		牽	⿰糸牲	牟
 合 37295 黃	 合 21258 𠂤	 合 37263 黃	 合 20700 𠂤	 合 18475 賓	 合 5659 賓	 合 18274 賓
 合補 319 子	 合 1968 賓	 合 35832 黃	 合 21260 𠂤	 合 34675 賓		 合 18275 賓
 合 22114 午	 合 15312 賓	 合 22045 午	 合 1966 賓	 合 34675 歷		 合 14313 正
 花東 34	 合 27321 何	 合 22062 正 午	 合 34165 歷	 合 34677 歷		 英 1289 賓
 合 34451 歷	 合 29655 無	 合 32494 歷	 合 27194 何	 合補 2676 賓		
			 牢爵 集成 7516	 牽觚 集成 6578		

0124 口	0123 告		0122 㞢*		0121 ⿰牛戠*	0120 物
口	告		㞢		⿰牛戠	物

合 20407 自	合 6250 賓	合 20577 自	合 17989 賓	合 19796 自	合 36002 黄	合 8278 賓

合 13642 賓	合 33017 歷	合 183 賓	合 22824 出	合 19969 自	合 36002 黄	合 23163 出

合 32906 歷	花東 85	合 22911 出	合 22214 婦	合 1713 賓	合 37009 黄	合 33602 歷

合 31437 何	合補 8726 何	合 27920 無	合 21853 子	合 19957 反 賓	合 37012 黄	合 35972 黄

花東 102	合 22246 婦	合 37439 黄	花東 333	合 3844 正 賓		合 37107 黄

宁未口爵 集成 8801	告宁爵 集成 8264	告宁鼎 集成 1368	犅伯誃卣 影彙 1588	子黄尊 集成 6000	按：或釋「戠牛」合文。	按：或釋「勿牛」合文。

口尊 集成 5452	告戈 集成 10859.1	告宁觚 集成 7006	陶彙 1.43	王㞢女肆方彝 影彙 1636		

0125	0126	0127		0128	0129	0130
嚨	呼	吹		名	吾	君
嚨	呼	吹		名	吾	君
 合 4659 賓  合補 6255 賓  英 281 賓  花東 255	按：甲骨文以「乎」爲「呼」，見卷五「乎」字。	 合 18010 賓  合 9362 賓  合 9361 賓  合 9359 賓	 英 2674 正 類組不明  英 2674 正 類組不明	 合 2190 正 賓  合 9505 賓  合 9503 正 賓  屯 668 無  合 22056 午	 合 8788 賓	 合 3272 賓  合 24132 出  合 24133 出  合 24134 出  合 24135 出
		 吹戈 商周 16197		 名爵 集成 7702	 父庚鼎 影彙 1564	 小子省卣 集成 5394.1 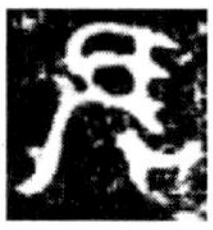 小子省卣 集成 5394.2

0131 命

命

按：甲骨文以「令」爲「命」，見卷九「令」字。

0132 召

召

合 8441 正 賓

合 31973 歷

合 33029 歷

屯 81 歷

花東 239

0133 盄*

盄

合 36646 黃

合 36680 黃

合 36645 黃

合 36654 黃

合 36706 黃

合 36643 黃

合 36659 黃

合 36670 黃

合 36735 黃

合 36736 黃

合 36733 黃

英 2559 黃

英 2559 黃

合 37468 黃

合 37440 黃

四祀𠨘其卣
集成 5413.3

戍鈴方彝
集成 9894

召父丁爵
集成 8508

0134 問

問

合 21490 𠂤

合 16419 賓

按：或釋「启」。

0135 唯

唯

合 29696 無

合 31265 無

合 31731 無

合 36418 黃

合 38729 黃

小子畬卣
集成 5417.1

0140		0139		0138	0137	0136
周		吉		右	咸	启
周		吉		右	咸	启
 合 32885 歷  合 6657 正 賓  合 8471 賓  合 8472 正乙 賓	 合 20074 自  合 4884 賓  合 5618 賓  合 1086 正 賓  花東 108	 合 30528 何  合 31047 何  屯 2500 無  合 35347 黄	 合 21124 自  合 734 正 賓  合 12508 賓  合 26088 出	按：甲骨文以「又」爲「右」，見卷三「又」字。	 合 20098 自  合 952 正 賓  合 33256 歷  花東 403	 合 9339 賓  合 4113 賓  合 6457 正 賓
 周[illegible]父己爵 影彙 165	 周免爵 集成 8155 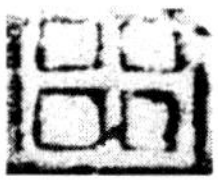 周免爵 集成 8156				 作册般甗 集成 944  咸父乙簋 集成 3150  陶彙 1.46	

0145	0144		0143	0142	0141	
吝	吾		噎	㖇	唐	
吝	吾		噎	㖇	唐	
 合 25216 出	 屯 142 歷  合 31681 無  合 21968 子  合 22294 婦  合 22215 婦	 合 1956 賓  合補 6522 賓  合 17106 賓  合 17340 賓  合 28409 無	 合 5411+合補 6191 賓		 合 22546 出  合 22741 出  合 28114 何  合 27151 無  合 13405 正 賓	 合 19824 自  合 21386 自  合 1331 賓  合 300 賓  合 1294 賓
				 無㖇觚 考古 04.2	 唐子且乙爵 集成 8834  唐子且乙爵 集成 8835	 唐子且乙觶 集成 6367  唐子且乙爵 集成 8836

0146 各

各

合 21021
自

合 21022
自

合 2083
賓

合 10405 反
賓

合 27304
何

合 28183
無

合 31230
無

合 36388
黃

合 22001
圓

花東 34

遷方鼎
集成 2709

宰椃角
集成 9105. 1

0147 吠

吠

合 28399
無

按：或釋「犬口」合文。

0148 唬

唬

合 18312
賓

0149 喁

喁

合 36751
黃

0150 㕣

㕣

合 762
賓

屯 31
歷

合 27496
無

合 30770
無

合 31678 反
無

0151 冋*

冋

合 33692
歷

合 33693
歷

0156	0155	0154	0153			0152
⿱耂口*	⿱𠂉古*	⿱工口*	𠮟*			由*
⿱耂口	⿱𠂉古	⿱工口	𠮟			由
 花東 183	 合 22102 自	 合 546 賓	 合 10466 賓	 合 20337 自	 合 2691 歷	 合 20149 正 自
 花東 183	 合 9338 賓	 合 6075 正 賓		 合 150 正 賓	 合 31964 無	 合 20364 自
	 合 33091 歷	 合 6066 反 賓		 合 667 正 賓	 合 20589 婦	 合 17320 賓
	 花東 375	 合 24145 出		 合 24116 出	 花東 28	 合 13656 正 賓
		 合 18821 賓		 合 32992 正 歷	 花東 494	 合 26186 出
				 ⿱林夫卣 商周 13263	 由鐃 殷新 35	 子由爵 近二 735
				 ⿱林夫卣 商周 13263	 ⿱林夫卣 商周 13261	 ⿱林夫卣 商周 13261

0157	0158	0159	0160	0161	0162	0163
戓*	⿰口卂*	另*	⿰丬口*	⿱罒口*	⿱夗口*	⿱必口*
戓	⿰口卂	另	⿰丬口	⿱罒口	⿱夗口	⿱必口
 合 142 賓	 合 19790 𠂤	 合 14627 賓	 合 20024 𠂤	 合 410 正 賓	 合 21864 子	 合 3120 正 賓
 合 33074 歷	 合 20036 𠂤		 合 20338 𠂤	 合 14032 正甲 賓		 合 9796 賓
 合 32879 歷	 合 3426 賓		 合 9377 賓	 合 1051 正 賓		 合 10406 反 賓
 屯 19 歷	 合 18095 賓		 合 21641 子	 合 10100 賓		 合 10405 反 賓
 花東 275	 合 18096 賓		 合 15521 賓	 合 5383 賓		 合 17173 賓
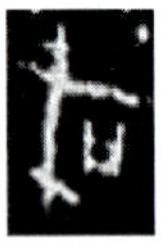 花東 449	 合 9803 賓					 合 23690 出
	按：或釋「祝」。					

0164	0165	0166	0167	0168	0169	0170
呪*	㕣*	咎*	吞*	罟*	旕*	𠯌*
呪	㕣	咎	吞	罟	旕	𠯌
 屯 3035 歷	 合 28103 無	 合 15884 賓	 合 22323 婦  合 22323 婦	 合 31547 何  合 31548 何	 花東 75  花東 75	 合 20170 𠂤  合 20171 𠂤  合 33175 歷  屯 866 歷  懷特 1640 歷

0171	0172	0173	0174	0175	0176	0177
昌*	杳*	⿱罒吕*	⿱林口*	⿰口受*	⿱莫口*	喛*
昌	杳	⿱罒吕	⿱林口	⿰口受	⿱莫口	喛
 合 1136 賓  合 4152 賓  合 7667 反 賓  合 7009 賓  合 8411 賓	 合 9552 賓  合 13906 賓  合 18851 賓	 合 18105 賓	 合 4318 賓  合 18119 賓  合 23680 正 出	 合 28052 無	 合 14641 賓  合 18122 賓	 花東 215

0184	0183	0182	0181	0180	0179	0178
噀*	槢*	轡*	𩟤*	㮺*	𠭯*	𠭴*
噀	槢	轡	𩟤	㮺	𠭯	𠭴
 合 11473 自  合 5860 賓	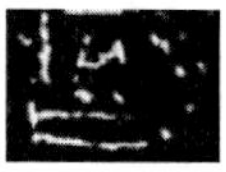 花東 312	 合 36553 黃	 合 8987 賓	 合 2205 賓	 英 1978 出	 合 19909 自  合 19907 自  合 267 反 賓  合 18110 賓  合 21802 子

0185 蕚*

蕚

蕚鼎
集成 1133

0186 單

單

合 137 正
賓

合 28116
無

合 30276
無

合 11501
賓

合 9572
賓

合 34220
歷

英 754
賓

合 21729
子

南單冓觚
集成 7191

南單觚
集成 7014

子▲天單勺
影彙 1520

冬臣單觚
集成 7203

0187 ⿱吅北*

⿱吅北

合 17917
賓

按：或釋「北單」合文。

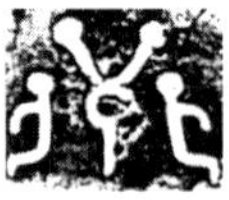
北單觚
集成 7017

北單戈盤
集成 10047

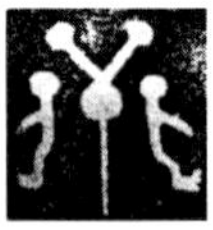
北單簋
集成 3120

北單爵
集成 8178

0188 ⿱吅乂*

⿱吅乂

合 8310 正
賓

合 8310 正
賓

懷特 1648
歷

懷特 1648
歷

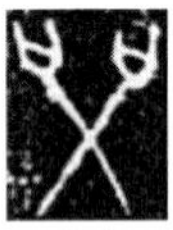
屯 4529
無

0189 ⿳吅乂口*

⿳吅乂口

戈⿳吅乂口作匕簋
集成 3395.2

戈⿳吅乂口作匕簋
集成 3396

0195	0194		0193	0192	0191	0190
趌*	走		喪	哭	罶*	罯
趌	走		喪	哭	罶	罯
 花東 369	 合 2326 賓  合 17993 賓  合 17230 正 賓  合 27939 何	 合 28981 何  合 32002 歷  合 28919 無  合 29001 無  合 37572 黃	 合 20407 自  合 20676 自  合 4198 正 賓  合 8 賓  合 23711 出	 合 7815 賓  合 23705 出	 合 8714 賓	 合 36940 黃

0196 趄

趄

合 4931
賓

0197 止

止

合 20221
自

合 20233
自

合 13682 正
賓

合 7537
賓

合 24801
出

合 24684
出

合 27321
何

合 34237
歷

合 22013
圓

花東 11

亞寰止鼎
近出 246

宅止癸爵
影彙 1166

陶彙 1.5

陶彙 1.6

0198 歷

歷

合 10425
賓

合 32819
歷

合 32817
歷

合 34599
歷

屯 457
歷

0199 埜*

埜

合 10682
賓

合 30262
無

0200 歸

歸

合 20504
自

合 1253 正
賓

合 2281 正
賓

屯 3396
歷

屯 4400
歷

毓且丁卣
集成 5396.2

亞⿰酉兑父丁鼎
商周 1366

合 28013
無

合 36766
黄

合 21655
子

合 21656
子

合 22323
婦

0205	0204	0203	0202		0201	
⿱宀止*	⿷匚止*	⿰卜止*	⿱土止*		疌	
⿱宀止	⿷匚止	⿰卜止	⿱土止		⿰矢又	
 合 5190 賓  合 33288 歷  合 33288 歷  合 34260 歷  屯 1512 歷	 合 6648 正 賓  合 6653 正 賓  合 151 正 賓  合 672 正 賓  合 21578 子	 合 5524 賓  合 31191 無  合 31191 無  合 31191 無	 花東 9  花東 9  花東 50  花東 381	按：或釋「矧」。	 合 3353 賓  合 5777 賓  合 35273 無	 花東 132  合 28002 何  合 32880 歷  合 30043 無  花東 412
	 册⿷匚止父乙觚 集成 7224  父庚鼎 影彙 1564	按：或釋「此」。		 ⿰矢又爵 集成 7451  ⿰矢又且戊爵 集成 8330	 ⿰矢又簋 集成 2956  ⿰矢又父戊簋 集成 3189	

0212	0211	0210	0209	0208	0207	0206
𡴍*	歪*	昰*	柒*	足*	孟*	足*
𡴍	歪	昰	柒	足	孟	足
 合 7057 賓  合 15856 賓  合 18467 賓  合 2953 正 賓  合 2953 正 賓  合 22441 午	 合 20075 自  合 20076 自  合 5011 賓  合 8687 賓  合 22104 午	 合 24933 出	 合 8934 賓  合 4580 賓  合 18244 賓  合 13390 正 賓  屯 2484 歷  屯 2295 歷	 合 23652 出  合 26834 出  合 33918 歷  合 30615 無  花東 276	 合 456 正 賓  合 7244 賓  合 7245 賓  合 22394 婦  花東 294	 合 25975 出  合 26698 出  合 26701 出  英 2088 出
		按：或釋「正」。		按：或釋「各」。		

0213 ⿰止止*

⿰止止

旅博 1298 賓

⿰止止盤 商周 14306

0214 ⿱止司*

⿱止司

合 14775 賓

合 14776 賓

合 14777 賓

合 1631 賓

合 10936 正 賓

0215 ⿱丙止*

⿱丙止

合 21099 𠂤

合 190 正 賓

合 5247 正 賓

合 6650 正 賓

合 23646 出

合 33380 歷

合 34676 歷

合 28013 無

屯 295 無

合 21645 子

⿱丙止爵 集成 7476

⿱丙止卣 集成 4744.1

⿱丙止卣 集成 4744.2

0216 ⿱止羊*

⿱止羊

合 11037 正 賓

0217 ⿱止⿺𠃊止*

⿱止⿺𠃊止

合 12830 賓

合 22249 婦

按：或釋「踊」。

0218 ⿱止糸*

⿱止糸

合 23805 賓

合 24942 出

合 26068 出

合 30695 無

0225	0224	0223	0222	0221	0220	0219
⿱𢀖止*	⿱止⿰矢矢*	⿱止⿱大廾*	⿰止止*	⿱止隹*	⿱吅止*	⿱内止*
⿱𢀖止	⿱止⿰矢矢	⿱止⿱大廾	⿰止止	⿱止隹	⿱吅止	⿱内止
 合 36963 黄	 合 6460 正 賓  合 3383 賓  合 3385 賓  合 7413 賓  英 198 賓  合補 10483 賓	 合 25951 出	 合 38717 黄	 合 20369 𠂤  合 4726 賓  合 4729 賓  合 5730 賓  合 8720 正 賓	 合 31789 無	 合 29957 何  合 30959 何
	 ⿱止⿰矢矢爵 集成 7479		 ⿰止止爵 影彙 1722			

0226	0227	0228	0229	0230	0231	0232
⿱亞止*	⿱黍止*	⿱黃止*	⿱盧止*	⿱襄止*	⿱⿰火冓止*	⿱畺止*
⿱亞止	⿱黍止	⿱黃止	⿱盧止	⿱襄止	⿱⿰火冓止	⿱畺止
 合 18253 賓	 合 13906 賓  合 18243 賓	 英 2251 出	 合 5944 賓	 合 27009 何	 合 8675 賓	 合 6835 自  合 6836 賓  合 6838 自  合 6837 自  合 24356 出

0233		0234	0235	0236		0237
登		⿱癶又	⿱癶卩*	步		歲
登		⿱癶又	⿱癶卩	步		歲
 合 15864 賓	 合補 1270 賓	 合 18239 𠂤	合 9084 𠂤	 合 20375 𠂤	合 32950 無	 合 9647 賓
 合 8672 賓	 合 4646 賓	 合 9085 賓	 合 1656 正 賓	 合 6461 正 賓	 合 32947 歷	 合 9650 賓
 合 8564 賓	 合 4647 正 賓	 合 8006 賓	 合 1656 正 賓	 合 7772 正 賓	 合 36378 黃	 合 24432 正 出
 屯 2619 歷	 合 7384 正 賓	 合 15294 賓	 合 4201 賓	 合 19249 賓	 合 36380 黃	 合 23049 出
 合 28180 無	 合 32814 歷			 合 24347 出	 花東 262	 合 27400 何
 登串父丁觶 集成 6443	 登爵 集成 7478		按：或釋「蹐」。	 步方鼎 集成 1063	 子且辛步尊 集成 5716	 歲婦方鼎 集成 2140
 登屰罍 集成 9771	 登鼎 集成 1491			 步爵 集成 7474	 步觚 集成 6632	

0242	0241		0240	0239	0238	
巡	𨁱*		正	此	𧅘*	
徇	𨁱		正	此	𧅘	
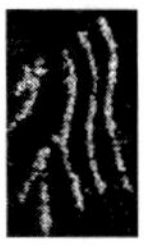 合 21526 子	 合 6062 賓	 合 27247 何	 合 20423 𠂤	 合 32300 歷	 合 10579 賓	 合 38099 黄
 合 21744 子	 合 6063 反 賓	 合 38729 黄	 合 1587 賓	 合 30318 無	 合 10579 賓	 合 22079 甲午
 合 21586 子	 合 7102 賓	 合 22086 午	 合 6441 賓	 合 28258 無		 合 3387 賓
 合 21586 子		 合 22322 婦	 屯 3004 歷	 合 31189 何		 合 13475 賓
 合 21727 子		 花東 63	 合 29504 無	 合 31191 無		 花東 114
	按：或釋「征」、「圍」。	 二祀邲其卣 集成 5412.3	 乙正觚 集成 6822	 此父丁鼎 集成 1595		
		 小臣艅犀尊 集成 5990	 𠬸正爵 集成 8200	 此勺 影彙 1652		

0249	0248	0247	0246	0245	0244	0243
速	迨	還	進	過	延	辻
朿	迨	罡	隻	過	延	徙
 合 15109 賓  合 18698 賓  花東 113  花東 420  花東 446	 合 24268 出  合 24267 出  合 24269 出  合 22606 出  合 36518 黃	 合 9339 賓	 合 32535 歷  合 21749 子  合 22384 婦 按：或釋「隹止」兩字。		 合 31791 何	 合 6573 賓  合 3521 正 賓  合 7658 賓  合 7659 賓  合 7657 賓
	 成圅鼎 集成 2694		 進觚 集成 6679	 過文簋 影彙 1839  亞過爵 集成 7815	按：或釋「正」。	按：隸變作「徒」。

0250 迅

遷

合 31792
何

合 28011
何

合 29092
何

合 36824
黄

合 29084
何

0251 逆

逆

合 112
賓

合 32185
歷

合 5327
賓

合 4919
賓

合 6201
賓

懷特 1341
何

合補 10069
何

合 11018 正
賓

合 4450
賓

英 335
賓

逆爵
集成 7339

0252 遘

遘

合 22715
出

合 28701
何

合 27051
無

合 27050
無

合 26909
無

合 27950
何

合 28702
何

合補 8910
何

合 37777
黄

合 38186
黄

肄作父乙簋
集成 4144

四祀𠨘其卣
集成 5413. 3

二祀𠨘其卣
集成 5412. 3

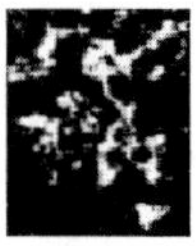
寧孳鼎
影彙 924

0253 逢

逢

合 36904
黄

合 36914
黄

合 36916
黄

0254 通

通

合 19834
𠂤

合 20510
𠂤

村中南 341
𠂤

合 31793
何

屯 3568
無

0261	0260	0259	0258	0257	0256	0255
逋	达	遟	邐	遣	返	辿
逋	达	遟	邐	遣	返	辿
 合 35588 黄  合 37905 黄  合 38276 黄  合 38949 黄 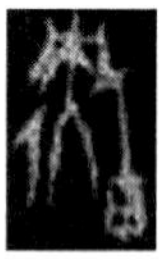 英 2643 黄	 合 21099 自  合 21099 自  合 22303 婦  合 27745 無	 合 27800 無  屯 2986 無  合 28202 何  合 36824 黄  花東 37		 合 4387 賓  合 7981 賓  英 1948 出  合 31935 無  屯 2770 無		 合 16301 賓  合 19276 賓
 虢逋簋 集成 3113	 子达觶 集成 6485		 邐方鼎 集成 2709  邐簋 集成 3975	 遣妊爵 集成 8137	 皈鼎 影彙 1566	

0267 邍	0266 逴	0265 遠	0264 遼	0263 逐		0262 追
彖	逴	遠	遼	逐		追
 合 3298 賓  合 33114 歷  合 39449 黃  合 22466 婦  花東 59	 合 26992 無	 合 8277 賓  合補 10491 歷  合 28705 無  屯 2061 無	 合 28190 無	 合 37533 黃  英 2566 黃  花東 108  合 10654 賓  合 10612 賓  合 10653 賓	 合 154 賓  合 25591 出  合 28888 何  合 28790 無  合 28372 無  屯 664 歷	 合 20462 自  合 20461 自  合 490 賓  合 24554 出  合 28014 無  屯 190 歷
 乃孫罍 集成 9823					 冀逐母丙爵 集成 8977	

0272			0271	0270	0269	0268
迷			辻*	辷*	邊	遽
		迷	辻	辷	臱	遽
 合 36559 黃	 屯 56 歷	 合 8039 賓	 合 32256 歷	 合 36417 黃	 合 28058 無	
 合 36632 黃	 屯 1074 歷	 合 4373 賓				
 英 2556 黃	 合 28752 無	 合 24130 出				
 合 36396 黃	 合 34071 無	 合 24442 出				
 英 2556 黃	 屯 678 無	 英 1776 出				
 合補 11103 黃	 合 36398 黃	 合 22758 出				
	 作册豊鼎 集成 2711	 作册般黿 影彙 1553				 遽父己卣 集成 4959.2

0278	0277	0276		0275	0274	0273
逼*	遇*	途*		迗*	逨*	逧*
逼	遇		⿱余止	迗	逨	逧
 合 95 賓  合 27088 無  合 30640 無  合 30499 無  合 30499 何	 花東 88	 合 67 正 賓  合 68 賓  合 6037 正 賓  合 32229 歷  合 32899 歷  合 27237 何	 合 6978 𠂤  合 6033 正 賓  合 32773 歷  合 6049 賓  合 6046 賓  合 6029 賓	 合 29715 無	 村中南 57 類組不明	 合 36836 黄
		按：或釋「達」、「⿳丰口止」。				

0279	0280	0281	0282	0283	0284	0285
⿺辶⿰叀攴*	⿺辶量*	達*	復	往	循	彶
⿺辶⿰叀攴	⿺辶量	達	復	往	循	彶
 合 5899 賓  合 5900 賓	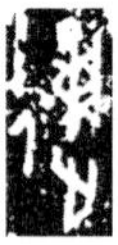 合 32978 歷	 屯 725 歷  英 2411 歷	按：甲骨文以「复」爲「復」，見卷五「复」字。	按：甲骨文以「㞷」爲「往」，見卷六「㞷」字。	 合 20401 自  合 659 賓  合 26092 出  合 28058 無  花東 123  合 20547 自	 合 21653 子

0290 得		0289 後	0288 退		0287 𢓊	0286 微
得		𢀖	𡕒		𢓊	微
 合 3734 賓	 合 130 正 賓	 合 18595 賓	 合 18535 賓	 合 32260 歷	 合 20495 自	按：甲骨文以「敚」爲「微」，見卷八「敚」字。
 合 439 賓	 合 8895 正 賓	 合 25948 出	 合 557 賓	 合 34445 歷	 合 20167 自	
 合 24555 出	 合 7997 賓	 合 22287 婦	 合 557 賓	 合 32261 歷	 合 20231 自	
 合 28094 無	 合 8929 賓	 花東 490	 合 15483 正 賓	 合 33690 歷	 合 21518 自	
 合 21791 子	 合 19755 自	 屯 2358 無	 合 15484 賓	 合 33215 歷	 合 24550 出	
 得鼎 集成 1066	 得甗 集成 6634					
 得鼎 集成 1067	 亞弜刀 集成 11811.2					
 得父乙甗 集成 7086	 亞得父癸卣 集成 5094					

0291	0292	0293	0294	0295	0296	0297
𣪘	律	御	𢓉*	𢔶*	𢓃*	𢓊*
𣪘	律	御	𢓉	𢔶	𢓃	𢓊
 合 3298 賓  合 18190 賓  合 18191 賓  合 18192 賓  合 3297 正 賓	 合 28953 無  懷特 827 無  懷特 827 無  屯 119 歷  懷特 1581 歷	 合 2631 正 賓  合 17941 賓  合 32935 歷  英 2674 正 歷  合 28011 何	 合 31876 何	 合 8940 賓	 合 18705 賓	 合 10739 賓  合 10739 賓  合 17857 賓
按：或釋「鍰」、「敗」、「得」。	 戍鈴方彝 集成 9894	 駿卣 集成 5380.1 按：「使馬」義本字，《説文》以爲古文「御」。				

0304	0303	0302	0301	0300	0299	0298
⿰彳先*	⿰彳虫*	徦*	徉*	⿰彳各*	⿰彳尼*	⿰彳出*
⿰彳先	⿰彳虫	徦	徉	⿰彳各	⿰彳尼	⿰彳出
 合 158 賓	 合 22258 婦	 合 34219 歷	 合 33705 歷	 合 31164 無  合 31164 無  合 31230 無  合 37386 黄	 合 628 正 賓  合 158 賓  合 4375 賓  合 4374 賓  合 8153 賓	 合 20159 自  合 20160 自  屯 4310 歷  合 20416 自  合 20276 自

0305 徎*	0306 往*	0307 徜*	0308 徇*	0309 徔*	0310 徫*	0311 徠*
徎	往	徜	徇	徔	徫	徠
 合 18732 賓  合 79 賓	 合 35351 黃	 花東 288	 合 449 賓  合 6044 賓  合 18258 賓  合 32910 歷  合 32911 歷	 合 4592 賓  合 5922 賓  合補 8585 賓  合 17213 賓	 合 31487 何  合 31488 何  合 31612 何	 合 6 賓

0318	0317	0316	0315	0314	0313	0312
⿲彳豈攵*	⿰彳先*	⿰彳沓*	⿰彳京*	⿰彳气*	⿰彳发*	⿰彳侖*
⿲彳豈攵	⿰彳先	⿰彳沓	⿰彳京	⿰彳气	⿰彳发	⿰彳侖
 屯 2320 無  屯 2613 無  屯 4516 歷  合 33069 歷  合 36528 反 黃	 合 32670 歷	 合 27681 何  合 28789 無  合 29288 無  合 33560 無  屯 2851 無	 合 36843 黃	 合 3138 賓  合 3139 賓  合 3154 賓  合 3155 賓  懷特 989 賓	 合 19936 𠂤  合 17621 臼 賓  合 17622 賓  合 17624 賓	 合 31072 無
 冀徹鼎 集成 1490  冀徹卣 集成 4876.1						

0325	0324	0323	0322	0321	0320	0319
徾*	僂*	㣳*	㣲*	𢓊*	徲*	𢔶*
徾	僂	㣳	㣲	𢓊	徲	𢔶
 合 30721 無	 合 37517 黄	 合 27747 無  屯 2311 無	 合 2942 賓  合 18696 賓	 合 120 賓	 合 13543 賓  合 13544 賓	 合 34095 歷  合 35321 歷
		按：或釋「旋」。				

0326	0327	0328	0329	0330	0331	0332
𢓊*	𢕬*	𢖰*	𢕕*	𢖩*	㳟*	𢔆*
𢓊	𢕬	𢖰	𢕕	𢖩	㳟	𢔆
 合 2658 賓  合 7861 賓  合 33916 歷  合 27237 無  花東 95	 合 22302 婦	 合 16120 賓	 合 14496 賓  屯 1035 歷	 合 27944 無		
					 㳟父乙尊 集成 5626	 册𢔆卣 集成 4870.1  册𢔆卣 集成 4870.2

0338	0337	0336		0335	0334	0333
街	行	彶*		延	建	廷
街	行	彶		征	建	廳
 合 4908 賓	 合 20610 自  合 22550 出  屯 300 歷  合 26896 無	 合 24861 出  合 34712 歷  屯 2091 歷  屯 3084 歷	 合 27346 何  合 32468 歷  合 27347 無  花東 3	 合 19813 自  合 20363 自  合 25 賓  合 24863 出	 合 36908 黃	
	 行天父癸卣 集成 5093.1  行天父癸卣 集成 5093.2		 甗延觚 集成 7019  延斧 集成 11766	 婦旟卣 集成 5099.1  婦旟卣 集成 5099.2  延中且觶 集成 6213	 丫建觚 集成 6921  建∀父丁爵 集成 8896	 四祀𠨘其卣 集成 5413.3

0339 衛

衛

合 20741
𠂤

合 19971
𠂤

合 19852
𠂤

衛簋
集成 2944

子衛爵
集成 8090

衛癸爵
集成 8063

合 10060
賓

合 21744
子

衛觚
集成 6639

子衛鼎
影彙 142

0340 衏*

衏

合 21013
𠂤

0341 㣥*

㣥

合 20762
𠂤

合 21156
𠂤

合 21221
𠂤

0342 𧗾*

𧗾

合 5096 正
賓

0343 衎*

衎

合 31978
歷

合 33030
歷

屯 38
歷

按：或釋「御」、「衛」。

0344 衐*

衐

合 3203
賓

合 3204
賓

合 30162
何

亞豈衐卣
集成 5014.1

亞豈衐爵
集成 8784

0351	0350	0349	0348	0347	0346	0345
⿴行歹*	⿴行自*	⿴行由*	⿴行禾*	⿴行大*	⿴行夂*	⿴行千*
⿴行歹	⿴行自	⿴行由	⿴行禾	⿴行大	⿴行夂	⿴行千
 合 6881 賓  合 6882 賓  合 19275 乙 賓  合 19272 賓	 合 20207 𠂤	 合 20306 𠂤	 合 31276 何	 合 19670 賓	 合 6948 正 賓  合 6949 正 賓  合 6949 正 賓	 合 16229 賓
 ⿴行歹父癸鼎 集成 1692					 ⿴行夂器 集成 10488	

0358 ⿴行复*	0357 ⿴行木*	0356 ⿴行㐬*	0355 ⿴行冑*	0354 ⿴行正*	0353 ⿴行攵*	0352 ⿴行余*
⿴行复	⿴行木	⿴行㐬	⿴行冑	⿴行正	⿴行攵	⿴行余
 合 9233 正 賓  合 9233 正 賓	 合 21295 𠂤	 合 2910 賓  合 3205 賓  合 3208 賓  合 15123 賓	 合 20072 𠂤  合 20072 𠂤  合 20504 𠂤  合 19957 正 𠂤	 合 18699 賓  合 32616 歷	 合 20950 𠂤  合 21282 𠂤  合 4923 賓	 合 19462 賓

0359	0360	0361	0362	0363		0364
衜*	衞*	衛*	衡*	齒		䶩*
衜	衞	衛	衡	齒		䶩
 合 6345 賓  合 6350 賓  合 7210 賓  合 7211 賓	 英 1995 出	 合 9609 賓	 合 6664 正 賓  合 6664 正 賓	 合 3523 賓  合 6482 正 賓  合 17295 賓  合 17300 正 賓	 合 419 正 賓  合 5658 正 賓  合 14161 正 賓  花東 284	 合 18057 賓
			按：或釋「逸」。	 齒兄丁觶 集成 6353  齒木觚 集成 7053  齒戈 集成 10769	 齒父己鬲 集成 481  齒咠 集成 9107	

0369 品			0368 疋	0367 踰	0366 齵	0365 齮
品			疋	⿱止自	齵	齮
 合 20276 自  合 2811 賓  合 23713 出  合 38586 黃	 合 6975 賓  合 6977 賓  合 576 賓  合 23623 出	 合 19956 自  合 24983 出  花東 329  合 22236 婦	 合 190 正 賓  合 18234 賓  合 20706 正 自  合 4584 賓	 合 18256 賓  合 18255 賓	 合 13662 賓  合 13663 正 甲　賓	 合 18138 賓
 寚蔑鼎 集成 2710		 疋作父丙鼎 集成 2118	 父癸疋册鼎 集成 1900			

齒部　足部　疋部　品部

	0373	0372		0371	0370	
	册	龢		龠	品	
	册	龢		龠	品	
 合 32285 歷	 合 6160 賓	 合 1240 賓	 合 25759 出	 合 4720 賓	 合 5574 賓	 懷特 1377 無
 合 30676 無	 合 7415 正 賓	 合 30693 無	 合 25750 出	 合 22748 出	 合 9432 賓	 屯 3731 歷
 合 30654 無	 合 7420 賓		 合 25755 出	 合 22730 出	 合 9434 賓	 合 32384 歷
 合 28089 正 無	 合 24133 出		 懷特 1051 出	 合 22882 出	 合 15515 反 賓	 合 38715 黄
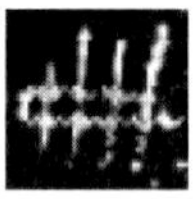 花東 449	 合 30672 何		 合 27178 何	 合 24883 出	 合 17600 賓	 合 21933 圓
 史册戈 集成 10875.1	 力册父丁觚 集成 7233					
 亳册戈 集成 10876.1	 劦册竹卣 集成 5006.2					

0374 䄊*

䄊

合 15324
賓

合 27155
何

合 32235
歷

合 34538
歷

合 27022
無

合 30675
無

合 30674
無

屯 594
無

0375 𠬝*

𠬝

合 20398
自

0376 舺*

舺

合 8032
賓

0377 𣊖*

𣊖

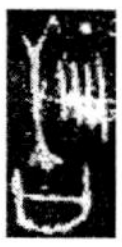

合 15335
賓

0378 𦀎*

𦀎

合 18542
賓

合 24910
出

商代文字字形表　卷三

	0379	0380	0381	0382
	㗊	囂	⿴㗊萬*	⿴㗊虍*
	㗊	囂	⿴㗊萬	⿴㗊虍
甲骨文	 屯 2118 無  村中南 468 午	 合 18650 賓	 合 10613 正 賓  合 10613 正 賓  合 233 賓	
金文及其他				 葡亞作父 癸角 集成 9102.1  葡亞作父 癸角 集成 9102.2

0387 昏	0386 因	0385 屰		0384 干	0383 舌	
昏	因	屰		干	舌	
合 2904 賓	合 33075 自 合 9575 賓 合 13155 賓 合 13543 賓 合 23715 出	合 27075 何 屯 37 歷 屯 2557 無 合 21626 子 花東 236	合 20472 自 合 2960 正 賓 合 66 賓 合 3933 賓 合 23644 出	合 4942 賓 合 4948 賓 合 4949 賓 合 9801 賓 合 28059 無	合 14948 賓 合 15156 賓 英 218 賓 合 27923 無 合 22405 婦	合 21118 自 合 5760 正 賓 合 2561 賓 合 2202 賓 合 14950 賓
		屰鼎 集成 1036 亞屰卣 集成 4815.1	癸屰爵 集成 8059 亞屰爵 集成 7796	匕田干斝 集成 9227 屰子干鼎 集成 1718	餘舌盤 集成 10035 舌方鼎 集成 1220	舌爵 集成 7502 舌亞𠃌爵 集成 8788

0388 敀*

敀

合 4773 正
賓

合 8711
賓

合補 10357
何

屯 4066
無

0389 剈*

剈

合 13681
賓

0390 劶*

劶

合 3810
賓

0391 商

商

合 21375
自

合 7085
賓

合 28100
無

合 21720
子

合 33128
無

合 36535
黄

合 6572
賓

屯 751
歷

花東 441

英 2674 正
賓

合 33067
歷

合補 11299
反　黄

商婦甗
集成 867

作册般甗
集成 944

子商甗
集成 866

龏娟方鼎
集成 2434

盟商壺
集成 9491

亞㓝父乙簋
集成 3990

0392 拘

拘

輯佚附録 38
自

英 646 正
賓

合 22462
婦

按：或釋「奴」。

0398	0397		0396	0395	0394	0393
博	千		十	古	丩	㺃*
博	千		十	古	丩	㺃
 合 36422 黃	 合 19946 正 自	 合 22552 出	 合 903 正 賓	 合 21242 自	 合 20891 圓	 合 9378 賓
	 合 8424 賓	 合 22554 出	 合 897 賓	 合 20149 正 自	 合 6170 反 賓	
	 合 34525 歷	 合 26907 正 何	 合 32069 歷	 合 52 賓	 合 28128 何	
	 合 33034 歷	 合 37459 黃	 屯 304 歷	 合 1086 正 賓	 屯 579 歷	
	 合 21960 圓	 合 37473 黃	 合 33581 無	 合 1086 正 賓	 合 31018 無	
按：或釋「于史」兩字。		 陶彙 1.17	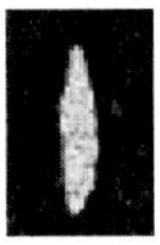 肄作父乙簋 集成 4144  亞舊作祖丁簋 集成 3940	 作父己簋 集成 3861.1  古爵 集成 7703		

0403 訊	0402 言		0401 卌*	0400 卅	0399 廿	
訊	言		卌	卅	廿	
 合 659 賓	 合 26742 出	 合 4521 賓	 合 10198 賓	 合 19838 𠂤	 合 35174 歷	 合 19838 𠂤
 合 6746 賓	 合 30619 無	 合 4519 賓	 合 918 反 賓	 合 315 賓	 合 29714 無	 合 21249 𠂤
 合 5377 賓	 合 30638 何	 合 26729 出	 屯 636 歷	 合 32058 歷	 合 30689 無	 合 286 賓
 合 19133 賓	 合 21631 子	 合 26757 出	 合 37375 黄	 合 26052 出	 合 37472 黄	 合 333 賓
 合 36389 黄	 花東 490	 懷特 1130 出	 花東 113	 花東 94	 合 37863 黄	 懷特 967 出
			按：或釋「四十」合文。	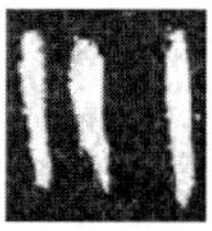 陶彙 1.19  陶彙 1.20	 陶彙 1.18	 宰椃角 集成 9105.1  𦙶作父乙簋 集成 4144

0410	0409	0408	0407	0406	0405	0404
⿰言西*	誅	詎	訶	⿰言差	評	信
⿰言西	⿰朱戈	詎	訶	⿰言差	乎	⿰亻口
 合 6057 反 賓	 合 27375 何  合 27376 何  合 27379 無  合 27622 無		 屯 656 無  屯 4544 無		按：甲骨文以「乎」爲「評」，見卷五「乎」字。	
按：或釋「謝」。		 詎其卣 集成 5012.1  詎其卣 集成 5012.2  詎其斝 集成 9226		 犅伯⿰言差卣 影彙 1588  犅伯⿰言差卣 影彙 1588		 信母爵 集成 8138  信母爵 影彙 1427

0411 ⿰言尋*

⿰言尋

合 4552 賓

0412 ⿰大言*

⿰大言

合 30373 何

合 30373 何

0413 ⿰言必*

⿰言必

合 27639 何

0414 ⿰言⿰東又*

⿰言⿰東又

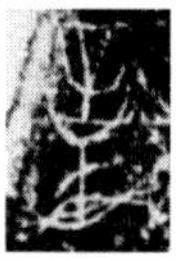
英 1886 賓

0415 訳*

訳

或父己觚 集成 7302

0416 競

競

合 4337 賓

合 4338 賓

合 1487 賓

合 22596 出

合 27414 何

合 31706 無

合 27300 無

合 106 反 賓

屯 810 歷

合 27938 無

0417	0418	0419	0420	0421	0422
章	竟	辛	童	妾	䢅*
章	竟	䇂	童	妾	䢅
	 村中南 319 自  村中南 319 自  合 35224 歷	 合 2279 正 賓  合 2280 正 賓  合 32917 歷  合補 10295 歷  合 35213 歷  合 20236 自  合 21305 自  合 940 正 賓  合 6450 賓  合 32982 歷	 合 30178 無  屯 650 無	 合 19892 自  合 657 賓  合 661 賓  合 32164 歷  花東 490	 合 664 賓  合 32162 歷  合 32161 歷  合 27040 無  懷特 1383 無
 亞𠐑作祖丁簋 集成 3940 按：「璋」古字。	 竟父戊觥 集成 9276.1  竟父戊觥 集成 9276.2	 辛鼎 集成 990			按：或釋「妃」。

0429	0428	0427	0426	0425	0424	0423
[illegible]*	[illegible]*	[illegible]*	[illegible]*	[illegible]*	[illegible]*	倿*
[illegible]	[illegible]	[illegible]	[illegible]	[illegible]	[illegible]	倿
 合 21441 自	 合 29398 無	 合 18486 賓	 合 18095 賓  合 3426 賓  掇三 237 賓	 合 248 正 賓  合 947 正 賓  合 6826 正 賓  合 8282 賓  合補 7480 歷	 合 4963 賓  合 4962 賓  合 23711 出  合 23719 出  合 32975 無	 合 32166 歷  合 34095 歷
						按：或釋「妃」。

0436	0435	0434	0433	0432	0431	0430
弄	丞	奉	収	僕	對	㓫*
弄	丞	奉	収	僕	對	㓫
	 合 2279 正 賓  合 19835 𠂤  合 763 賓  合 18004 賓	 拾遺 647 正 黄	 合 19933 𠂤  合 23 賓  合 8948 賓  合 36518 黄  合 22214 婦	 合 17961 賓 按：或釋「糞」。	 合 18755 賓  合 30600 無  合 30600 無  屯 4529 無  合 36419 黄	 花東 289
 王作㚸弄卣 集成 5102.2  王作㚸弄器蓋 集成 10347			 収鼎 集成 1091	 僕麻卣 影彙 1753  亞僕父乙爵 集成 8852		

0442	0441	0440		0439	0438	0437
⿱工廾*	具	龏		兵	戒	夅
⿱工廾	具		龏	兵	戒	夅
 合 18189 賓  合 19462 賓	 合 22153 自  花東 92  花東 333  花東 481	 屯 2369 歷  合 28022 無  合補 7480 何  合 36926 黃	 合 20029 自  合 5624 賓  合 26630 出  合 23615 出	 合 7204 賓 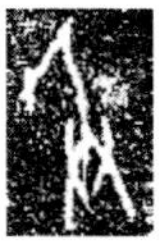 合 9468 賓  合 9469 賓 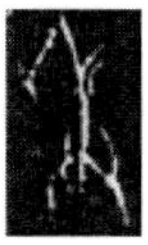 屯 942 無	 合 20558 自  合 20253 自  合 7060 賓	 合 27604 無  合 27604 無  合 31770 何
按：或釋「弄」、「巫」。	 駿卣 集成 5380.2  具父乙爵 集成 8421	 龏子簋 集成 3078  龏子卣 影彙 1838	 子龏鼎 集成 1308  龏姛方鼎 集成 2434			

0449	0448	0447	0446	0445	0444	0443
叏*	戠*	㜸*	䤈*	𢍧*	𢍰*	𢍱*
叏	戠	㜸	䤈	𢍧	𢍰	𢍱
 合 27721 何  合 28195 何  合 32012 歷  合 35343 黄	 合補 10357 何	 合 18186 賓	 英 2274 無	 屯 579 歷	 合 30593 無	 合 28111 無  屯 218 無

0456	0455	0454	0453	0452	0451	0450
𦦁*	𢍱*	𩁹*	𢑟*	𢍰*	𢍏*	弅*
𦦁	𢍱	𩁹	𢑟	𢍰	𢍏	弅
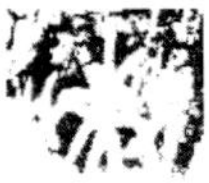 合 16208 反 賓	 合 28030 無  合 30751 無	 合 6648 正 賓  合 10171 正 賓  合 6653 正 賓 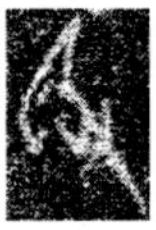 合 13695 正 乙　賓	 合 20578 𠂤  屯 4514 𠂤	 合 4170 𠂤  合 3982 賓  合 18198 賓  合 18195 賓  旅博 193 賓	 村中南 57 類組不明  屯 2796 歷	 合 11250 賓  合 15923 賓
				 𢍰父乙盉 集成 9344. 1  𢍰爵 集成 7468  亞父𢍰爵 集成 8776		 弅壺 集成 9464 按：或釋「絭」。

0457 ⿱亼収	0458 ⿱豕収*	0459 ⿱髟収*	0460 ⿱去収*		0461 ⿱甶収*	0462 ⿱彐収*
⿱亼収	⿱豕収	⿱髟収	⿱去収		⿱甶収	⿱彐収
 合 20366 自	 合 24255 出	 合 19830 自	 合 19891 自	 合補 6829 子	 合 23542 出	 合 3450 賓
 合 20086 自	 合 24342 出	 合 19835 自	 合 2582 賓	 合補 6756 子	 合 31046 何	 合 28002 何
 合 8720 正 賓	 合 26009 出		 合 585 正 賓	 合 22405 婦		 合 28002 何
 合 22300 婦	 合 26008 出		 合 34043 歷			 花東 5
按：或釋「臾」。	按：或釋「豢」。					

0468	0467	0466	0465	0464	0463	
[illegible]*	[illegible]*	[illegible]*	[illegible]*	[illegible]*	[illegible]	
[illegible]	[illegible]	[illegible]	[illegible]	[illegible]	[illegible]	
 合 17988 賓	 合 22088 午  合 22090 午  合 22091 乙 午  合 22092 午	 合 9817 賓  英 824 賓	 合 35362 黄	 合 8501 反 賓  屯 264 歷	 合 10707 賓  合 10715 賓  合 21761 子	 合 6536 賓  合 10718 賓  合 31131 無
		 [illegible][illegible]卣 集成 5017.2  [illegible][illegible]簋 集成 3119  木[illegible]爵 集成 8273	按：或釋「孚」。		按：或釋「敢」。	

0472		0471		0470	0469	
異		共		羿*	叕*	
異		共		羿	叕	
 合 30416 無  合 27148 何  合 29395 何  合 31903 何  合 32915 歷	 合 4611 正 賓  合 4412 賓  合 33918 出  合 28400 無  合 29090 無	 合 14795 反 賓  合 14795 正 賓	 合 2795 正 賓  合 13962 賓		 屯 332 歷  合 34711 歷  合 34712 歷  屯 4553 無	 合 33263 歷  合 32925 歷  合 32176 歷  村中南 363 歷
		 共觚 集成 6600  亞辛共殘銅片 集成 10476	 亞共覃父乙簋 集成 3419  共罐 集成 9983	 小子羿鼎 集成 2648.1  小子羿鼎 集成 2648.2	按：或釋「役」。	

0478	0477		0476	0475	0474	0473
要	⿱⿴臼東八*		興	⿱子廾*	⿱𦥑丌*	戴
要	⿱⿴臼東八		興	⿱子廾	⿱𦥑丌	戴
 合 18094 賓	 合 6667 賓  合 5504 賓	 合 34083 歷  花東 28  屯 3752 無  合 28000 無  合 27365 何	 合 19907 𠂤  合 20236 𠂤  合 6531 賓  合 339 賓  合 25180 出	 合 4444 賓  合 4446 賓  合 4447 反 賓  合 4445 賓  合 6342 賓	 合 30347 何  合 30502 何	 合 2274 正 賓  合 17992 賓  英 314 賓  合 1096 賓  合 31904 何
		 卩興瓿 集成 9949  興父辛爵 集成 8616	 興壺 集成 9465  興壺 集成 9466	 ⿱子廾鐃 集成 378  ⿱子廾鉞 集成 11720.1		

0483	0482			0481	0480	0479
⿰臼自*	農			晨	⿱臼黽*	⿱臼呈*
⿰臼自	⿱艸農	⿲木辰木	莀	⿱林晨	⿱臼黽	⿱臼呈
 合 163 賓	 合 10474 自	 合 10976 正 賓	 合 10474 賓	 合 14451 賓	 合 18214 賓	 合 18218 賓
 合 166 賓	 合 9498 反 賓	 合 10976 正 賓	 合 9493 賓	 合 22610 出	 合 18188 反 賓	 合 18220 賓
 屯 2350 無	 合 20624 自	 合 9477 賓	 合 26855 出	 合 25157 出	 合 32033 歷	 合 18221 賓
 合 27977 無	 合 9497 賓			 合 25178 出	 合 32086 歷	 合 32854 歷
 合 23686 出	 屯 2061 無			 合 25177 出		
 ⿰臼自觶 影彙 1433  㠱母⿰臼自父 癸鼎 集成 2020						

0488	0487	0486	0485	0484		
䰙*	鬲	鞭	革	臼*		
䰙	鬲	鞭	革	臼	衕	
 合 15705 賓	 屯 643 自  合 201 正 賓  合 24280 出  合 32235 歷  屯 1090 歷	 合 20842 自	 花東 474  花東 474  花東 491	 村中南 297 午	 合 18697 賓  屯 1074 歷  合 35121 歷  合 18766 賓  村中南 57 類組不明	 合 20602 自  合 25 賓  合 22537 出  合 21904 圓  合 32873 歷
				按：或隸作「关」，疑「𦥑」之異體。	 𦥑爵 集成 7456  册𦥑父甲觚 集成 7222	 𦥑觚 集成 6604  立𦥑父丁卣 集成 5065.1

0494	0493	0492	0491	0490	0489	
⿱弜鬲*	⿱大鬲*	⿱艹鬲*	⿸尸鬲*	融	鬳	
⿱弜鬲	⿱大鬲	⿱艹鬲	⿸尸鬲	⿱弜⿱鬲虫	鬳	
 合 31036 無 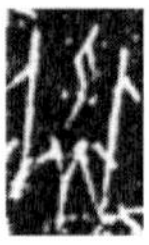 懷 1402 無	 合 4855 賓  合 4855 賓  合 4855 賓  合 5708 正 賓	 合 13624 反 賓	 合 8610 正 賓  合 8612 賓  合 18849 賓	 合 23612 出	 合補 7083 出  合 32125 歷  合 30765 無  合 26954 何	 合 20317 𠂤  合 630 賓  合 629 賓  合 4828 賓
				 融簋 影彙 1058  册融鼎 影彙 1060  融罍 影彙 1056		

鬲部

0495 ⿱吅冋*

⿱吅冋

合 14249
賓

0496 ⿱亼鬲*

⿱亼鬲

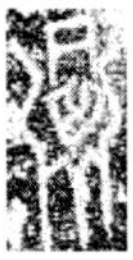
合 22099
午

0497 ⿰鬲朿

⿰鬲朿

合 6667
賓

合 14125
賓

屯 418
歷

合 32235
歷

合 34574
無

合 30809
何

合 30956
無

屯 635
無

合 15816
賓

合 15818
賓

⿰鬲殳

合 1733
賓

合 34565
歷

合 32485
歷

合 21852
子

按：或釋「莤」。

0498 ⿰⿰鬲朿殳*

⿰⿰鬲朿殳

合 36525
黄

合 35982
黄

合 27439
何

0505	0504	0503	0502	0501	0500	0499
爪	[illegible]*	⿱衍鬲*	⿱⿲弓米弓⿱鬲火*	[illegible]*	⿱弜⿱鬲火*	[illegible]
爪	[illegible]	⿱衍鬲	⿱⿲弓米弓⿱鬲火	[illegible]	⿱弜⿱鬲火	[illegible]
 合 975 正 賓		 合 31030 無	 合 32881 歷  屯 341 歷  屯 2438 歷	 合 18566 賓	 合 4760 賓	
 陶彙 1.83  陶彙 1.84	 乃孫作且己鼎 集成 2431  引作文父丁鼎 集成 2318  戍學鼎 集成 2708  作册豊鼎 集成 2711					 四祀𠨘其卣 集成 5413.3

	0511	0510	0509	0508	0507	0506
	丮	⿱爫鱻*	⿱爫田*	⿱爫夭*	爲	孚
	丮	⿱爫鱻	⿱爫田	⿱爫夭	爲	孚
 合 18987 𠂤  合 734 正 賓  合 25702 出  合 33413 歷  合 21581 子	 合 734 正 賓  合 7168 賓  合 17085 正 賓  合 1824 反 賓  合 34621 歷		 合 8809 賓  合 19756 𠂤  合 19757 𠂤  旅博 1816 （摹本） 何	 合 574 賓  合 22269 婦	 合 15188 賓  合 15189 賓  合 15185 賓  合 2953 正 賓  屯 872 無	 合 903 正 賓  屯 1078 歷  合 32435 歷  合 764 賓  合 137 反 賓
 丮册觚 集成 6995	 丮卣 集成 4774.1	 ⿻冂乂⿱爫鱻盉 集成 9330.1  ⿻冂乂⿱爫鱻觚 集成 7063  ⿱爫鱻罍 集成 9744				

0512 ⿰坴丮				0513 ⿰享丮	0514 ⿰奞丮	
⿰木丮	⿰坴丮		⿰网叉	⿱享丮	⿰奞丮	
 合 27382 何	 屯 2170 無	 合 7928 反 賓	 屯 778 無	 合 17936 賓	 合 4104 賓	 合 22706 出
 合 30528 何	 屯 2170 無	 合 5749 賓	 屯 778 無	 合 1134 賓	 合 26899 何	 合 27042 反 何
 合 30751 無		 合 5908 賓		 合 30284 無	 合 32663 何	 合 35890 黃
		 合 27823 無		 合 30285 無	 合 30659 無	 合 36270 黃
				 花東 294	 英 2562 正 黃	 合 35417 黃
			按：「⿰坴丮網」之「⿰坴丮」專字。			

<table>
<tr><th colspan="2">0515</th><th>0516</th><th>0517</th><th>0518</th><th>0519</th><th>0520</th></tr>
<tr><td colspan="2">⿰女丮</td><td>⿰示丮*</td><td>⿰火丮*</td><td>⿰耒丮*</td><td>⿰王丮*</td><td>⿰自丮*</td></tr>
<tr><td colspan="2">⿰女丮</td><td>⿰示丮</td><td>⿰火丮</td><td>⿰耒丮</td><td>⿰王丮</td><td>⿰自丮</td></tr>
<tr>
<td>
合 17730
賓

合 150 反
賓

合 7018
賓
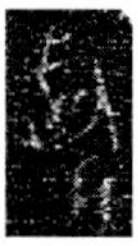
合 30967
無</td>
<td>
合 33164
歷

合 3481
賓

合 3481
賓

合 8445
賓</td>
<td>
合 7854 反
賓
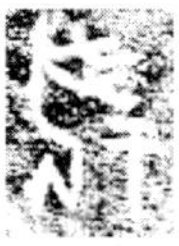
合 2650
賓

合 924 正
賓

合 24132
出

合 21190
𠂤</td>
<td>
合 13890
賓</td>
<td>
合 15819
賓

合補 4464
賓</td>
<td>
合 27890
無</td>
<td>
合 1958
賓

合 4389
賓

合補 6161
賓</td>
</tr>
<tr>
<td>
小子夫父己尊
集成 5967

孝卣
集成 5377</td>
<td>
麇婦觚
集成 7312

⿰女丮爵
集成 7434</td>
<td>按：或釋「祝」。</td>
<td>
聑⿰火丮爵
集成 8172
按：或釋「⿰耒丮」、「炬」。</td>
<td></td>
<td>按：或釋「致」。</td>
<td></td>
</tr>
</table>

0521	⿰皀丮*	⿰皀丮	 合 18033 賓	按：或釋「⿰食丮」。
0522	⿰丰丮*	⿰丰丮	按：或釋「封」。	 作⿰丰丮從彝方鼎 集成 1981  作⿰丰丮從彝觶 集成 6435.2
0523	鬥	鬥	 合 21524 𠂤  合 20231 𠂤  合 152 正 賓  合 14553 賓  合 4726 賓	
0524	鬮	鬮	 村中南 71 歷	
0525	又	又	 合 20349 𠂤  合 390 正 賓  合 24593 出  合 27315 何  合 33697 歷  合 33840 歷  合 30987 無  合 36981 黄  合 22130 婦  合 21757 子	 又方彝 集成 9831  宰椃角 集成 9105.1  亞又方彝 集成 9853  陶彙 1.80  陶彙 1.82
0526	右	右	按：甲骨文以「又」爲「右」，見本卷「又」字下。	

0527	0528	0529	0530		0531	0532
厷	叉	双*	父		叜	燮
厷	叉	双	父		叜	燮
 合 1772 正 賓	 合 6450 賓	 英 1183 賓	 合 19945 自	 合 2128 賓	 合 2670 反 賓	 合 18178 賓
 合 5532 正 賓	 合 36901 黃	 英 2674 正 賓 類組不明	 合 20576 反 自	 合 32225 歷	 合 5624 賓	 合 18793 賓
 合 13680 賓	 合 36902 黃	 英 2674 正 賓 類組不明	 合 19913 自	 合 27037 無	 合 18175 賓	 合補 6455 賓
 合 21565 子	 英 2562 正 黃		 合 2221 賓	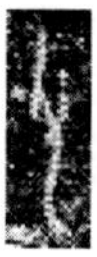 合 22094 午	 屯 1024 歷	 合 26631 出
 亞厷方鼎 集成 1409	 叉鼎 集成 1090		 父癸方鼎 集成 1275	 且日乙戈 集成 11403		
 亞厷父乙卣 集成 5055. 1	 叉宊器 集成 10505		 父辛卣 集成 4835. 2	 近二 748		
	 宊叉鼎 集成 1478		 父丁爵 集成 7915	 陶彙 1. 66		

0533 曼	0534 央	0535 尹	0536 叡		0537 嫠	
[illegible]	央	尹	叡	虘	嫠	
 合 583 反 賓	 合 19884 自	 合 19771 自	 合 7011 賓	 合 27997 無	 合 26833 出	 合 26909 無
 合 23685 出	 合 9368 賓	 合 411 賓	 合 27889 無	 合 27997 無	 合 27678 何	 合 31866 無
 合 32921 歷	 合 23708 出	 合 9790 正 賓	 合 27994 無		 合 26899 何	 合 31856 無
 合 4508 賓	 英 1821 歷	 合 33694 歷	 合 36530 黄		 合 27415 無	 合 31871 無
 花東 286	 合 21864 子	 合 22065 午			 合 28940 無	 合 39433 黄
 曼鼎 影彙 179  曼川觚 集成 6936	按：或釋「堅」。	 尹舟簋 集成 3106  邐方鼎 集成 2709	 叡巽卣 集成 4877. 2  叡巽觶 集成 6187. 1	 巽虘爵 集成 8167	 毓且丁卣 集成 5396. 1	 毓且丁卣 集成 5396. 2

0538 及

及

合 28013
無

合 27987
無

合補 1932
何

合 36425
黄

合 21414
子

合 20348
𠂤

合 940 正
賓

合 7242
賓

合 24868
出

屯 345
歷

及爵
影彙 313

0539 秉

秉

合 4853
賓

合 17444
賓

合 18156
賓

合 18157
賓

秉冊戊鼎
集成 1764

秉觚
集成 6606

秉冊戈
集成
10870.1

秉冊戊觶
集成 6357

0540 反

反

合 36537
黄

合 36819
黄

戍甬鼎
集成 2694

0541 𠬝

𠬝

合 19777
𠂤

合 722 正
賓

合 32174
歷

合 22229
圓

花東 290

旁父乙鼎
集成 2009

0542 𨸏𠬝*

𨸏𠬝

合補 6546
𠂤

0543	0544	0545		0546		0547
[illegible]*	叔	取		彗		友
[illegible]	叔	取		彗		友
 合 766 正 賓	 合 30911 何	 合 20138 自	 合 32833 歷	 合 7056 自	 合 9690 反 賓	 合 21361 自
 合 766 正 賓	 合 29185 無	 合 117 賓	 合 28058 無	 合 7056 自	 合 5452 賓	 合 6057 正 賓
 合 13619 正 賓	 屯 2064 無	 合 6754 賓	 合 21988 圓	 合 9780 賓	 合 32919 無	 英 369 正 賓
	 屯 2064 無	 合 4734 賓	 花東 286	 合 32000 歷	 合 32967 歷	 合 23687 出
	 屯 2986 無	 屯 1082 歷	 合 27961 何	 合 31579 何	 合 32484 歷	 合 26846 出
		 取父癸卣 集成 4994.1  取父癸卣 集成 4994.2			按：或釋「羽」。	 友牧父癸爵 集成 9084  友牧父癸觚 集成 7303  [illegible]蕽鼎 集成 2710

0552	0551		0550	0549	0548	
权*	⿰東又*		⿰束又*	攻*	度	
权	⿰東又		⿰束又	攻	度	
 合 20045 自	 合 20646 自	 合 30405 無	 合 27529 無	 合 36346 黃	 合 21289 反 自	 合 31230 無
 合 6834 正 賓	 合 20576 反 自	 合 30415 無	 合 27529 無	 合 37408 黃	 屯 4178 歷	 合 38762 黃
 合 35436 黃	 合 18160 賓	 屯 2254 無	 合 30329 無	 合 37536 黃	 屯 4178 歷	 合 22214 子
 合 39462 黃	 合 18212 賓	 屯 2254 無	 合 30454 無		 合 31009 無	 合 22258 婦
 花東 53	 英 173 正 賓					 花東 2
按：或釋「抔」。	 亞⿰東又爵 集成 7798  亞⿰東又爵 影彙 1425	按：或釋「莤」、「叙」。				 近二 621.4  陶彙 1.46

0553	0554	0555	0556	0557		0558
⿰斤又*	⿰豕又*	⿰妾又*	⿰戈又*	叙*		夒*
⿰斤又	⿰豕又	⿰妾又	⿰戈又	叙		夒
 合 29768 何	 合 11267 賓  英 1924 出  英 1924 出	 合 655 正甲 賓  花東 346  花東 409	 合 25030 出  合 33378 無  合 22321 婦	 合 22758 出  合 28002 何  合 27385 何  合 32191 歷	 合 31667 無  合 35396 黄  合 36425 黄  合 22297 婦	 合 18153 自
	按：或釋「豢」。	按：或釋「妾」、「𠬝」。	按：或疑「戒」之省。	 王㞢女叙觥 集成 9287.1  王㞢女叙觥 集成 9287.1  王㞢女叙方彝器 影彙 1636	按：或釋「馭」、「肆」。	按：疑「獲」之異體。

0559 𡜂*

𡜂

合 17387 賓

合 8336 正 賓

合 7038 賓

合 32788 歷

屯 2626 歷

合 37677 黃

按：或釋「畢」、「擒」。

0560 𣦼*

𣦼

合 6177 臼 賓

合 17534 賓

合 583 反 賓

合 24976 出

合 4882 賓

合 19507 賓

合 366 賓

合 30322 無

按：或釋「掃」。

0561 㩉*

㩉

合 26778 出

合 26779 出

合 26780 出

英 2257 出

0562 𣪕*

𣪕

村中南 489 歷

0563 叚*

叚

叚己觚 集成 6845

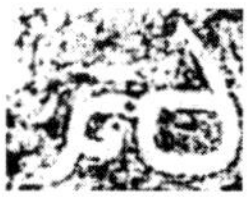
叚己觚 集成 6846

0564	0565	0566		0567	0568	
⿰辛又*	权*	𠂇		卑	史	
⿰辛又	权	左		卑	史	
		 合 20649 自	 合 27884 無	 合 19233 賓	 合 19907 自	 合 27333 何
		 合 14888 賓	 合 36344 黃		 合 20088 自	 合 38242 黃
		 合 27107 何	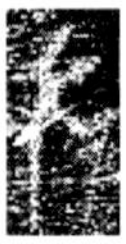 合 21868 子		 合 5498 賓	 合 21703 正 子
		 屯 1024 歷	 花東 50		 屯 992 歷	 合 21911 圓
 ⿰辛又爵 影彙 1150	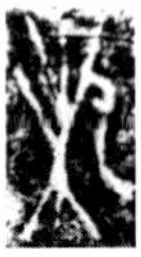 权爵 集成 7454	 左盉 集成 9315	 左鼎 集成 1097		 史鼎 集成 1077	 史戈 集成 10780
		 亞⿰目虫左鐃 集成 403	 左爵 影彙 1645		 史簋 集成 2958	 ⿱宀帚蕽鼎 集成 2710

合 4676
自

合 5944
賓

合 10035
賓

合 34445
歷

按：省去手形。

史角
近二 793

史觚
近二 647

0569 事

事

按：甲骨文以「叓」爲「事」，見卷一「叓」字。

0570 攴*

攴

攴𠦪爵
集成 8189

0571 肄

肄

肄作父乙簋
集成 4144

0572 聿

聿

合 28169
無

合 32791
無

合 22063
午

婦聿𠭯卣
集成 5099.1

聿爵
集成 7441

辛聿尊
集成 5555

按：「筆」古字。

聿戈
集成 10763.1

婦聿𠭯卣
集成 5099.2

聿爵
集成 7440

0573 畫

⿱聿㐅

合 822 正
賓

合 23530
出

合 32772
歷

合 28348
無

子畫簋
集成 3073

子畫簋
集成 3074

0577 臣		0576 豎	0575 臤	0574 畫		
	臣	豎	臤	畫	乂	
 合 21533 子  花東 181  合 20356 自  合 22374 婦	 合 20592 自  合 117 賓  合 27937 何  合 33249 歷	 合 5352 賓  合 5353 賓  合 11437 反 賓  合 18082 賓	 合 8461 賓  合 18143 賓	 合 22942 出  屯 2392 無	 合 822 正 賓  合 3844 正 賓  合 33140 歷  英 2412 歷 按：省作「乂」。	 合 33059 歷  村中南 200 歷  花東 247  花東 449
 小臣艅犀尊 集成 5990  臣戈 集成 10665  陶彙 1.21	 臣戈 集成 10667  冬臣單觚 集成 7203  小臣缶方鼎 集成 2653		 臤父癸觶 集成 6338  臤卣 集成 4792  臤觚 集成 6596		 子乂觚 集成 6900  子乂觚 集成 6901	 子畫器 集成 10514

0578 臧

臧

合 3297 反 賓

合 6404 反 賓

合 12836 正 賓

0579 ⿱臣賓*

⿱臣賓

合 18083 賓

按：或釋「矉」。

0580 桭*

桭

合 9816 反 賓

合 18413 賓

合 18411 正 賓

合 38158 黄

相父乙卣 集成 5147

0581 ⿱臣臣*

⿱臣臣

合 3521 反 賓

合 4496 賓

合 9405 賓

合 9790 臼 賓

⿱臣臣爵 集成 7495

0582 ⿱屮臣*

⿱屮臣

花東 113

花東 113

花東 113

0583 ⿰臣予*

⿰臣予

合 96 賓

合 96 賓

合 22134 婦

合 22135 婦

小子⿰臣予簋 集成 3904

0584 ⿰臣曾*

⿰臣曾

合 37383 黄

花東 416

0585 殳

殳

合 21868
子

合 22196
子

0586 祋

祋

輯佚 317 正
出

0587 杸

杸

合 33215
歷

合 33690
歷

合 32835
歷

屯 220
歷

合 26852
出

合 33690
歷

合 29957
何

杸父丙卣
集成 4936

杸父丁卣
近二 506

杸父辛簋
集成 3202

杸弓形器
集成 11871

杸弓形器
集成 11871

按：或釋「析、枚」。

0588 㱿

㱿

合 536
賓

合 11753
賓

合 3625
賓

合 3516
賓

合 9530
賓

合 10344 正
賓

合 1906
賓

合 7846
賓

㱿簋
集成 2971

㱿觚
集成 6782

0589 𣪕

𣪕

合 29385
無

屯 2259
無

合 35361
黃

合 36276
黃

按：或釋「簋」。

0596	0595	0594	0593	0592	0591	0590
𣪊*	𣫂*	𪓐*	㲉*	𤘰*	役	𣪘
𣪊	𣫂	𪓐	㲉	𤘰	役	𣪘
 合 5488 賓	 合 15293 賓  合 30014 無	 輯佚 449 出	 合 465 賓 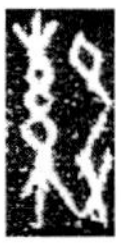 合 18596 賓  屯 4584 無  合 36839 黄	 合 18414 賓 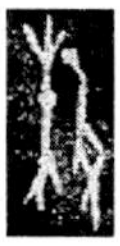 合 32555 歷	 合 20283 自  合 8138 正 賓  合 18272 賓  合 17939 賓	 合 24956 出  合 25239 出  屯 2682 歷  合 27894 無  屯附 2 無
					 役觚 集成 6576  役爵 集成 7390	 小子𠭯簋 集成 3904

0597	0598	0599	0600	0601	0602	0603
𣪠*	𤤃*	𣪩*	㲉*	𥹛*	㱿*	𣪘*
𣪠	𤤃	𣪩	㲉	𥹛	㱿	𣪘
 合 13315 賓  合 9092 賓  合 18233 賓	 合 9101 反 賓  懷特 53 賓  懷特 421 賓	 合 29285 無  合 29295 無  合 33537 無  合 36438 黃  合 37638 黃	 合 24264 出  合 24265 出  合 24779 出	 合 18445 賓  合 2348 賓	 合 20066 𠂤  合 3357 賓  合 10559 賓  合 24762 出	 合 23265 出
	按：或釋「攻」、「檝」。					

0604 ⿰川殳*

⿰川殳

花東 183

0605 ⿰几殳*

⿰几殳

村中南 267
歷

0606 豛*

豛

合 9774 正
賓

花東 76

按：或釋「殺」。

0607 ⿰⿱吅几殳*

⿰⿱吅几殳

花東 226

按：或釋「殺」。

0608 ⿰它攴*

⿰它攴

合 584 反甲
賓

合 22601
出

合 22603
出

合 31121
無

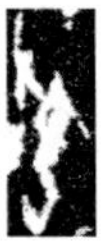
合 2084
賓

合 14 正
賓

合 11497 正
賓

合 16170
賓

英 1704
賓

合 23220
出

合 38720
黄

合補 6925
圓

按：或釋「殺」、「施」。

0609 皃

皃

合 14161 正
賓

合 14161 正
賓

合 18328
賓

0610 將

將

合 13525
賓

合 13521 正
賓

合 31056
何

合 32731
歷

合 32775
歷

合 32767
歷

花東 496

合 34320
歷

0611 尋

尋

合 16079
賓

合 24399
出

合 28087
何

合 34711
歷

合 9741 正
賓

合 3108
賓

合 14474 正
賓

合 23694
出

合 28060
無

合 30297
無

合 36904
黃

合 36914
黃

亞𠨧父乙簋
集成 3990

0612 專

專

合 6834 正
賓

合 3347
賓

合 3349
賓

合 3350
賓

專鐃
集成 362

專鐃
集成 363

	0613	0614	0615	0616		0617
	⿰爿夕*	皮	攴	啟		⿰鬲丑
	⿰爿夕*	皮	攴	啟		⿰鬲丑
 合 27759 無  合 4975 賓  合 13713 正 賓  英 2282 何	 合 15885 正 賓  合 19096 反 賓	 花東 149  花東 550	 英 1330 賓	 合 19786 自  合 21002 自  合 30200 何  合 22088 午	 合 6461 正 賓  合 6471 正 賓  合 33034 歷  屯 2838 無	 合 1023 賓  合 8073 賓  合 8076 賓  合 14270 賓
 専鼎 集成 1100				 亚啟方彝 集成 9847.1  啟簋 集成 3041	 啟宁父戊爵 集成 9014  小子作父辛 尊集成 5965	

0622 更	0621 改	0620 敄	0619 敏	0618 肇		
㪅	攺	敄	敏		肇	
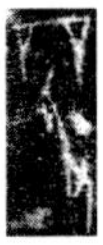 合 20118 自  合 21371 自  合 10951 賓  合 10952 賓	 合 36418 黃  合 39465 黃  合 39469 黃  合 39471 黃		 合 532 賓  合 39459 黃  合 36765 黃	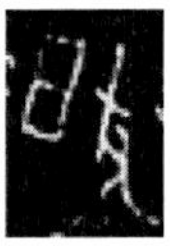 花東 195  花東 203	 合 21623 子  花東 37 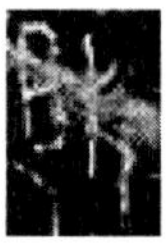 花東 37  花東 178	 合 23431 出  合 29357 無  合 36567 黃  合 39464 黃
	按：或釋「施」。	 作册般甗 集成 944  敄作父癸觶 集成 6474	按：或釋「妻」。	按：或釋「啟」。		

0623 攸

攸

合 20593
𠂤

合 5760 正
賓

合 22585
出

合 32982
歷

合 36484
黄

合 36822
黄

合 36823
黄

英 2562 正
黄

協卣
近二 540

協卣
近二 542

協卣
近二 542

王罍
集成 9821

0624 敗

敗

合 17318
賓

合 2274 正
賓

合 2274 正
賓

0625 寇

寇

合 537
賓

合 540
賓

合 573 正
賓

合 575
賓

合 138
賓

合 577
賓

屯 857
歷

合 26992
無

合 27498
無

花東 122

0626 𠩺

𠩺

父癸爵
影彙 1287

0627 斀

剢

合 5996
賓

合 5997
賓

合 5998
賓

合 525
賓

0632 钕*	0631 豉*	0630 技*			0629 牧	0628 畋
钕	豉	技	敉	牧		畋
 合 28122 無	 合 21425 子	 村中南 412 午	 合 21069 自	 合 32031 歷	 合 20705 自	 合 20744 自
 合 29690 無			 合 11395 賓	 合 32616 歷	 合 493 正 賓	 合 20746 自
 合 30270 無			 合 35240 歷	 屯 149 歷	 合 28351 無	 合 21622 自
 合 36775 黄			 花東 21	 合 35345 黄	 合 11002 賓	 合 22464 婦
按：或釋「乍」。			 牧父癸觶 集成 6344	 牧又瓿 集成 9955	 亞牧鬲 集成 456	
			 牧鬲 集成 444	 牧父乙觶 集成 6226	 牧罍 集成 9745	
			 牧又爵 集成 5174.2	 牧又罍 集成 9772	 牧癸觚 集成 6842	

0633	0634	0635	0636	0637	0638	0639
敤*	斔*	敒*	敀*	跂*	㩲*	敊*
敤	斔	敒	敀	跂	㩲	敊
 花東 113  花東 113  花東 130  花東 130	 屯 2100 歷	 合 5613 賓	 合 13934 正 賓	 合 14499 賓	 合 527 正 賓  合 8886 正 賓  合 18657 賓	 合 34218 歷
				按：或釋「政」。	按：或釋「保」。	

0640 𢿌*

𢿌

合 2392
賓

合 15684 正
賓

合 18224
賓

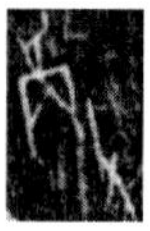
英 1250 反
賓

0641 𢽸*

𢽸

合 22441
婦

0642 𢽾*

𢽾

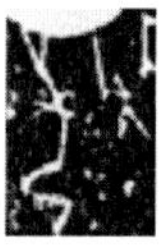
屯 4042
無

屯 2259
無

0643 𢿡*

𢿡

合 18225
賓

亞睘鄉宁鼎
集成 2362

0644 𢾀*

𢾀

合 20380
𠂤

合 31787
何

合 28177
無

合 18230
賓

𢾀戈
集成 10756

𢾀令鉞
影彙 803

▲ 𢾀爵
集成 8190

按：或釋「撻」。

0645 𢼸*

𢼸

合 21379
𠂤

合 9097
賓

合 19657
賓

合 32699
歷

按：或釋「推」、「摧」。

0646 𢿭*

𢿭

花東 102

花東 114

花東 156

編號	字頭	隸定	字形	按語
0647	敔*	敔	 合 5658 正 賓	
0648	敼*	敼	 合 28126 無	
0649	敌*	敌	 合 27752 無	
0650	敱*	敱	 合 20378 𠂤  合 10977 賓  合 32782 歷  合 3094 賓	按：或釋「效」。
0651	敶*	敶	 合 36551 黄	
0652	𨼆*	𨼆	 合 948 賓	
0653	敾*	敾	 輯佚 606 無	

	0659	0658	0657	0656	0655	0654
	教	敺*	叟*	敼*	𢿱*	𣀔*
	教	敺	叟	敼	𢿱	𣀔
 合 5617 賓  合 28008 無	 合 10 賓  合 27732 何  合 27734 何  合 31483 何			 合 6 賓  合 8278 賓  合 31997 歷  合 27952 無	 合 11404 賓 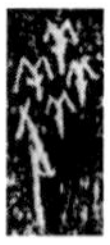 英 2674 正 類組不明  英 2674 正 類組不明  合 21284 自	 合 38245 黄
		 [illegible]父丁卣 集成 5155.3  敺侯尊 影彙 1585	 叟父乙鼎 近二 195	按：或釋「驅」、「牧」。	按：或釋「牧」。	

0660 學

學

合 20100
自

合 32 正
賓

合 1822 正
賓

合 3510
賓

合 3512
賓

合 8304
賓

合 26798
出

合 27712
何

屯 662
無

花東 473

花東 450

花東 181

0661 卜

卜

合 20451
自

合 16265
賓

合 28957
無

合 31686
何

合 24287
出

合 34676
歷

合 39415
黄

合 22048
午

卜鼎
近出 197

卜[illegible]觚
集成 7036

亞[illegible]父己爵
集成 9015

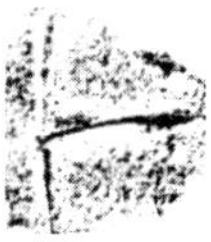
卜冑
集成 11891

0662 貞

鼎

合 19754
自

合 20577
自

合 32 正
賓

合 171
賓

合 22839
出

合 26953
何

合 34233
歷

合 35769
黄

0663 占

占

合 37796 黃

合 22086 午

合 22196 子

花東 446

按：甲骨文借「鼎」爲「貞」。

合 19886 自

合 20333 自

合 21411 自

合 20153 自

合 367 正 賓

合 655 正甲 賓

合 12532 正 賓

合 11484 正 賓

合 35345 黃

合 37832 黃

合 39360 黃

合 39363 黃

屯 930 歷

花東 173

花東 103

花東 227

0664 ⿴囗卜*

⿴囗卜

合 137 正 賓

合 456 正 賓

合 4976 賓

合 26204 出

合 20378 自

屯 2688 歷

合 30590 何

花東 113

0665 ⿰⿴囗卜犬*

⿰⿴囗卜犬

合 20399
𠂤

合 34724
歷

合 34036
歷

合 34874
無

合 21723
子

合 29164
無

合 31465
何

合 27713
何

合 31462
何

英 2530
黃

合 38934
黃

合 39159
黃

合 35588
黃

懷特 1829
黃

合 21954
圓

按：或釋「兆」、「冎」。

0666 ⿱夂⿴囗卜*

⿱夂⿴囗卜

合 19086
賓

合 36344
黃

合 36344
黃

合 36515
黃

合 36511
黃

0667 ⿱亼⿴囗卜*

⿱亼⿴囗卜

花東 138

花東 242

花東 272

花東 417

花東 447

0668 用

用

合 21405
𠂤

合 19954
𠂤

合 924 正
賓

合 25180
出

合 26899
何

屯 1102
歷

合 32053
歷

合 30418
無

合 36002
黃

合 36986
黃

小臣缶方鼎
集成 2653

小子省卣
集成 5394.2

亞䣄父乙簋
集成 3990

𦎫孜簋
集成 3941

0671		0670			0669	
葡		庸			甫	
葡		庸			甫	
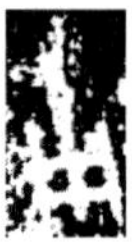 合 30373 何	 合 20149 正 自	 合 12839 賓	 合 31014 無	 合 15665 賓	 合 22274 自	 合 20234 自
 合 27123 無	 合 6567 賓	 合 12355 賓	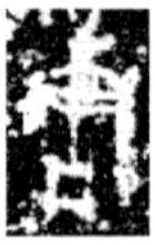 合 27459 何	 合 15994 賓	 合 13762 賓	 合 20235 自
 合 19563 賓	 合 302 賓	 屯 1022 歷	 合 34612 歷	 合 24376 出	 合 19430 賓	 合 7896 賓
 合 5803 賓	 屯 2152 無	 屯 1022 歷	 合 35248 歷	 屯 1501 無	 合 19431 賓	 合 28359 無
 㓞 葡父己爵 集成 8929  葡盤 集成 10012	 葡亞作父癸角 集成 9102.2  衛 葡父辛尊 集成 5748		 成鈴方彝 集成 9894	 作册般黿 影彙 1553	 宰甫卣 集成 5395.2	 宰甫卣 集成 5395.1

用部

0672 𤰈*

𤰈

合 332
賓

合 1973
賓

合 6227 臼
賓

合 23719
出

菁罍
集成 9142

戉菁且乙卣
集成 5047.1

按：「箙」古字。

合 3066
賓

合 3972
賓

合補 6170
賓

0673 僃*

僃

合 6908
賓

0674 爻

爻

合 138
賓

合 139 正
賓

合 9268 正
賓

合 12570
賓

爻爵
集成 7760

小臣𢀈卣
集成 5379.1

合 13705
賓

合 15665
賓

合 24909
出

合 30518
無

爻卣
集成 4802

爻盉
集成 9322

0675 爾

爾

合 5527 正
賓

合 3298
賓

英 414 正
賓

英 395
賓

亞爾觚
集成 7178

合 8884
賓

合 3297 正
賓

合 11023
賓

合 6943
賓

0676

爽

						爽
		 合 36280 黃  合 27503 無  合 27519 無  合 35226 無  合 17991 賓	 合 23304 出  合 23325 出  合 27177 何  合 36263 黃  合 36222 黃	 合 30908 何  懷特 1322 何  合 36237 黃  合 36194 黃  合 36189 黃	 合 13936 正 賓  合 32744 無  合 21417 自  合 35361 黃  合 36234 黃	 合 20106 自  懷特 1636 歷  屯 783 歷  合 34322 歷  合 409 賓
		按：或釋「奭」。			 二祀𠨘其卣 集成 5412.3	 肄作父乙簋 集成 4144

商代文字字形表 卷四

	0677 旻	0678 目		0679 罘
	旻	目		罘
甲骨文	 合 16981 賓  英 146 賓	 合 20173 自  合 456 正 賓  合 6194 賓  合 13622 賓  英 556 賓	 英 785 賓  屯 4400 歷  合 29285 無  合 33367 無  合 21740 子	 合 20283 自  合 20399 自  合 267 正 賓  合 6855 正 賓
金文及其他	按：或釋「民」。	 目爵 集成 7493  目子▲爵 集成 8762  目◇[illegible]爵 集成 8815	 目方彝 集成 9834  牧亞又戈 集成 10946.2  陶彙 1.12	

0681 眗	0680 智					
眗	智					
 合 20584 𠂤	 合 239 賓	 屯 2702 無	 屯 2414 歷	 合 5319 賓	 合 27147 何	 合 18081 賓
 合 7981 𠂤	 合 10194 賓	 屯 4233 歷	 合 28962 無	 合 28804 無	 合 27552 何	 合 7242 賓
 合 6865 賓	 合 14832 正 賓	 合 34094 歷	 合 27751 無	 合 28233 無	 合 30700 無	 合 23049 出
 英 66 正 賓	 合 24649 出	 合 28041 何	 懷特 1345 無	 合 28087 何	 合 36387 黃	 合 24417 出
	按：或釋「睫」、「總」。		 乃孫罍 集成 9823	 子辛智卣 集成 5004		

合 9774 正 賓

合 6859 賓

合 33083 歷

合 33141 歷

合 21724 子

合 21726 子

合 21910 圓

合 21910 圓

按：或釋「蜀」。

0682 相

相

合 18410 賓

村中南 454 賓

合 36844 黄

0683 杲*

杲

合 6063 正 賓

合 8628 賓

按：或釋「相」。

0684 眚

眚

按：甲骨文以「省」爲「眚」字，見本卷「省」字。

0685 瞽

瞽

合 5177 臼 賓

合 13404 賓

合 13405 正 賓

合 16017 賓

合 16013 賓

合 16014 賓

合 16042 賓

屯 1082 歷

0689	0688	0687	0686			
罪*	𥈏*	𥈍*	𥄮*			
罪	𥈏	𥈍	𥄮			
 合 33747 正 歷  合 34272 正 歷	 合 13399 正 賓	 合 19166 賓	 合 24252 出  屯 2100 歷  屯 2100 歷  合 33209 歷	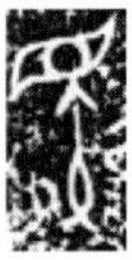 屯 643 自  合 6840 賓  合 3401 賓  合 24249 出	 屯 879 無  合 5299 反 賓  村中南 附録三 1 類組不明	 合 8987 賓  合 27742 無  合 27742 無  合 27938 無
按：或以爲「目、」兩字。	按：或釋「簇」。	按：或釋「眣」。	按：或釋「眣」。	 𥄮爵 集成 7637  𥄮弓形器 集成 11868	按：或釋「老」、「兆」。	

0690 ⿱罒又*

⿱罒又

合 20233
自

合 20234
自

合 20235
自

合 4318
賓

合 234 正
賓

合 13741
賓

合 14370 丁
賓

合 18321
賓

0691 ⿱丆目*

⿱丆目

合 20240
自

0692 泪*

泪

村中南 346
自

村中南 346
自

按：作人名，非簡化字「泪」。

0693 ⿱釆目*

⿱釆目

合 28146
何

合 29395
何

合 27911
無

屯 2918
歷

屯 217
無

屯 4490
無

合 29367
無

0694 ⿱冂目*

⿱冂目

合 19946 正
自

合 20151
自

合 4722
賓

合 7064
賓

0695 冐*

冐

合 2771 正
賓

英 730
賓

合 27881
無

合 28026
無

合 37856
黄

合 36553
黄

合 36932
黄

合 36933
黄

按：或釋「視」、「⿱雨目」、「⿱𡨄目」等。

合 37458
黄

英 2566
黄

英 2566
黄

0696 䀠

䀠

䀠邦卣
集成 4880

史䀠斝
集成 9235

䀠觚
影彙 1115

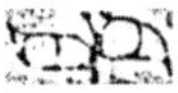
䀠觚
集成 6582

0697 ⿱𦍌䀠*

⿱𦍌䀠

合 19800
自

合 21021
自

合 15422
自

合 18296
賓

合 18299
賓

合 550 正
賓

合 1667
賓

合 15423 反
賓

合 787
賓

合 20397
自

合 32251
歷

合 2628
賓

0698 眉

眉

屯 994 歷

合 36518 黄

合 18303 賓

合 22187 婦

合 3420 賓

合 3421 賓

合 7693 賓

合 19068 賓

合 673 賓

合 28361 何

屯 142 歷

合 30155 無

合 28646 無

合 21758 子

按：或釋「苜」，讀「蔑」或「昧」；或釋「羊」、「祥」、「盖」、「莧」等。

眉子鬲 集成 487

眉鼎 影彙 1563

0699 省

省

合 21524 自

合 9611 賓

合 9639 賓

合 27783 何

屯 180 歷

合 31762 無

合 28609 無

合 36364 黄

合 36365 黄

合 5980 賓

戍圅鼎 集成 2694

小子省卣 集成 5394.1

小子省卣 集成 5394.1

[illegible]省觶 集成 6359

0700 盾

盾

合 10514 自

合 20297 自

合 27975 無

合 2475 賓

合 21659 子

合 21361 自

合 18786 賓

合 3354 賓

合 6976 甲 賓

合 6972 賓

按：或釋「毌」。

秉盾戈 集成 10870.1

秉盾戊鼎 集成 1764

秉盾簋 集成 3121

帚孳鼎 影彙 924

0706 敀*	0705 〔畐〕*	0704 帛*	0703 𠂤*	0702 〔𠂤〕*	0701 自	
敀	畐	帛	𠂤	〔𠂤〕	自	
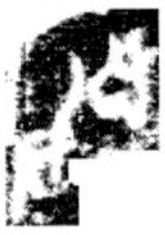 合 20338 自	 合 13656 正 賓  合 18087 賓	 合 7693 賓  合 6568 正 賓  合 19639 賓  合 341 歷  屯 2909 歷	 合 11408 正 賓	 合 13633 賓	 合 32022 歷  合 28143 何  合 36511 黃  合 21734 子  合 21901 圓	 合 19820 自  合 137 正 賓  合 6668 正 賓  合 24238 出  合 29116 無
按：或釋「劓」。			按：或釋「牽」。	按：或釋「涕」。	 䰛鼎 影彙 1566	 宰甫卣 集成 5395.1  宰甫卣 集成 5395.2

0707 臮*

臮

合 18353 賓

合 18353 賓

合 13514 正 甲 賓

合 2630 賓

合 9731 正 賓

合 26846 出

合 28237 何

合 21882 圓

0708 皆

⿸虍曰

合 29311 無

合 27982 無

合 36755 黄

⿰⿸虍曰⿸虍曰

屯 1021 無

屯 1021 無

⿸虍⿱曰曰

合 28096 無

合 29694 無

合 30044 無

⿰⿸虍曰⿸虍⿱曰曰

合 25228 出

合 27748 無

合 27445 無

合 31183 無

⿰⿸虍曰⿸虍曰 (⿱ 凵)

合 31182 無

花東 401

花東 249

0709	0710		0711			
魯	者		智			
魯	者		⿱⿰亐矢冊	⿱⿰亐大冊	⿱⿰亐大口	⿰亐大
 合 22102 自  合 9768 賓  合 7823 賓  合 10134 反 賓  合 10132 正 賓			 合 26994 無  合 30688 無  合 30689 無  合 32390 無	 合 30691 無  屯 253 無	 合 30429 無  合 38289 黄	 合 32563 歷
	 者姛方尊 集成 5936 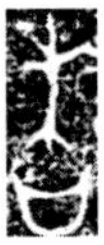 者見爲尊 集成 5694	 者姛爵 集成 9090  者姛罍 集成 9818.1			 亞寰鄉宁鼎 集成 2362	

0714 習　　0713 鼻　　0712 百

習	鼻	百			珊	跚
 合 31667 無	 合 1098 賓	 合 32044 歷	 合 17896 賓	 合 20250 自	 合 30686 無	 合 30692 無
 合 31674 無	 合 8189 賓	 屯 2626 歷	 合 25036 出	 合 1115 正 賓	 合 30685 無	
 合 31673 無	 合 21988 圓	 合 37372 黃	 屯 4404 歷	 合 20723 自		
 合 31669 無		 合 37513 黃	 屯 4404 歷	 合 19914 自		
 合 39441 黃		 花東 386	 屯 2626 歷	 合 15494 反 賓		
		 耳銜天父 庚爵 集成 9074	 子黃尊 集成 6000	 小子野簋 集成 3904		

0718		0717	0716			0715
雀		巂	隹			翟
雀		崔	隹			翟
 合 32839 歷	 合 20168 自	 合 9758 正 賓	 屯 740 歷	 合 24900 出	 合 21119 自	 合 37439 黄
 合 20383 歷	 合 20169 自		 合 33694 歷	 合 27146 何	 合 20229 自	
 合 21625 子	 合 1051 正 賓		 合 37743 黄	 合 27147 何	 合 93 正 賓	
 合 22086 午	 合 585 反 賓		 合 37846 黄	 合 27133 何	 合 614 賓	
 合 22092 午	 合 33071 歷		 合 21742 子	 合 33256 歷	 合 12317 反 賓	
		 巂卣卣 《金文文獻集成》 43 册 172 頁	 貝隹易父乙爵 集成 9051.1	 宰椃角 集成 9105.1	 邐方鼎 集成 2709	
		 巂卣卣 集成 5397.2	 六祀𠨘其卣 集成 5414.1	 𤔲鼎 影彙 1566	 戍𢍰鼎 集成 2694	

0719 雉

雉	⿰夷隹	⿱⿰矢隹土	⿰至隹
 合 10513 賓	 合 18335 賓	 合 26879 無	 合 35347 黃
 合 18334 賓	 合 8659 賓	 合 26879 無	 合 35345 黃
 合 26882 何	 合 37500 黃	 合補 8982 無	
 合 26888 無	 合 37486 黃	 屯 2320 無	

0720 雞

雞	
 合 5270 賓	 合 18342 賓
 合 5452 賓	 屯 4357 無
 合 5268 賓	 合 37472 黃
 合 5269 賓	 合 37439 黃
按：或釋「䳑」。	
 𠂤父辛尊 集成 5802	 串雞父丁卣 集成 5068
 詎其卣 集成 5012.2	 串雞戈 集成 10861

0721 雛

雛
 合 116 正 賓
 合 116 正 賓
按：或釋「芻鳥」兩字。

0726	0725	0724	0723			0722
⿷匚隹*	堆	雇	雁			雝
⿷匚隹	堆	雇	雁	⿰氵售	售	吕
 合 6653 正 賓  合 19215 賓	 合 36555 黄  合 36565 黄  合 36567 黄	 合 7901 賓  合 13619 賓  合 13925 正 賓  合 24347 出  合 24420 出  合 36485 黄		 合 36593 黄  合 36596 黄  合 37655 黄  合 37654 黄  合 37657 黄  合 37406 黄	 合 122 賓  合 6016 正 賓  合 6016 正 賓  合 3123 賓  合 3130 賓  合補 4097 賓	 合 20277 自  合 721 正 賓  合 9799 賓  合 31138 無  合 36424 黄  村中南 295 午
			 雁父丁觚 近二 679			 雝伯盉 近二 833

0727	0728	0729	0730	0731	0732	
⿰隹匕*	⿰隹又*	隽*	⿱隹泉*	集*	⿱隹丙*	
⿰隹匕	⿰隹又	隽	⿱隹泉	集	⿱隹丙	
 合 18218 賓  合 18220 賓  合 5854 賓  合 36956 黃  合 6153 賓	 合 10936 正 賓 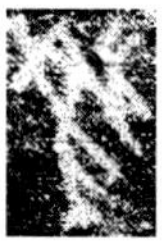 合 13390 正 賓	 合 102 賓  合 15475 賓  合 24448 出	 合 20576 正 自  合 8377 賓  合 8378 賓  合 27939 無  合 32183 歷	 合 18332 賓	 合 26842 出  英 133 賓  合 8716 賓	按：或釋「巂」。
按：或釋「雌」、「應」。		按：疑「獲」異體。	按：或釋「鶉泉」合文。	按：或釋「雄」、「鶮」。	 ⿱隹丙癸爵 集成 8069  ⿱隹丙父乙爵 集成 8413	 串⿱隹丙父丁卣 集成 5069

0733	0734	0735	0736	0737	0738	0739
⿱隹血*	售*	⿱夂隹*	⿱日隹*	寉*	⿱玄隹*	⿸厂⿱古隹*
⿱隹血	售	⿱夂隹	⿱日隹	寉	⿱玄隹	⿸厂⿱古隹
 合 8252 賓	 屯 2505 歷  屯 2682 歷  合 4529 無	 合 8818 賓	 合 2164 賓 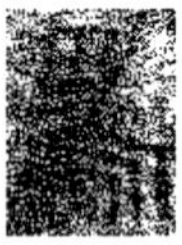 合 21658 子	 合 33384 歷	 花東 3	 合補 6775 賓
	按：或釋「雖」。				按：或以爲「玄鳥」合文。	

0743 蘿			0742 萑	0741 㸚*		0740 奞*
蘿			萑	㸚		奞
 合 24425 出	 合 34172 歷	 合 7627 賓	 合 19978 𠂤			
 合 24426 出	 合 30681 無	 合 19202 賓	 合 1776 賓			
 合 34319 歷	 合 21538 乙子	 合 28001 何	 合 9610 賓			
 合 32137 歷	 花東 351	 合 28200 何	 合 33034 歷			
 蘿母觶 集成 6150				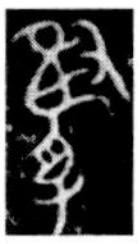 六祀𢀛其卣 集成 5414.1	 鬳奞爵 集成 7020	 兄丁奞觶 集成 6354.1
				 六祀𢀛其卣 集成 5414.2	 鬲奞爵 集成 8283	 兄丁奞觶 集成 6354.2

0746 雔*　　0745 隹*　　0744 舊

雔	隹	舊				
 懷特 517 賓	 合 20741 𠂤	 合 27128 無	 合 32076 歷	 合 21361 𠂤	 合 27115 何	 合 27824 無
	 屯 2064 無	 合 37434 黃	 合 28195 何	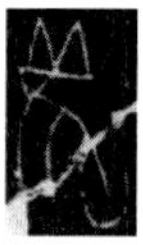 英 1186 賓	 合 30909 何	 合 27825 無
	 合 36486 黃	 合 36608 黃	 合 30677 無	 合 3522 正 賓	 合 38310 黃	 合 28201 無
	 合 36442 黃	 合 22099 午	 合 30328 無	 合 26845 出	 合 38311 黃	 合 30338 無
	按：或釋「舊」、「鳩」。			 舊父戊簋 集成 3188		 迺父癸方彝蓋 集成 9890

0747 蔑

蔑

合 20449 𠂤

合補 6816 𠂤

合 970 賓

合 17358 賓

合 14804 賓

合 6653 正 賓

合 14806 賓

合 24901 出

合 33960 歷

合 30452 無

合 14811 賓

合 12843 賓

小子𧖴卣
集成 5417.1

0748 [illegible]*

[illegible]

合 20470 𠂤

合 20491 𠂤

按：或釋「蔑」。

0749 [illegible]*

[illegible]

合 10144 賓

合 18077 賓

合 3197 賓

英 2428 歷

合 18078 賓

子[illegible]鼎
集成 1309

按：或釋「眉」、「蔑」。

0750 羊

羊

合 20463 反 𠂤

合 20241 𠂤

合 14838 賓

合 22590 出

合 28046 何

屯 994 歷

合 28154 無

合 35986 黄

合 22093 午

合補 8579 出

羊[illegible]鼎
集成 1463

羊父甲觥
集成 9266.1

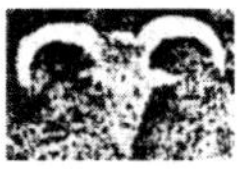
羊鼎
集成 1105

羊器
集成 10484

0754 羌		0753 美		0752 羔	0751 芈	
羌		美		羔	芈	
 合 520 賓  合 32051 歷  合 32182 歷  合 32075 歷  屯 2253 歷	 合 19760 自  合 19764 自  合 1806 賓  合 22573 出  合 22044 午	 合 27459 何  合 35346 黄  合 36971 黄  合 22044 午	 合 27352 無  合 30695 無  合 31023 無  合 33128 無	 花東 240  屯 2892 自	 合 22155 婦  合 22155 婦	 花東 7  懷特 899 賓  合 21145 自  合 18915 賓  屯 2161 無
 羌束觚 集成 6926  魚羌鼎 集成 1464		 美宁觚 集成 7010	 美宁鼎 集成 1361			 羊己⿱王女爵 集成 8796  羊己觚 集成 6835

0758 彝	0757 [illegible]*	0756 羍*		0755 羐*		
彝	[illegible]	羍		羐		
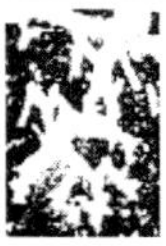 合 17176 𠂤	 合 21434 𠂤	 合 22796 出	 合 20017 𠂤	 合 21079 𠂤	 合 20399 𠂤	 合 32121 歷
 合 4625 賓		 合 23033 出	 合 13506 正 賓		 合 519 賓	 合 22539 出
 合 6999 賓		 合 30619 何	 合 25281 出		 合 6620 賓	 合 27983 無
 合 25817 出		 合 26411 出	 合 17070 賓		 合 6636 正 賓	 合 27987 無
 合 22219 婦		 合 26409 出	 合 3228 賓		 合 7421 賓	 花東 241
		按：或釋「沉」、「洋」。	 羍鼎 集成 1108  羍爵 集成 7514		 子商甗 集成 866  亞羌壺 集成 9544	 羌爵 集成 8779  羌向觚 集成 7306

0763		0762	0761		0760	0759
鳥		雧	雥		靃	雔
	鳥	集	雥	霍	靃	雔
 合 10511 賓  合 23691 出  合 27042 反 何  合 22441 午  花東 177	 合 20354 自  合 6528 賓  合 17864 賓  合 17865 賓  合 8241 反 賓	 合 17455 賓  合 17867 正 賓  合 15664 賓  合 18333 賓 按：《説文》「雧」或省作「集」。	 合 27151 無	 合 13009 賓  合 10989 正 賓	 合 35887 黄  合 36779 黄  合 36780 黄  合 36781 黄  合 36784 黄	
 鳥觚 集成 6673  鳥母鼎 《考古》 1988 年 10 期	 鳥爵 集成 7572  鳥形銘鼎 集成 1120	 集母乙觶 集成 6450.1  集母乙觶 集成 6450.2				 雔父癸爵 集成 8698  雔父己觚 集成 7134

0764 鳳

鳳

合 20419 自

合 21019 自

合 137 正 賓

合 7371 賓

合 13339 賓

合 13357 賓

合 24369 出

合 34036 歷

屯 2772 歷

合 30270 無

合 30262 何

合 28259 無

合 30225 無

合 28673 無

合 30257 無

合 37527 黃

合 38187 黃

合補 9569 黃

合補 9568 黃

合補 9570 黃

婦鳳觶蓋
近出 671

婦鳳觶器
近出 671

按：甲骨文用爲「風」。

0765 朋

朋

合 11438 賓

合 11441 賓

合 11443 賓

合 11445 賓

合 29694 無

合 21773 子

合 21774 子

按：《説文》以「朋」爲「鳳」之古文。甲骨文以「朋」爲貨貝單位。

母乙卣
集成 5367.1

㝛作母乙卣
集成 5367.2

宁朋觚
集成 7011

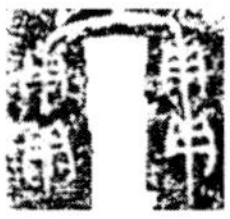
朋父庚罍
集成 9808

0766 䳒*

䳒

合 13381 賓

合 20815 自

合 27459 何

合 27459 何

按：或釋「凰」。

0771		0770		0769	0768	0767
鳴		鷹		鳶	鴻	鳳*
鳴		鷹		鳶	鴻	鳳
 合 23684 出	 合 20642 自	 合 8996 正 賓	 合 6545 賓	 合 5739 賓	按：甲骨文以「隹」爲「鴻」，見本卷「隹」字下。	 合 12817 正 賓
 合 28022 無	 合 10514 賓	 合 18330 賓	 合 7827 賓	 合 5740 賓		 合 12817 正 賓
 合 22099 午	 合 17366 反 賓	 英 1113 正 賓	 合 13523 正 賓			
 花東 501	 合 522 反 賓	 英 2524 黃	 合 10607 賓			
 花東 450	 合 17368 賓					
	 鳴觶 集成 6034			 鳶鼎 集成 1124  鳶卣 集成 4787		

0777	0776	0775	0774	0773	0772	
鴍*	鳧*	鴝*	鵩*	鴵*	嗷*	
鴍	鳧	鴝	鵩	鴵	嗷	
		 合 6090 正 賓  合 18347 賓	 合 10510 賓	 花東 296	 合 18346 賓	 合 17369 賓  合 17370 賓  合 17371 賓
 鴍戈 集成 10710	 鳧爵 近二 711	按：或釋「鶉」、「鳴」。	按：或釋「亥」。			

0778 龔

龔

合 33374 正 歷

合 33374 反 歷

合 35237 歷

花東 498

屯 2368 歷

屯 664 歷

屯 664 歷

英 361 正 歷

合 35237 歷

合 10956 賓

花東 36

合 18181 賓

0779 棄

棄

合 21430 𠂤

合 8451 賓

合 9100 賓

合 18492 賓

0780 冓

冓

合 20222 𠂤

合 17055 正 賓

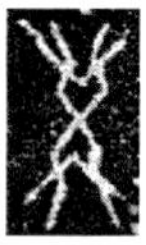
合 10345 正 賓

合 25037 出

合 27866 何

合 32264 歷

南單冓觚 集成 7191

合 24501 出

合 22617 出

合 30116 無

英 1906 子

合 35252 歷

合 27194 何

合 10969 正 賓

合 10969 正 賓

合 10969 正 賓

合 32103 歷

屯 532 歷

按：「冓」省作「乂」形。

0785	0784	0783			0782	0781
幼	幺	鄦*			爯	再
幼	幺	鄦			爯	再
 合 52 賓  合 1941 賓  合 22736 出  合 26485 出  英 2185 出		 合 36524 黄	 合 19538 賓  合 17630 正 賓  合 32721 歷  合 31784 何  屯 866 歷	 合 31996 正 歷  合 28043 無  合 28089 正 無  合 33097 無  花東 34	 合 21073 自  合 7398 賓  合 6162 賓  合 12020 賓  合補 1870 賓	 合 7660 賓
	 亶幺爵 集成 8296  幺父癸爵 集成 8719					

0787 幽

0786 紂*

幽	⿱紂夂	⿱屮牙		紂		
 合 14951 正 賓  合 29510 何  合 29511 無  合 33606 無	 合 102 賓  合 3914 賓  合補 858 賓  合 17890 賓  合 22823 出	 合 16870 賓  合 264 正 賓  合 20806 自	 合 20156 自  合 21308 自  合 3912 正 賓  合 18205 賓	 合 17746 正 賓  合 17743 正 賓  合 17749 賓  合 17762 賓	 合 17748 正 賓  合 17756 賓  合 17758 賓  合 34158 歷  合 20228 自	 屯 2291 無  合 35397 黃  合 35399 黃  合 37867 黃
		按：或釋「君」、「再」、「絜」等。		按：或釋「午」、「啎」、「玄」等。		

0790 ⿱叀曰*　　　　0789 叀　　　　0788 ⿱山𢆶*

<table>
<tr><td>⿱叀曰</td><td colspan="2">叀</td><td colspan="2">甶</td><td>⿱山𢆶</td><td></td></tr>
<tr>
<td>
合 37673
黄

合 36610
黄

合 36623
黄

合 37621
黄

英 2546
黄</td>
<td>
合 27087
無

合 26899
何

合 34103
歷

懷特 1628
歷

合 32578
歷</td>
<td>
合補 9186
何

合 34343
歷

合 36153
黄

合 35818
黄

花東 169</td>
<td>
合 5251
賓

合補 1260
賓

合 25913
出

合 23712
出

合 32816 正
歷</td>
<td>
合 19946 正
𠂤

合 21031
𠂤

合 21232
𠂤

合 5250
賓

合 614
賓</td>
<td>
合 5330
賓</td>
<td>
屯 139
無

屯 763
無

花東 237</td>
</tr>
<tr>
<td>
⿱叀曰尊
近二 576</td>
<td></td>
<td></td>
<td>
叀卣
集成 4785.2</td>
<td>
叀庚父丁爵
集成 8915

叀卣
集成 4785.1</td>
<td></td>
<td></td>
</tr>
</table>

0793 玆		0792 疐			0791 蕈*	
玆	畜	疐			蕈	
 合 21196 𠂤	 合 33155 歷	 合 36759 黄	 合 37760 黄	 合 28121 無	 合 35982 黄	 合 28919 無
 合 776 正 賓	 合 31034 無	 合 37649 黄	 合 37474 黄	 合 29177 無	 合 37720 黄	 屯 2727 無
 合 5684 賓	 合 37757 黄	 合 37758 黄	 合 36654 黄	 合 31136 無	 合 36203 黄	 屯 2640 無
 合 23651 出	 合 37462 正 黄	 合 37759 黄	 合 37500 黄	 合 30031 何	 合 36639 黄	 合 28923 無
		 子𡙇父乙爵 集成 9088.1	 子𡙇父乙爵 集成 9088.2	 子𡙇父乙簋 近二 398.2	按：或釋「覃」。	

0794 叒　0795 爰　0796 𤔔

		玄	叒	爰		𤔔
 合 24900 出  屯 130 歷  合 31696 無  合 27498 無  合 27253 何	 合 35925 黃 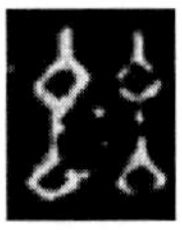 合補 11381 黃  合 21739 子  合 24156 正 出  合 28229 無	 合 32227 歷  合 32342 歷  合 32253 歷  合 33986 歷		 合 20165 𠂤  合 22219 𠂤  合 6473 正 賓  懷特 762 賓  合 19240 賓	 合 34133 歷  合 30757 何  合 29710 無  合 22246 婦  合 22247 婦	 花東 159
	按：甲骨文中「玆」用作「茲」。或釋「絲」。	按：「玆」省作「玄」。	 叒[𠂤帚]觚 集成 6934  叒[𠂤帚]觚 集成 6935	 爰父癸甗 集成 824  爰卣 集成 4738.1	 爰方彝 影彙 145  爰戈 集成 10684	 亞𤔔觚 集成 6984

0800	0799	0798		0797		
⿳爫用又*	⿳爫凡又*	爭		受		
⿳爫用又	⿳爫凡又	爭		受		
 合 53 賓	 合 7076 正 賓	 合 14851 賓	 合 67 正 賓	 花東 262	 合 28114 何	 合 19946 正 自
 合 7074 賓	 合 22072 午	 合 19103 賓	 合 137 正 賓	 合 22160 婦	 合 32778 歷	 合 20175 自
 合 7024 賓	 合 19874 自	 合 6446 臼 賓	 合 667 正 賓	 合 63 正 賓	 合 33116 歷	 合 6886 賓
 合 22405 婦	 合 21056 自	 合 6028 賓	 合 6814 賓	 合 26991 無	 合 27881 無	 合 6478 正 賓
		 合 1114 正 賓	 合 5695 賓	 合 25817 出	 合 36126 黃	 合 22771 出
按：或釋「受」、「艆」。	按：或釋「興」、「受」。			 受父己卣 集成 4958.1	 受簋 集成 3030	 受簋 集成 3031
				 受父己卣 集成 4958.2	 受鐃 集成 374	 受觶 集成 6041

0801 ⿳爫目又*	0802 𣦼	0803 叡		0804 歺		
⿳爫目又	𣦼	叡		⿱歺貝	歺	
 合 6343 賓		 合 29324 何	 合 29327 無	 合 28151 無	 合 19933 𠂤	 屯 2219 無
		 合 29326 何	 屯 53 無		 合 27720 何	 合 22495 午
		 合 29325 無	 合 29695 無		 合 27721 何	 合 22134 婦
		 合 29328 無			 合 28195 何	 合 21435 𠂤
					 合 34695 歷	 合 6589 正 賓
	 作册般黿 影彙 1553					

0805	0806	0807			0808	0809
殁	殊	死			⿶凵占*	⿱占廾*
殁	殊	死			⿶凵占	⿱占廾
 花東 26	 合 17055 正 賓	 合 20051 𠂤	 合 22049 午	 花東 110	 合 7078 賓	 合 2408 無
	 合 17056 賓	 合 21306 乙 𠂤	 花東 3	 花東 157	 合 7079 賓	
	 合 10406 反 賓	 合 21890 圓	 花東 60	 合 17059 賓	 合 7080 賓	
	 合 17058 正 賓	 合 21948 圓	 花東 21	 合 17060 賓	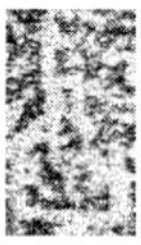 合 11506 反 賓	
					按：或釋「葬」。	

	0814		0813	0812	0811	0810
	膏		肉	肰*	剐	冎
膏	膏		肉	肰	剐	冎
 合 7926 賓  合 7927 賓	 合 15062 賓  合 28188 無  合 37532 黃  合 37643 黃	 合 31012 無  花東 237  花東 490  花東 490	 合 21017 自  合 18250 賓  合 31770 何  合 31224 何	 拾遺六 27 黃	 合 17230 正 賓	 合 3236 賓  合 18837 賓  合 32770 歷  屯 912 無
						 ▼冎爵 集成 8275  ▼冎爵 集成 8276  酉冎戈 集成 10880

0815	0816	0817	0818			0819
膺	⿱宀膺*	⿰矢膺*	肩			⿱冎口*
膺	⿱宀膺	⿰矢膺	肩			⿱冎口
 合 8239 賓	 合 10425 賓	 合 8874 正 賓	 合 20577 自	 合 4855 賓	 合 34694 歷	 合 34890 歷
 合 10589 正 賓			 合 21035 自	 合補 4638 賓	 合 32824 歷	 合 34865 正 歷
 合 18337 賓			 合 21036 自	 合 13893 賓	 合 35180 歷	 屯 930 歷
 合 18338 賓			 合 223 賓	 合 22835 出	 合 21810 子	 懷特 1620 歷
 合 18338 賓			 合 97 正 賓	 屯 115 歷	 花東 243	 花東 173
			 合 709 正 賓	 合 35208 歷		 花東 173
		按：疑「雉」字異體。	按：或釋「卟」、「戾」、「冎」、「骨」、「禍」等。			

0820		0821	0822	0823	0824	
肵*		肘	腹	脽	散	
肵		肘	腹	脽	㪔	𢿍
 合 19875 自	 花東 35	 合 4899 賓	 合 5373 賓	 合 6649 正 甲 賓	 合 10908 賓	 合 28345 無
 合 9389 賓	 花東 548	 懷特 786 賓	 合 31759 無	 合 6649 正 甲 賓	 合 29092 何	 合 28828 無
 合 13874 正 甲 賓	 花東 295	 合 11018 正 賓	 花東 187	 合 18336 賓	 合 31786 何	 合 29407 無
 合 31726 無		 合 13677 正 賓	 花東 241		 合 29370 無	 合 28770 無
		 合 13676 正 賓			 屯 149 歷	 屯 4196 無
按：或釋「所」。						

0828	0827	0826	0825			
胴*	朊*	朘	羸			
胴	朊	朘			羸	[illegible]
 花東 49	 合 5444 賓	 合 28064 無	 合 21187 自	 合 795 正 賓	 合 21096 自	 英 2290 無
 花東 49			 合 13709 正 賓	 合 924 正 賓	 合 4660 賓	 英 2289 無
 花東 49			 合 32182 歷	 合 13707 正 賓	 合 23696 出	 合 28320 無
 花東 220			 合 795 正 賓	 合 13674 賓	 合 33209 歷	 合 29411 何
			 合 34073 歷	 合 22075 午	 合 27063 無	
				 子羸爵 集成 8100	 子羸觚 集成 6906	

0829 罶*

罶

合 353 賓

0830 膭*

膭

合 21421 自

合 7781 賓

合 7782 賓

合 13675 正 賓

英 905 賓

按：或釋「胶」、「殨」。

0831 刀

刀

合 20349 刀

合 22474 刀

合 21484 劣

合 21623 子

合 33032 歷

合 33037 歷

合 32625 歷

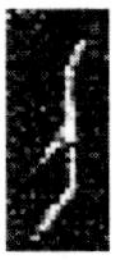
合 33035 歷

懷特 1655 歷

屯 2039 無

子父癸鼎 集成 2136

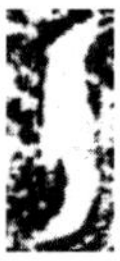
糸子刀父己爵 集成 9055

子刀父辛方鼎 集成 1882

刀口爵 集成 8247

0832 利

利

合 2774 臼 賓

合 17611 賓

屯 2299 歷

合 28063 何

合 17531 無

合 28008 無

合 31243 無

合 36536 黄

合 7043 賓

合 7045 賓

0833 初

初

合 345 賓

合 31801 無

0834 剛		0835 刪	0836 剝	0837 刖		0838 制
剛		刪	卜刂	刖		制
 合 16468 賓	 合 31138 無	 合 22075 午	 合 22376 子	 合 6007 賓	 合 581 賓	 合 21011 𠂤
 合 10771 賓	 屯 912 無			 合 6000 反 賓	 合 582 賓	 合 21021 𠂤
 合 34682 歷	 屯 565 歷			 合 6010 賓	 合 8250 正 賓	 合 18448 賓
 懷特 1650 歷	 屯 1050 歷			 合 6002 正 賓	 合 6001 正 賓	 合 34409 歷
 合 21955 圓	 屯 2869 歷			 合 580 正 賓	 屯 857 歷	 合 22247 婦
			按：《説文》「剝」之或體从「卜」作。			

0844		0843	0842	0841	0840	0839
⿰⿱罒束刂*		⿰⿱禾氺刂*	⿰⿱木丰刂*	㓷	刵	制
⿰⿱罒束刂		⿰⿱禾氺刂	⿰⿱木丰刂	⿰自刂	刵	利
 合 31135 無  屯 2232 無  合 28082 何	 合 29755 無  合 27254 無  屯 4065 無  合 30431 無	 合 39932（摹本）賓	 合 8188 賓	 合 5994 賓  合 5995 正 賓  合 8986 反 賓  合 6226 賓  旅博 502 賓	 德 GSNB S121 賓  花東 437	 合 21477 自  合 7938 賓
				按：《說文》「㓷」或作「劓」。		按：或釋「刻」、「割」。

0850	0849	0848		0847	0846	0845
⿰宜刂*	刞*	⿰帚刂*		⿰不刂*	⿰朿刂*	⿰肉刂*
⿰圖刂	刞	⿰帚刂		⿰不刂	⿰朿刂	⿰肉刂
 合 31002 無	 合 307 賓	 合 28227 何	 合 4205 賓	 合 3229 賓	 屯 2298 歷	 合 2541 賓
 合 32547 歷	 合 15429 賓	 合 31199 無	 合 6775 賓	 懷特 965 賓		 合 33211 歷
 合 32547 歷	 合 31003 無		 合 23539 出	 合 24958 出		
 合補 11301 反　黃	 合 35501 黃		 花東 285	 合 33526 歷		
	按：或釋「助」。		按：或釋「剖」。			

	0851	0852		0853	0854	0855
	割*	⿰豕刂*		⿰豕又*	⿰示刂*	⿰刀又*
	割	⿰豕刂		⿰豕又	⿰示刂	⿰刀又
 合 32697 歷  屯 1128 歷  英 2356 無  合 29405 無  合 35657 黃	 合 22202 婦	 合 20182 自  合 20696 自  合 117 賓  合 117 賓  合 779 正 賓	 合補 84 賓  合 6536 賓  合 13404 賓  屯 2688 歷  花東 228	 花東 60  花東 60  花東 239  花東 358	 合 21086 自	
按：或釋「俎」、「宜」。				 ⿰豕又簋 集成 2970  ⿰豕又爵 集成 7527		 ⿰刀又冑 集成 11879  ⿰刀又戈 集成 10681

0856 剌*

剌

剌作兄日辛卣 集成 5338.1

剌作兄日辛卣 集成 5338.2

0857 ⿰索刂*

⿰索刂

合 780 賓

合 4248 賓

合 17464 賓

花東 395

合 24461 出

⿰索刂匕乙爵 集成 8735

合 24367 出

合 24460 出

合 36751 黃

花東 480

花東 262

合 36953 黃

合 2857 賓

合 16448 賓

按：或釋「紹」、「約」、「斷」、「割」、「絕」等。

0858 ⿰龜刂*

⿰龜刂

英 395 賓

0859 ⿰女刂*

⿰女刂

合 15479 賓

0860 刃

刃

合 19956 𠂤

合 117 賓

合 6659 賓

合 6660 賓

合 22388 婦

冬刃鼎 集成 1450

冬刃鼎 集成 1451

（續前）

合 21051
自

合 5475
賓

合 5475
賓

合 13646 反
賓

英 321
賓

按：或釋「芒」。

0861 㓞

㓞

合 14176
賓

合 31823
何

0862 丯

丯

合 34148
歷

合 34149
歷

合 30997
無

屯 930
歷

花東 517

丯己觚
集成 6836

乙丯鼎
集成 1284

0863 ⿰丯戈*

⿰丯戈

合 20052
自

英 1767
自

合 22438
婦

0864 耒

耒

耒觚
集成 7202

方彝
集成 9869

0865 耤

耤

合 8
賓

合 14 正
賓

合 9500
賓

合 9505
賓

合 9506
賓

合 9502 甲
賓

合 9512
賓

合 28200
無

合 626
賓

合 8725
賓

耤父丁卣
集成 4945

耤父癸爵
集成 8688

耤簋
集成 2969

陶彙 1.48

0870	0869	0868		0867	0866
觳	解	角		⿰耒叔*	⿰耒林*
般	解	角		⿰耒叔	⿰耒林
 合 4671 賓  合 4670 賓  合 4672 賓  合 8943 賓	 合 18387 賓  合 18388 賓	 合 20533 自  合 6057 正 賓  合 34712 歷  屯 2688 歷  合 20532 自	 合 4665 賓  合 4668 賓  合 4669 賓  懷特 137 賓  合 22441 婦	 合 10410 反 自  合 20439 自  合 7002 賓	 合 3415 自  合 28141 何
			 角戊父卬鼎 集成 1864  角丏方彝 集成 9860		

商代文字字形表　卷五

	0871 竹		0872 笮	0873 簋
	竹		笮	簋
甲骨文	 合 20229 自	 屯 2915 歷	 合 61 自	按：甲骨文以「𣪕」爲「簋」，見卷三「𣪕」字。
	 合 261 賓	 屯 4317 歷	 合 62 自	
	 合 637 賓	 合 32933 歷	 合 1244 賓	
	 合 24409 出	 合 22045 午	 合 5908 賓	
金文及其他	 劦册竹卣 集成 5006.1	 亞𡨦𦣞竹罍 集成 9793	按：或釋「䇗」。	
	 聑竹觚 集成 6932	 耳竹爵 集成 8269		
	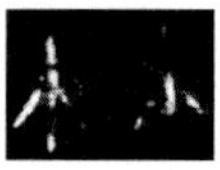 竹且丁簋 集成 3137	 亅竹爵 集成 8270		

0874	0875		0876	0877	0878	0879
箙	竽		⿱⺮气*	笹*	笄*	⿱⺮⿰癶幵*
葡	竽		⿱⺮气	笹	笄	⿱⺮⿰癶幵
按：甲骨文以「葡」爲「箙」，見卷三「葡」字。	 合 16242 賓  合 16243 賓  合 18635 賓  合 14617 賓	 英 365 賓  合 22912 出  合 24216 出	 英 2526 黄	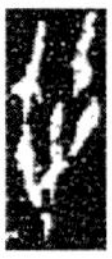 合 6046 賓	 合 29334 無  英 2294 無  合補 9102 無	 合 33532 無
		按：或釋「玗」。				按：或以爲「笄」字異體。

0880 箕

箕

合 20555 自

合 20070 自

合 20408 自

合補 879 賓

合 6714 賓

合 32834 歷

合 32055 歷

合 26899 何

合 32002 歷

合 33378 無

合 35981 黄

合 21793 子

合 36139 黄

合 26071 出

合 22556 出

花東 80

四祀𠨘其卣 集成 5413.3

六祀𠨘其卣 集成 5414.1

六祀𠨘其卣 集成 5414.2

乃孫罍 集成 9823

訨其𩰫斝 集成 9226

訨其卣 集成 5012.1

按：甲骨文用爲「其」。

0881 諶*

諶

合 6063 正 賓

合 17089 正 賓

合 18493 賓

按：或釋「其」。

0882 𧶘*

𧶘

亞其爵 集成 7831

亞其爵 集成 7832

其斝 集成 9127

0883 典

典

合 22675 出

合 24387 出

合 37840 黄

合 38305 黄

典衛鼎 集成 1358

父乙典衛卣 集成 5051

典弜父丁觶 集成 6393

合 21186
自

合 7422
賓

合 33020
歷

合 30659
無

合 30658
無

按：或釋「册」。

0884

褋*

褋

合 30173
無

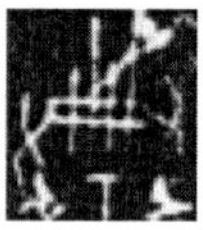
屯 2246
無

按：或釋「䄂」。

0885

畀

畀

合 21468
自

合 4762
賓

合 795 正
賓

合 3054 正
賓

合 3229
賓

合 6770 正
賓

合 18473
賓

合 32084
歷

屯 2400
歷

屯 2576
歷

合 32915
歷

花東 75

0886

奠

酉

合 20036
自

合 7886
賓

合 7878
賓

合 24259
出

合 28011
何

耳奠爵
集成 8268

合 32048
歷

合 34255
歷

屯 1092
無

合 18554
賓

合 41866
（摹本）黄

0887			0888	0889	0890	0891
工			⿰工巳*	⿰禾⿱工廴*	⿱⿰禾工廾*	塞
工			⿰工巳	⿰禾⿱工廴	⿱⿰禾工廾	⿱宀⿱⿰工工廾
 合 21443 自  合 9795 午  合 20613 自  合 4246 賓  合 4247 賓	 合 21772 子  合 26864 出  合 29686 無  合 30373 何  合 22675 出	 屯 737 無  合 35398 黃  合 36489 黃  合 37840 黃  懷特 1805 黃	 合 20278 自	 合 18402 賓  英 771 正 賓	 合 9281 反 賓  合 12312 反 甲 賓	 合 29365 無
 工冊觚 集成 6993  子木觚 集成 7270	 子工父癸爵 集成 9022	 工衛爵 集成 8203	按：或釋「祀」。			

工部　㠭部

0895 曰		0894 磨	0893 甘	0892 巫		
曰		磨	甘	巫		
 合 22964 出	 合 19858 自		 合 517 正 賓	 合 36525 黄	 英 1957 出	 合 19907 自
 合 24980 出	 合 20315 自		 合 1901 正 賓	 合 36523 黄	 合 32012 歷	 合 21074 自
 合 26992 無	 合 14161 反 賓		 合 8001 正 賓	 合 21880 圓	 合 34157 歷	 合 20365 自
 合 29375 何	 合 94 正 賓		 合 27147 何	 合 22103 午	 合 30595 無	 合 5647 正 賓
 合 32870 歷	 合 24471 出		 合 36481 正 黄	 合 22455 類組不明	 合 36515 黄	 合 5658 正 賓
 小子畬卣 集成 5417.1	 毓且丁卣 集成 5396.2	 小子畬卣 集成 5417.1	 甘鼎 影彙 1802		 巫🝊鼎 影彙 86	 且丁巫鼎 集成 1813
 陶彙 1.46	 作册般黿 影彙 1553	 亞觪磨作且己鼎 集成 2245	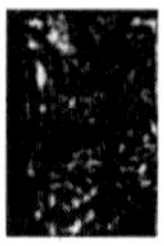 甘鼎 影彙 1802			

0899 曹	0898 沓	0897 ⿱羽曰	0896 ⿱冊曰			
⿱𣗥曰	沓	⿱羽曰		⿱冊曰		
 合 36828 黄	 合 28982 無	 合 583 正 賓	 合 32162 歷	 合 19914 自	 合 37867 黄	 合 36518 黄
	 屯 2579 無	 合 1899 正 賓	 合 27489 無	 合 20521 自	 合 37866 黄	 合補 12722 黄
	 合 28789 無	 合 5951 正 賓	 懷特 1393 無	 合 987 賓	 合 37868 黄	 合 22424 婦
		 合 18114 賓	 合 36512 黄	 合 24133 出	 合 37863 黄	 花東 5
		 合 18113 反 賓	 花東 38	 合 28088 何		
					按：或釋「廿」。	 四祀𠨘其卣 集成 5413.3  戍寅作父丁方鼎 集成 2594

0900 乃

乃

合 367 反
賓

合 21339
自

合 655 正甲
賓

合 1075 反
賓

合 32833
歷

合 34189
歷

合 27969
何

花東 377

乃孫作且己鼎
集成 2431

乃孫罍
集成 9823

0901 廼

卥

合 20700
自

合 10132 反
賓

合 18124
賓

合 24869
出

合 22918
出

0902 卣

卤

合 3953 正
賓

合 5181
賓

合 27092
無

懷特 1430
無

花東 290

亞𡨦鼎
集成 2033

合 27333
何

合 27585
何

合 34565
歷

合 38289
黃

合 21885
圓

卣

合 1069
賓

合 16246
賓

合 23227
出

合 30917
何

合 30973
無

合 30518
無

合 30815
無

屯 110
無

合 35351
黃

合 35355
黃

0907	0906		0905		0904	0903
⿱夫丂*	⿰黑丂*		寧		甹	丂
⿱夫丂	⿰黑丂	寧	⿱皿丂		甹	丂
 合 20070 𠂤	 合 33101 歷	 合 36934 黄	 合 23599 出	 合 21115 𠂤	 合 18841 賓	 合 20860 𠂤
		 合 36452 黄	 合 32552 歷	 合 14540 賓	 合 18842 賓	 合 228 賓
		 合 36454 黄	 合 34142 歷	 合 1314 賓		 合 32616 歷
		 英 2527 黄	 屯 2772 歷	 合 26161 出		 合 36777 黄
		 合 36472 黄	 合 30259 無	 合 5884 正 賓		 合 22063 午
		 寧母父丁 方鼎 集成 1851				

0908		0909	0910		0911	0912
可		⿱丂口	兮		亐*	⿱吅丂*
可		⿱丂口	兮		亐	⿱吅丂
 合 18892 賓	 合 27991 無	 合 4891 賓	 合 13173 賓	 合 29801 無	 懷特 1379 無	 合 7772 正 賓
 合 18890 賓	 合 30355 無	 合 4891 賓	 合 23666 出	 合 35343 黃		 合 14199 反 賓
 合 18897 賓	 合 31960 無		 合 33694 歷	 合 22330 子		 合 14672 賓
 合 18898 賓	 合 2218 反 賓		 屯 100 歷	 合 34481 歷		 英 1180 賓
			 合 29799 無	 屯 2282 歷		 合 28006 無
		按：或釋「可」。	 兮鉞 集成 11726  兮建觚 集成 6921	 兮鼎 集成 1467  兮戈 集成10725.2	按：或釋「兮」。	按：或釋「兮」。

0913 ⿱甶丂

⿱甶丂

合 28228 何

合 28230 無

屯 715 無

屯 715 無

屯 108 無

屯 750 歷

屯 1300 歷

合 32028 歷

合 32833 歷

合 10118 自

花東 519

0914 ⿱戊兮*

⿱戊兮

合 20098 自

按：或釋「戊兮」兩字。

0915 羲

羲

合 36754 黃

合 37504 黃

亞羲方彝 集成 9852

0916 乎

乎

合 20472 自

合 21386 自

合 20316 自

合 37 賓

合 23671 出

合 26907 正 何

合 32994 歷

合 26898 無

合 32969 無

屯 108 無

埶乎卣 集成 5016

0918 旨		0917 亏				
旨		玗	于			
合 6827 正 賓	合 248 正 賓	合 19946 正 自	合 36396 黄	合 27142 何	合 20024 自	合 36522 黄
合 7309 賓	合 5479 賓	合 20755 自	合 36587 黄	合 32028 歷	合 21246 自	合 21843 子
合 5775 正 賓	合 880 正 賓	合 37398 黄	合 36645 黄	合 34579 歷	合 6834 正 賓	合 22353 婦
合 6016 正 賓	合 10307 賓	合 21631 子	合 22072 午	合 28089 正 無	合 5165 賓	花東 46
合 5478 正 賓	英 594 正 賓	花東 450	合 21922（倒刻）劣	合 29121 無	合 26899 何	屯 4314 自
		戍甬鼎 集成 2694	肄作父乙簋 集成 4144	鼋婦未于方鼎 集成 1905	鼋帚方鼎 集成 1711	
		龏妸觚 集成 7311	作册般鼋 影彙 1553	龏妸方鼎 集成 2433	小子畓卣 集成 5417.1	

0919 䶢*

䶢

合補 11299 反 黄

合補 11300 反 黄

合 41757（摹本）黄

0920 喜

喜

合 21207 自

合 390 臼 賓

合 9259 賓

合 24336 出

合 26399 出

合 27966 無

合補 11038 正 無

合 36482 黄

合 36484 黄

合 21953 圓

0921 壴

壴

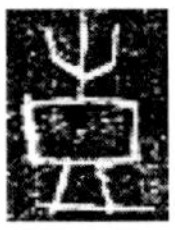
合 595 正 賓

合 4944 賓

合 22746 出

合 24340 出

合 27220 何

壴鼎 集成 1175

合 30693 無

合 32418 歷

合 32419 歷

屯 2576 歷

屯 341 歷

合 34477 歷

合 22412 午

花東 102

合 18589 賓

合 18594 賓

0922 彭

彭

合 7064 賓

合 7073 正 賓

合 8283 賓

合 27148 何

合 28238 何

彭尊 殷新 161

彭女甗 集成 856

0927		0926	0925	0924	0923	
豆		鼓	𨟊*	𠮊*	嘉	
豆		鼓	𨟊	𠮊	妿	
 合 18587 賓  合 24713 出  合 29364 何  屯 740 歷  屯 2484 歷	 合 22749 出  合 23603 出  合 30388 何  合 35333 歷  屯 658 無	 合 20075 自  合 21229 自  合 6945 賓  合 15986 甲 賓  合 15988 賓	 合 31686 無	 合 24347 出  合 36527 黄  合 36838 黄  合 36841 黄  合 36839 黄	按：甲骨文以「妿」爲「嘉」，見卷十二「妿」字。	 合 31429 何  合補 8835 何  屯 1082 歷  合 31406 何  合 31435 何
 宰甫卣 集成 5395.1  豆册父丁盤 集成 10051	 鼓𦣞盤 集成 10031	 鼓觶 集成 6044	按：或釋「鼓」、「鼙」。	按：或釋「嘉」。		 彭女簋 集成 3343.2  彭女卣 集成 5110

0928 ⿱龹豆

⿱龹豆

⿱⿰扌比土⿱龹豆簋 集成 3241

0929 ⿱豆廾*

⿱豆廾

合 21221 自

合 9521 賓

合 22906 出

何 27211 何

合 36929 黃

合 27219 何

合 27220 何

合 32014 歷

合 34589 歷

合 30980 無

0930 ⿱𦥑豆殳*

⿰礻⿱豆廾

合 26963 無

合 27180 無

合 30973 無

合 30975 無

屯 606 無

按：或釋「登」。

⿱𦥑豆殳

合 21225 自

合 27216 何

0931 ⿱豋廾*

⿰礻⿱豋廾

合補 7750 出

合 30524 無

按：或釋「登邑」之「登」專字。

豋

花東 214

花東 416

花東 416

0934 豈*		0933 豊		0932 穛*		
豈		豐		穛	䒸	
 合 18592 賓	 合 137 正 賓	 合 27137 無	 合 16085 賓	 合 38690 黄	 合 30987 無	 合 15863 賓
 合 17513 賓	 合 2725 臼 賓	 合 26914 無	 合 14625 賓	 合 38686 黄	 合 30988 無	 合 2278 賓
 合 24387 出	 合 6068 正 賓	 合 27931 何	 合 32536 歷	 合 38688 黄	 屯 618 無	 合 18581 賓
 合 22289 婦	 合 17514 賓	 屯 2346 何	 合 34610 歷	 合 38692 黄	 屯 618 無	
 合 22290 婦	 合 18591 正 賓	 花東 501	 懷特 1586 歷	 合 38695 黄	 屯 618 無	
		 作册豊鼎 集成 2711	 豊作父丁鼎 集成 2625	按：疑「登黍」之「登」專字。	按：或釋「蒸」、「登」。	

0935 豐*

豐

合 8262 反
賓

按：或釋「豊」。

0936 虍

虍

合 462 正
賓

合 3311
賓

合 10948 正
賓

合 15506 反
賓

0937 虞

虞

旅博 268
賓

0938 虘

虘

合 8857 正
賓

合 14315 反
賓

合 17946 正
賓

合 17192 正
賓

合 17193
賓

0939 ⿸虍人*

⿸虍人

合 10977
賓

合 8409
賓

合 4593
賓

屯 4330
歷

0940 ⿸虍夫*

⿸虍夫

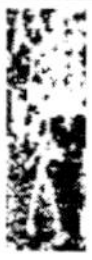

合 8207
賓

合 18319
賓

合 33209
歷

屯 1100
歷

0941 ⿸虍女*

⿸虍女

懷特 1509
自

合 22292
婦

0948	0947	0946	0945	0944	0943	0942
虎	唬*	虩*	徢*	盧*	虞*	虘*
虎	唬	虩	徢	盧	虞	虘
 合 20463 反 𠂤  合 20697 𠂤  合 3305 賓  合 6553 賓  合 14149 正 賓	 合 6878 賓  合 6879 賓  合 6877 正 賓  英 741 賓	 合 22088 午	 合 66 賓	 合 33086 歷  合 33086 歷  屯 994 歷	 合 24256 出  合 36587 黃 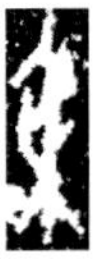 合 36755 黃  合 37556 黃	 合 33188 歷
 戈虎觚 集成 7035  虎簋 集成 2978						

虍部 虎部

0952	0951	0950		0949		
⿱虍龜*	⿸虍兔*	⿰虘又*		⿰𧾷虎		
⿱虍龜	⿸虍兔	⿰虘又	⿰虎攴	⿰女虎		
 村中南 322 自	 合 4531 賓	 屯 3566 無	 合 30998 無	 合 5516 賓	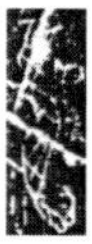 屯 3055 歷	 合 21386 自
	 合 15401 賓	 合 22178 婦	 花東 381	 合 5516 賓	 合 33612 歷	 合 3306 賓
	 合 18187 正 賓	 村中南 320 午	 花東 14	 合 10206 賓	 屯 100 歷	 合 17849 賓
			 合 27887 無	 合 3332 賓	 合 33378 無	 合 23690 出
				 合 11450 賓	 合 37362 黄	 合 27339 無
			按：「暴」古字。	 ⿰𧾷虎方爵 近出 787	 虎爵 集成 7508	 虎簋 集成 2974.1
				 ⿰𧾷虎方爵 近出 788		 父乙𡚸虎觚 集成 7223

0959	0958	0957	0956	0955	0954	0953
皿	虤	⿰木虎*	⿰虎彔*	⿰𠂆虎*	⿸虍面*	⿸虍田*
皿	虤	⿰木虎	⿰虎彔	⿰𠂆虎	⿸虍面	⿸虍田
 合 19970 反 自  合 2941 賓  合 30999 何  合 36542 黃  合 21917 圓	 合 8205 賓  合 4485 賓  合 33130 歷  合 33131 歷		 合 36492 黃	 花東 467  花東 179	 合 29266 何  合 29356 何  屯 1032 歷  合 28402 無	 合 29323 何  合 26900 無  合 29321 無  合 27899 無  合 33363 無
 皿爵 集成 7605  作女皿簋 集成 3240	 車虤戈 影彙 1489	 ⿰木虎父辛觚 集成 7150				

0961	0960					
𥂕	盂					
𥂕	盂					
	 合 36181 黃	 合 35330 歷	 合 5648 賓	 合 31150 無	 合 21246 自	 合 10964 正 賓
	 合 36509 黃	 合 28180 無	 合 16239 賓	 合 31151 無	 合 23434 出	 合 26786 出
	 合 36512 黃	 合 29097 無	 合 27807 何	 村中南 218 無	 英 1977 出	 合 24892 出
	 合 37398 黃	 合 27919 反 無	 合 29088 何	 合 20386 圓	 合補 10356 何	 花東 87
	 合 39476 黃	 合 28317 無	 合 29089 何	 合 22229 圓	 合 28174 何	 花東 247
 戍甬鼎 集成 2694	 盂鼎 影彙 1245	 盂鼎 影彙 1244	 寡小室盂 集成 10302	按：「」形或釋「血」、「皿（盟）」。		 陶彙 1.71  陶彙 1.72

0962 盧

⿱田皿

合 20700 自

合 18439 賓

合 12800 賓

合 259 賓

合 22048 午

合 21274 自

合 32903 歷

合 31147 無

合 22073 午

合 22438 婦

盧

合 27880 何

合 33185 歷

合 34681 歷

合 33186 歷

屯 3328 歷

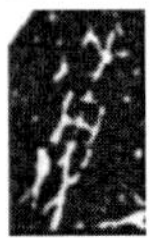
屯 667 無

屯 496 無

合 28095 無

合 32969 無

合 38763 黃

0963 ⿱止皿

⿱止皿

合 8229 賓

英 125 正 賓

合 16012 反 賓

合 23046 出

合 23502 出

合 25162 出

合 31935 無

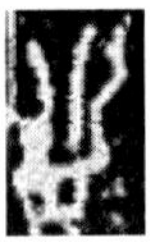
花東 449

花東 294

花東 450

合 10966 賓

合 10965 賓

合補 6180 賓

英 784 反 賓

合 21731 子

0964 益

益

合 11798 賓

合補 6291 賓

合 18803 賓

合 18543 賓

合 18542 賓

合 811 正 賓

合 26766 出

合 24910 出

合 31814 無

合補 6925 圓

0965 盡

盡

合 3515 賓

合 3518 賓

合 10969 正 賓

合 21960 圓

合 18538 賓

合 3519 賓

合 3521 正 賓

合 3521 正 賓

合補 11038 正 賓

合 22485 婦

0966 昷

昷

懷特 1629 歷

懷特 1629 歷

合 28905 無

屯 745 無

合 33531 無

屯 2636 無

合 36970 黃

合 37387 黃

合 36424 黃

合 8820 反 賓

合 21373 自

合 17160 賓

合 17162 賓

合 17163 賓

合 13724 賓

英 1873 賓

合 13795 賓

合 24452 出

合 32910 歷

合 21386 𠂤

合 822 正 賓

合 110 正 賓

合 10405 正 賓

合 17133 賓

合 26804 出

合 33007 歷

屯 2273 歷

合 21374 子

合 21609 子

合 17166 正 賓

合 32881 歷

屯 2438 歷

合 31181 無

合 29693 無

合 17165 正 賓

合 7372 反 賓

合 17159 反 賓

合 17391 賓

按：或釋「因」、「死」、「囚」、「葬」等。

0967 𡴬*

𡴬

合 36631 黄

合 36769 黄

0968 盁*

盁

合 22507 婦

0974		0973	0972	0971	0970	0969
盃*		⿱氏皿*	⿱夵皿*	⿱山皿*	⿰凵夭*	⿱止皿*
盃		⿱氏皿	⿱夵皿	⿱山皿	⿰凵夭	⿱止皿
 合 29840 何	 合 30757 何	 合 28149 何	 合 4822 賓	 合 31813 何	 花東 161	 合 18534 賓
	 合 37380 黃	 合 29235 無	 合 18531 賓	 合 36510 黃		
	 合 37735 黃	 合 29271 無				
	 合 29273 無	 合 29269 無				
	 合 29273 無	 合補 3804 無				
 盃爵 集成 7606  盃弓形器 集成 11870						

0975	0976	0977	0978	0979	0980	
毁*	絟*	盖*	喊*	盦*	盧*	
毁	絟	盖	喊	盦	盧	
 合 685 正 賓	 合 10035 賓	 合 638 賓	 合 18803 賓	 合 20018 自	 合 1330 賓	 合 12641 賓
	 合 8294 賓	 合 5770 甲 賓	 合 26764 出		 合 12665 賓	 合 12659 正 賓
		 合 22123 午	 合補 8293 出		 合 12666 賓	 合 14479 賓
		 合 18537 賓			 合 12661 賓	 合 12564 賓
		 屯 4584 無			 合 14468 正 賓	 合 22828 出
		 英 1891 圓			 合 14520 正 賓	 合 25979 出

0981	0982	0983	0984	0985	0986	0987
䀁*	盩*	甗*	盥*	䀉*	盙*	去
䀁	盩	甗	盥	䀉	盙	𠙽
 合 36453 黄	 合 23795 出  合 24393 出	 英 2425 歷	 合 1051 正 賓  合 1051 正 賓  合 1119 賓  合 1118 賓			 合 169 賓  合 5135 賓  合 5137 賓  合 7148 賓  合 5154 賓
		按：或釋「盧」。		 䀉爵 集成 7381	 盙鼎 集成 1174  盙且庚父辛鼎 集成 1996	

0988 血

血

合 24398
出

合 20464
𠂤

英 30 正
賓

合 30177
無

合 28189
無

屯 679
無

合 30178
無

合 30326
無

合 31079
無

合 37392
黄

合 15338
賓

合 18547
賓

合 18548
賓

合 19495
賓

合 24942
出

屯 2707
歷

合 36801
黄

合 36799
黄

英 1891
子

花東 178

合 9100
賓

合 18217
賓

合 24994
出

合 34430
歷

按：或釋「盟（盟）」。

0989 ⿱皿大*

⿱皿大

合 29290
何

屯 2761
無

合 29243
無

屯 2355
無

0990 ⿰⿱皿大生*

⿰⿱皿大生

合 29273
無

合 29273
無

0991 丶

丶

子脊鼎
集成 1716

罙、爵
集成 8191

、父己觶
集成 6274

罙、鼎
集成 1479

0992 丹

丹

合 716 正
賓

合 1623 正
賓

合 8014
賓

合 24386
出

合 24238
出

丹卣
影彙 275

0993 青

青

𠭯青鼎
集成 1279

0994 井

井

合 130 臼
賓

合 2279 反
賓

合 2757
賓

合 2760 正
賓

合 2761 反
賓

合 9390
賓

合 33044
歷

屯 2907
歷

合 32763
歷

合 32764
歷

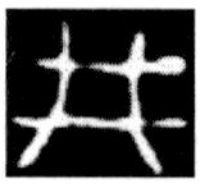

邐方鼎
集成 2709

𢀛井尊
集成 5444

0995 丼*

丼

合 961
賓

合 4951
賓

合 10358
賓

合 13044
賓

0996 弅*

弅

合 17965
賓

合 17966
賓

合 11006 正
賓

合 11006 正
賓

0997 异*

异

花東 178

花東 178

花東 178

0998 靚*

靚

合 25942
出

0999 萛*

萛

合 3358
賓

合 18679
賓

1000 皀

皀

合 3823
賓

合 9498 反
賓

花東 25

花東 261

花東 265

屯 2380
無

合 1096
賓

合 34602
歷

屯 2626
歷

合 30499
何

合 32653
歷

屯 1114
歷

花東 4

花東 149

花東 170

皀且辛爵
集成 8351

按：或釋「登」。

1001 即

即

合 20235 自

合 20142 自

合 20155 自

合 93 正 賓

合 23694 出

合 24115 出

合 34059 歷

合 32995 歷

懷特 1576 歷

合 36989 黃

合 151 正 賓

合 32467 歷

合 29704 何

屯 173 無

合 29706 無

合 29707 何

合 29708 何

合 22542 出

合 25164 出

合補 7918 出

即觚
集成 6792

1002 既

既

合 20650 自

合 6566 反 賓

合 7633 賓

合 25892 出

花東 14

合 7018 賓

合 19755 自

合 11498 正 賓

合 6648 正 賓

屯 1105 歷

屯 2414 歷

合 27333 何

合 27245 何

合 38290 黃

屯 917 歷

二祀𠨘其卣
集成 5412.3

1003 皀

皀

合 32703 歷

皀父癸爵 集成 8722

1004 𠤇*

𠤇

合 698 正 賓

合 6835 賓

合 6407 賓

合 5760 正 賓

合 8959 賓

合 15862 正 賓

合 15860 賓

屯 2345 無

合 6643 賓

合 34596 歷

屯 2833 歷

屯 149 歷

按：或釋「登」。

1005 𠤈*

𠤈

合 21586 子

花東 181

花東 183

1006 𠤉*

𠤉

合 19995 自

花東 3

花東 14

花東 16

按：或釋「乎」。

1007 𪔻*

𪔻

合 36845 黄

1008 𠤊*

𠤊

合 24369 出

合 24426 出

合 25585 出

合 25585 出

花東 35

花東 286

按：或釋「乎」。

1009 鬯

鬯

合 22016
劣

合 1506 正
賓

合 384
賓

合 22991
出

合 30572
何

屯 2417
歷

合 30979
無

合 29552
無

合 30915
無

合 35350
黃

合 301
賓

合 26034
出

合 35153
歷

合補 10398
無

合 22486
婦

合 32686
歷

合 22062 正
午

合 22323
婦

花東 26

花東 276

1010 [illegible]*

[illegible]

合 28
賓

合 58
賓

合 177
賓

合 23665
出

合 31975
歷

合 34042
歷

合 33068
歷

合 34712
歷

合 31974
歷

屯 9
歷

合 27925
無

合 35345
黃

合 31999
歷

懷特 1571
歷

合 33060
歷

1011 爵

爵

合 1076 正甲
賓

合 9226 反
賓

合 12311 正
賓

英 199 正
賓

屯 4048
歷

合 20842
自

合 2673
賓

旅博 1303
賓

合 14768
賓

合 18570
賓

爵□且丁爵
集成 8840

趓爵簋
影彙 1301

合 18578
賓

屯 2233
歷

合 31021
無

合 36537
黃

合 37458
黃

史嫛爵
近二 781

爵父癸卣蓋
集成 4988

合 22067
午

合 22324
婦

合 21926
劣

花東 349

花東 441

1012 ⿰凡爵*

⿰凡爵

合 1138
賓

合 3945 正
賓

合 3945 正
賓

合 3947 正
賓

合 3947 正
賓

⿰凡爵簋
集成 3037

英 416
賓

花東 205

花東 349

花東 441

按：或釋「凡爵」兩字。或隸定爲「⿰凡爵」。

1013 食

食

合 20961
自

合 20134
自

合 914 正
賓

合 33694
歷

合 22067
午

1014 飤

飤

合 19504 賓

合 29786 何

合 28000 無

屯 2666 無

花東 37

合 20791 𠂤

合 1163 賓

合 11484 正 賓

合 20956 𠂤

合 22399 婦

合 20326 𠂤

合 17952 賓

合 17953 賓

合 20147 𠂤

合 14986 賓

合 9100 賓

按：或釋「飽」。

1015 饗

饗

合 3280 賓

合 5243 賓

屯 341 歷

合 31044 何

合 38231 黄

合 6394 賓

合 23543 出

合 31047 何

合 27894 無

花東 236

合 16050 賓

合 16051 賓

合 16052 賓

合 18023 賓

合 296 賓

按：或釋本欄後四形爲「既」。

尹光方鼎 集成 2709

鄉宁鼎 集成 1362

鄉宁鼎 影彙 1428

鄉宁爵 集成 8175

辛鄉宁觚 集成 7163

鄉斝 集成 9121

1019 合		1018 ⿱宀食*	1017 ⿰歹旡*	1016 飶		
	合	⿱宀食	⿰歹旡	飶		
 合 21935 圓  花東 370  合 22066 午  合 18100 賓  合 22243 婦	 合 1076 正 甲　賓  屯 2350 無  合補 6616 自  合 27435 無  屯 248 歷		 合 21069 自  合 376 正 賓	 合 17954 賓  合 18210 賓  合 18976 賓	 合 27321 何  合 16045 賓  合 20313 自  合 4335 賓	 合 19851 正 自  合 19851 反 自  合補 6733 自  合 22331 婦
 合冑 集成 11884  合冑 集成 11881	 合冑 集成 11880  合冑 集成 11882	 成學鼎 集成 2708			 鄉爵 集成 7408	 鄉鉞 集成 11732

1020 侖

侖

合 18690
賓

1021 今

今

合 19777
自

合 20347
自

合 20408
自

合 1668
賓

合 24731
出

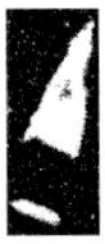
合 26899
何

合 28491
何

合 33717
歷

屯 1122
歷

合 33302
無

合 37852
黄

合 36439
黄

合 22391
婦

合 22045
午

合 20349
刀

1022 會

會

合 1030 正
賓

1023 㿾*

㿾

合 18553
賓

屯 2510
歷

合 27435
歷

合 30956
無

合 31824
無

按：或釋「會」、「晻」。

1024 倉

倉

合 9645
賓

屯 3731
歷

倉鼎
集成 1142

1029	1028		1027	1026		1025
矢		缶	内		入	亼*
矢		缶	内		入	亼
合 4787 賓	合 6572 賓	合 20223 𠂤	合 2873 賓	合 27765 何	合 20582 反 𠂤	合 3288 賓
合 5699 賓	合 20528 歷	合 20524 𠂤	合 17561 賓	合 31984 歷	英 1883 𠂤	合 3290 賓
合 30810 何	合 36525 黄	合 20449 𠂤	合 17562 賓	合 31095 無	合 1210 賓	合 10043 賓
合 36481 正 黄	合 21425 子	合 6874 賓	英 1017 賓	合 22259 婦	合 23706 出	合 10055 賓
合 69 賓	合 21897 圓	合 7979 賓		花東 6	合 31096 何	
矢宁父乙方鼎 集成 1825；矢宁鼎 集成 1453		小臣缶方鼎 集成 2653；偁缶作且癸簋 集成 3601	内耳爵 集成 8207		甗鼎 影彙 1566	按：或釋「庯」、「匡」、「倉」等。

1033 侯	1032 啓*			1031 射	1030 ⿰矢夭*	
疾	啓			⿰弓矢	⿰矢夭	
 合 20024 𠂤	 合 26805 出	 合 5779 賓	 合 5753 賓	 合 10693 𠂤	 合 6461 正 賓	 合 20546 𠂤
 合 20058 𠂤		 花東 7	 合 28809 何	 合 165 賓	 合 26889 無	 合 23053 出
 合 13644 賓		 花東 2	 合 28308 何	 合 23501 出	 合 26893 無	 屯 313 歷
 合 23558 出		 英 1349 賓	 合 37396 黄	 合 34673 歷	 合 31809 何	 合 32193 歷
 子侯卣 集成 4847.2		 射婦觚 集成 6878	 作册般黿 影彙 1553	 射女鼎 集成 1378		 矢爵 集成 7632
 侯瓿 集成 9943		 射女鼎 集成 1379	 射婦鑑 集成 10286	 射爵 集成 7634		 宁矢觥 集成 9258
						 陶彙 1.2

1034 ⿰矢帝*

⿰矢帝

合 33208
自

合 3295
賓

合 36345
黄

花東 284

歐侯尊
影彙 1585

合 9934 正
賓

合 401
賓

屯 3396
歷

合 33979
歷

孝卣
集成 5377

合 17309
賓

合 18476
賓

合 14221 正
賓

按：或釋「鏑」。

1035 ⿰子矢*

⿰子矢

合 891 正
賓

合 14211 正
賓

合 14213
賓

合 14215
賓

合 14208 正
賓

合 14214
賓

合 14217 正
賓

合 31767
無

花東 377

花東 473

合 14208 正
賓

合 14212
賓

合 14218
賓

合 31804
無

合 31805
無

按：或釋「疾」、「鍚」。

1036 ⿲木矢木*

⿲木矢木

合 368
賓

合 6946 正
賓

合 8013
賓

1037 䬻*

䬻

合 18468
賓

1038 医*

医

合 4796 正
賓

合 4795
賓

合 22593
出

合 32001 正
歷

合 35184
歷

合 35190
歷

合 35194
歷

屯 3427
歷

合 35192
歷

合 35188
歷

按：或釋「寅」。

1039 簝*

簝

合 6057 正
賓

1040 昳*

昳

合 22043
午

1041 高

高

合 33
賓

合 565
賓

合 376 反
賓

合 29707
何

合 28140
何

毓且丁卣
集成 5396.1

合 32619
歷

合 33227
歷

合 27061
無

合 26991
無

合 37494
黃

毓且丁卣
集成 5396.2

1044 冂		1043 ⿱亠⿱口⿵冂电*	1042 亳*			
冂		⿱亠⿱口⿵冂电	亳			
		 合 8071 賓	 合 22206 甲 𠂤  合 22206 乙 𠂤  合 22145 午 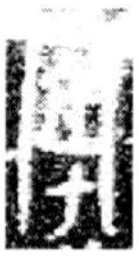 合 22276 午	 合 36567 黃  合 7841 賓  合 28105 無  合 28110 無  合 28111 無	 合 7061 正 賓  合 32675 歷  屯 665 歷  合 27233 無  英 2524 黃	 合 2381 賓  屯 2698 午  合 18643 賓  懷特 136 賓
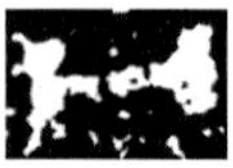 冂且丙爵 集成 8319 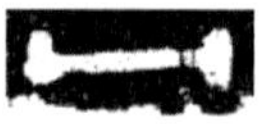 冂父癸爵 集成 8712 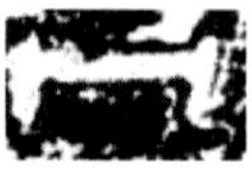 冂龍爵 集成 8223	 冂韋觚 集成 6940 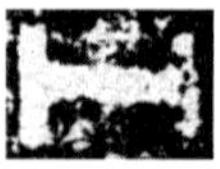 冂戈爵 集成 8233  冂戈爵 集成 8234		按：甲骨文用爲「郊」。	 戈豪册父丁簋 集成 3428	 乙亳戈册觚 集成 7253	 牧父丁罍 集成 9807

1045 市

市

合 28002
何

合 27202
何

合 28751
無

合 28754
無

合 30646
無

合 30884
無

合 31120
無

合補 8947
無

1046 央

央

合 3008
賓

合 17555 正
賓

合 17593 反
賓

合 10067
賓

合 3006
賓

合 3015
賓

合 3026
賓

合 3010 反
賓

1047 𩫏

𩫏

合 20570
自

合 13514 正
乙　賓

合 5622
賓

村中南 239
歷

合 31970
歷

合 35334
歷

合 29797
何

合 29800
無

合 29794
無

合 36546
黃

京人 3241（合集未收）子

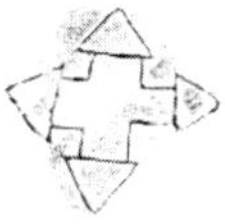
宁𩫏甗
集成 792

己𩫏鼎
集成 1292

辛𩫏鼎
集成 1296

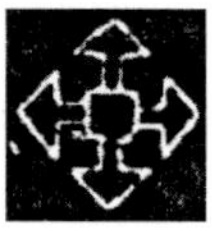
𩫏南鼎
集成 1297

𩫏戈
集成 10745

按：「墉」古文，重見卷十三「墉」字。

1052			1051	1050	1049	1048
就			京	⿰亯反*	⿰亯攴*	禫*
⿱亯京			京	⿰亯反	⿰亯攴	禫
 合 3138 賓	 合 2353 正 賓	 屯 1111 歷	 合 20283 𠂤			 懷特 873 賓
 合 3139 賓	 合 526 賓	 屯 108 無	 合 20299 𠂤			
 合 3140 賓	 懷特 1650 歷	 合 21703 正 子	 合 13981 正 賓			
 合 3142 賓	 英 2556 黃	 合 6477 正 賓	 合 24446 出			
 合 582 賓	 合 22143 婦	 合 33221 歷	 合 22616 出			
 子就鼎 集成 1313  子就方鼎 集成 1314	 京父己簋 集成 3193	 京册戈 集成 10876.2  京戈册父乙觚 集成 7262	 迎父癸方彝蓋 集成 9890  邇簋 集成 3975	 ⿰亯反方鼎 影彙 1566	 ⿰亯攴作父癸角 集成 9100	

	1056	1055	1054		1053	
	亯	㬌*	崇*		孠*	
	亯	㬌	崇		孠	
 合 5640 賓  合 32986 歷  合 35333 歷  合 26993 無  花東 502	 合 19501 自  合 3135 正 賓  英 729 正 賓  合 16059 賓  合 32262 歷	 合 1134 賓  合 5820 反 賓  合 5976 賓  花東 294	 合 8069 賓  合 15550 正 賓  合 33958 歷	 合 8041 賓  合 8058 賓  合 32299 歷	 合 8046 賓  合 33135 歷  合 33134 歷	 屯 3309 歷  合 32692 歷  合 32776 無  合 37594 黄  英 2557 黄
 小臣缶方鼎 集成 2653  冎亯卣 集成 4861.2	 亯簋 集成 2986  犬且辛且癸鼎 集成 2113					 子䜌爵 集成 8767

京部　亯部

1061	1060	1059	1058			1057
⿱亯内*	⿱艹亯*	⿱㸚亯*	𦎫			⿱亯亯*
⿱亯内	⿱艹亯	⿱㸚亯	𦎫			⿱亯亯
 合 8846 賓  合 9785 賓  合 9560 賓  合 9576 賓	 合 822 正 賓	 合 18632 賓	 合 28123 無 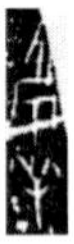 屯 1581 歷  合 38178 黄  合 37421 黄  花東 249 按：甲骨文用爲「敦」。	 合 24231 出  合 33078 歷  合 33029 歷  屯 1099 歷  合 27974 無	 合 20392 𠂤  合 20516 𠂤  屯 3604 𠂤  合 6161 賓  合 11018 正 賓	 合 340 賓  合 13911 賓  合 37648 黄  合 37662 黄
			 𦎫觚 集成 6740  𦎫觚 近二 632	 𦎫卣 集成 4758.2  𦎫車觚 集成 7046	 𦎫鼎 集成 1141  丁𦎫鼎 集成 1289	

1066 良	1065 ⿰畐甫*	1064 畐	1063 厚		1062 覃	
良	⿰畐甫	畐	厚		⿱卤享	
 合 938 反 賓  合 4956 賓  合 10302 正 甲 賓  合 4955 正 賓	 屯 622 無  合 30947 無	 合 30065 無  合 30948 無  屯 4197 無	 合 34123 歷  合 34124 歷	 屯 4581 無  花東 370	 合補 6767 𠂤  合 3326 賓	 合 8394 賓  合 18633 賓  合 18634 賓
 陶彙 1.109		 畐父辛爵 集成 8627  畐父辛爵 集成 8628	 戈厚作兄 日辛簋 集成 3665	 亞辛共殘 銅片 集成 10476  亞覃父丁爵 集成 8890	 亞覃父乙卣 集成 5053.1  亞覃尊 集成 5911	

1069 亯　1068 臭*　1067 即*

亯			臭	即		
 屯 204 歷	 合 584 反甲 賓	 合 583 反 賓	 合 24248 出	 合 18025 賓	 合 27527 無	 合 17527 賓
 屯 539 歷	 合 28070 無	 英 411 賓	 合 24377 出		 合 21561 子	 懷特 495 賓
 合 33238 歷	 合 9643 賓	 合 5451 賓			 合 22049 午	 英 172 賓
 合 21789 子	 合 9644 賓	 合 5450 賓			 花東 178	 合 4952 賓
 合 21837 子	 屯 539 歷	 合 9630 賓			 花東 475	 合 24472 出

1070 啚

啚

合 6057 正
賓

合 32982
歷

合補 10921
歷

合 36490
黄

英 2525
黄

合 7874
賓

合 7875
賓

合 309 正乙
賓

合 309 正甲
賓

合 6058 正
賓

1071 ⿱秝㐭*

⿱秝㐭

英 1813
𠂤

合 1027 正
賓

合 893 正
賓

合 811 反
賓

合 13399 正
賓

合 10937 正
賓

合 10938 正
賓

英 2192
出

合 27886
無

合 28202
無

按：或釋「⿰禾㐭」。

1072 ⿸厂⿱禾㐭*

⿸厂⿱禾㐭

合 20190
𠂤

合 20765
𠂤

合 21050
𠂤

合 20898
𠂤

屯 604
𠂤

1073 㐭*

㐭

合 10861
𠂤

合 4869
賓

合 490
賓

合 33074
歷

合 18640
賓

合補 6625
𠂤

合 24134
出

合 21727
子

合 13757
賓

合 4877
賓

卜㐭觚
集成 7036

㐭斝
集成 9146

㐭爵
集成 8279

㐭戈
集成 10744

		1077 來	1076 牆		1075 嗇	1074 畠*
		來	牆		嗇	畠
 合 27075 何	 合 94 正 賓	 合 19946 正 自	 合 27888 無	 合 4874 賓	 合 20648 自	 合 36747 黄
 合 28466 何	 合 11461 賓	 合 20389 自	 合 36481 正 黄	 合 5790 賓	 合 20648 自	
 合 33723 歷	 合 22539 出	 合 21095 自		 合 10433 賓	 合 21306 乙 自	
 屯 646 歷	 合 23685 出	 合補 6794 自		 合 10434 賓	 英 399 賓	
 小臣艅犀尊 集成 5990	 宰甫卣 集成 5395.2	 宰甫卣 集成 5395.1  陶彙 1.57				

1080	1079		1078			
⿰來又*	麥		⿰來攴*			
⿰來又	麥		⿰來攴			
 合 28139 無	 合 28311 何	 合 11005 正 賓	 合 8136 賓	 花東 480	 合 21738 子	 屯 2091 歷
 合 29369 無	 合 27459 何	 合 9620 賓	 英 593 賓	 合 20076 自	 合 21915 圓	 合 30857 無
 屯 2395 無	 合 37448 黄	 合 9620 賓	 合 28173 無	 合 975 正 賓	 合 22045 午	 合 36642 黄
 合 36809 黄	 合補 11299 反 黄	 合 24404 出	 合 31872 無	 合 975 正 賓	 合 22133 婦	 合 36654 黄
	 花東 149	 屯 736 無				
按：或釋「麥」。				 來冊戈 集成 10868	 成方彝 集成 9894	 作冊般甗 集成 944

1085	1084			1083	1082	1081
夏	夌			复	夊	⿱夆日*
⿱日夏	夌			⿱亠复	夊	⿱夆日
 合 27114 何	 合 1094 正 賓	 英 719 賓	 合 19355 賓	 合 20233 自	 合 38563 黃	 合 3108 賓
 合 27385 何	 合 1095 賓	 英 835 賓	 合 19357 賓	 合 20633 自	 合 22094 午	
 合 27439 何	 合 8243 賓	 合 19358 賓	 合 19513 賓	 合 20346 反 自		
 合 28195 何	 合 16047 正 賓	 合 22048 午	 英 468 賓	 合 5409 賓		
 英 2354 何	 合 18684 賓	 花東 401	 合 15484 賓	 合 19354 賓		
 文夏父丁卣 集成 5155.1						

來部 夊部

1086 夓

夓

英 2367 何

合 21101 自

合 8984 賓

合 14375 賓

合 33337 歷

合 35269（習刻）歷

合 28195 何

合 21102 自

合 10076 賓

合 24963 出

合 33284 歷

合 28207 無

合 27607 何

合 10468 賓

合 15154 正 賓

合 24964 出

合 33304 歷

合 30399 無

合 27726 何

合 17919 賓

合 14366 賓

合 30401 何

合 33301 歷

合 30400 無

合 30000 無

合 8984 賓

合 14374 賓

合 30404 何

屯 4528 歷

村中南 292 無

文夏父丁簋 集成 3312.1

夓鼎 集成 1117

夓鼎 集成 1118

夓作且辛觶 集成 6481

夓爵 集成 7344

陶彙 1.67

1087 夔

夔

小臣艅尊 集成 5990

小臣艅尊 集成 5990

1088 叜*

叜

合 20134 𠂤

合 20192 𠂤

按：或釋「复」。

1089 舞

無

合 20973 𠂤

合 20970 𠂤

合 21473（習刻）𠂤

合 21473（習刻）𠂤

花東 416

合 455 賓

合 795 正 賓

合 12836 反 賓

英 996 賓

合 19056 賓

合 12827 賓

合 33954 歷

合 34295 歷

合 28461 何

合 30028 無

屯 825 無

合 27891 無

合 31033 無

花東 391

花東 391

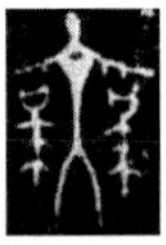
作册般甗 集成 944

無敄鼎 集成 2432

1090 舞*

舞

合 28209 無

1091 霝*

霝

合 30029 無

合 31038 無

合 31035 無

合 31032 無

合 29214 無

合 28180
無

合 28180
無

屯 108
無

合 27062
何

合 34229
歷

按：「祈雨之舞」專字。或釋「雩」。

1092 夆*

夆

花東 39

花東 273

花東 273

1093 韋

韋

合 515
賓

合 3226 正
賓

合 3861
賓

合 7121 正
賓

合 9743 正
賓

合 10026
賓

近二 740

合 12346
賓

合 10044
賓

合 11850
賓

英 379
賓

合 1777
賓

合 36909
黃

合 36909
黃

合 21640
子

合 21902
圓

花東 195

1094 弟

弟

合 9817
賓

英 2674 正
賓

英 2274
無

合 31810
何

合 22135
婦

英 824
賓

合 19207
賓

合 24134
出

英 1900
子

合補 6925
圓

1099	1098	1097	1096			1095
⿱夂大*	⿱夂畐*	夅	夆			条*
⿱夂大	⿱夂畐	夅	夆	⿰彳条	条	
			 合 37507 黄	 合 18006 賓  合 4194 賓  合 35239 賓	 合 2484 正 賓  合 22293 子  花東 286  合 20772 自  合 16517 賓	 合 20757 自  合 368 賓  合 775 正 賓  合 4984 賓  合 11484 正 賓
 ⿱夂大盉 集成 9305.1  ⿱夂大盉 集成 9305.2	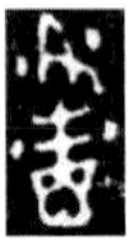 小子⿱夂畐卣 集成 5417.1  小子⿱夂畐卣 集成 5417.1	 朋父庚罍 集成 9808	 二祀邲其卣 集成 5412.3	按：甲骨文讀爲「遭」。		

1100 衡*　　1101 乘

衡	乘					
	 合 173 賓  合 5429 賓  合 6482 正 賓  合 6486 正 賓	 合 32019 歷  合 32021 歷  屯 135 歷  屯 135 歷	 合 32896 歷  合 32895 歷  合 6485 正 賓  合 6487 賓			
 耳衡父乙鼎 集成 1834  耳衡父乙鼎 集成 1835	 乘戈 集成 10638					

商代文字字形表 卷六

	1102 木			1103 柚
	木			柚
甲骨文	 合 5749 賓	 合 24271 出	 合 32216 歷	 合 10954 自
	 英 530 賓	 合 24444 出	 屯 2149 歷	 合 8064 賓
	 合 24444 出	 合 27694 何	 合 36750 黄	 合 8065 賓
	 合 24270 出	 合 33915 歷	 合 37532 黄	 合 33133 歷
金文及其他	 木甗 集成 781	 亞父丁爵 集成 9007	 陶彙 1.53	 目柚觚 集成 7054
	 木觚 集成 6743	 齒木觚 集成 7053	 陶彙 1.55	

			1104	1105	1106	1107
			杏	李	杜	樕
			杏	李	杜	杉
 合 8063 賓  合 10950 賓  合 24458 出  合 24472 出  合 33133 歷  花東 262	 合 17079 正 賓  合 18417 賓  合 28922 無  屯 660 無  屯 2640 無  屯 2640 無	 合 28166 無  合 36573 黃  合 35744 黃  合 28917 無  屯 745 無  合 28944 無	 合 17524 賓	 英 1013 何	 合 21458 子	 合 8027 賓  合 8027 賓  合 8172 賓
				按：或疑是僞刻。		

1114	1113	1112	1111	1110	1109	1108
榆	桐	櫟	檀	杞	柳	櫅
棆	桐	櫟	檀	杞	柳	櫅
 合 7936 賓  合 22599 出  合 28905 無  合 28938 無  合 30269 無	 合 20975 𠂤  合 10196 賓  屯 2152 無	 合 36746 黄	 合 29408 無	 合 13890 賓  合 36751 黄  合 22214 婦  合 24473 出	 屯 88 無  英 2566 黄  英 2566 黄  合 36526 黄	 合 6947 正 賓  合 6947 正 賓
 四祀𢦔其卣 集成 5413.3				 亞𩰫杞婦卣 集成 5097.1  亞𩰫杞婦卣 集成 5097.2		

1120	1119	1118	1117	1116	1115	
槀	枎	朻	朱	樹	柏	
槁	枎	朻	朱	杈	柏	
 懷特 824 賓	 合 32958 歷  合 32959 歷  合 32960 歷		 合 36743 黃  合補 11288 黃	 合 862 賓  合 18159 賓  合 27781 無	 合 33380 歷	 合 37623 黃  合 37626 黃  合 28915 無  合 28923 無  屯 2711 無
		 陶彙 1.56				

1121	1122	1123	1124	1125		1126
杲	杳	栽	宋	朱		櫑
杲	杳	栽	宋	朱		罍
 合 2059… 自	 屯 2682 歷	 屯 3029 無	 合 36901 黃	 合 13582 賓  合 5568 正 賓  合 11979 賓  合 18404 賓  合補 2528 賓	 合 3104 賓  合 17391 賓  合 17391 賓  懷特 600 賓  懷特 600 賓	 合 31319 何 按：「罍」字異體。
				 朱父癸觚 集成 7156		 乃孫罍 集成 9823

1127 檝

檝

合 522 反 賓

合 17282 賓

合 17285 賓

合 201 正 賓

英 484 正 賓

合 11497 正 賓

合 22600 出

合補 10477 歷

合 39466 黃

合 17281 賓

合 26824 出

按：或釋「設」、「鑿」等。

1128 椎

椎

合 13159 反 賓

1129 柯

柯

合 3297 正 賓

合 4014 賓

英 1256 賓

按：或釋「可」、「乃」。

1130 柄

蒳

合 585 正 賓

合 585 正 賓

合 37649 黃

合 37561 黃

合 18667 賓

1131 柲

柲

按：甲骨文以「必」爲「柲」，見卷二「必」字。

1132 棋

棋

合 8189 賓

1133	1134	1135	1136	1137	1138	
梟	櫓	樂	枹	梁	采	
梟	櫓	樂	枹	汸	采	
 合 6333 賓	 合 20397 自 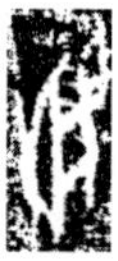 合 36481 正 黃	 合 33153 歷  合 36501 黃  合 36904 黃  英 2565 正 黃	 合 9069 賓  合 9070 賓  合 9072 賓  合 9072 賓  合 9073 賓	 合 27884 無  合 27884 無  合 27884 無	 合 20397 自  合 21021 自  合 21493 自  合 20800 自  合 12424 賓	 合 38290 黃  合 12810 賓  合 12813 正 賓  合 12814 正 賓  合 11726 賓
		 樂文觚 集成 6920				

1142 休	1141 枼		1140 析			1139 欉
休	枼		析			不
 合 3360 賓	 屯 994 歷	 英 1777 自	 合 32834 歷	 合 18415 賓	 合 14295 賓	 屯 2616 歷
 合 8154 賓	 屯 2691 歷	 合 19956 自	 合 32834 歷	 合 4742 賓	 合 14294 賓	 合 28387 無
 合補 6317 賓	 合 33151 歷	 合 13625 正 賓	 合 32834 歷	 合 22023 圓	 合 118 賓	
 合 8156 賓	 合 34136 歷	 合 14018 賓	 合 21864 圓	 合 21920 圓	 合 18414 賓	
 合 8161 賓	 合 34136 歷	 合 28128 何	 合 9594 賓	 合 22213 婦	 英 1288 賓	
						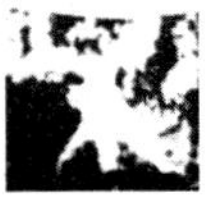 欉父辛爵 集成 8634

	1143 椿	1144 余*	1145 杞*	1146 枂*	1147 杺*	
	椿	余	杞	枂	杺	
 合 24397 出	 花東 11	 合 3458 正 賓	 合 8995 臼 賓	 合 20145 自	 合 14346 賓	 合 11393 正 賓
 合 32961 歷		 合 37543 黃	 合 13443 臼 賓	 合 20143 自	 合 14710 賓	 合補 6355 賓
 合 21722 子		 合 37634 黃	 合 17525 賓	 合 33015 歷	 合 8293 賓	 合 18378 賓
 花東 75				 村中南 459 午	 合 3190 賓	 合 20737 自
 花東 409						
 休爵 集成 7386				按：或釋「木月」合文。		

1148	1149	1150	1151	1152	1153	1154
梖*	柾*	梌*	檄*	椸*	槲*	権*
梖	柾	梌	檄	椸	槲	権
 合 24358 出  合 24359 出  合 24359 出  合 24359 出  合 24262 出	 合 31139 無	 花東 235	 合 18962 賓  合 34239 歷	 合 22159 自	 合 29943 何	 合 18416 正 賓
						按：或釋「楓」。

1161	1160	1159	1158	1157	1156	1155
東	梻*	栨*	櫺*	橳*	鹵*（上木下鹵）	槧*（木斬）
東	梻	栨	櫺	橳	鹵（上木下鹵）	槧（木斬）
 合 1075 正 賓  合 25362 出  合 21526 子  合 22043 午  花東 28			 合 11001 賓  合 15889 賓  合補 1458 甲 賓 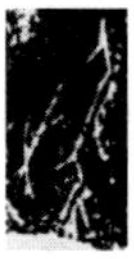 合補 1458 乙 賓	 花東 53  花東 53	 合 4164 賓	 合 29365 無
 東鬲 集成 442  東卣 集成 4796	 宰梻角 集成 9105. 1  梻父辛觚 集成 7146	 栨父乙壺 集成 9566  栨父乙盉 集成 9422. 1			按：或釋「賴」。	

1165 楚	1164 鬱	1163 林		1162 𣛎		
楚	鬱	林		𣛎		
 合 29984 無	 合 8182 賓	 屯 3004 無	 合 20017 𠂤	 合 6942 賓	 合 6906 𠂤	 合 20637 𠂤
 合 32986 歷	 合 5426 賓	 合 36547 黄	 合 19423 賓		 合 11468 賓	 合 33068 歷
 合 34220 歷		 合 36749 黄	 合 34544 歷		 合 11469 賓	 合 22381 反 婦
 合 10906 賓		 合 36968 黄	 合 33756 歷		 合 33241 歷	 屯 1094 無
		 英 2563 黄	 合 31033 無		 合 36518 黄	 合 28596 無
			 林亞鮽卣 集成 5013.1  林亞鮽卣 集成 5013.2	 天𣛎父癸爵 集成 8956	 作册豊鼎 集成 2711	 東乙父尊 集成 5615  東父辛爵 集成 8636

1170 ⿰木林*		1169 ⿱林巳*	1168 ⿱林亡*	1167 森		1166 麓
⿰木林	⿱艹巳	⿱林巳	⿱林亡	森	⿱林录	菉
 屯 2170 無	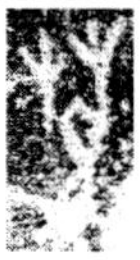 合 8969 反 賓  屯 108 無  合 14199 反 賓	 合 10171 反 賓  合 7906 賓  合 7907 賓  合 14128 反 賓  合 2794 賓	 合 13536 正 賓  合 13537 正 賓  英 1399 賓	 合 11323 賓  英 1288 賓	 合 37451 黃  合 37452 黃  合 37461 黃  合 37382 黃  合 30268 無	 合 29409 何  合 29410 何  合補 11300 反 黃  合 35501 黃  合補 11299 反 黃

1171	1172	1173	1174	1175	1176
⿲木巾木	⿲木口木*	⿸广⿱𡗗林*	⿲木韋木*	⿱林皿*	⿲木虞木*
⿲木巾木	⿲木口木	⿸广⿱𡗗林	⿲木韋木	⿱林皿	⿲木虞木
 花東 53  花東 53	 合 31800 何  合 27781 無  合 29246 無  合 29255 無	 合 36819 黃  合 36820 黃  合 36965 黃  英 2523 黃	 合補 2684 賓	 合 27978 無	 花東 3  花東 3  花東 9  花東 28  花東 255  花東 183  花東 401  花東 249  花東 300
					按：甲骨文用爲「虞」。

1177 𦾠*

𦾠

屯 2170
無

1178 𬶟*

𬶟

合 27739
何

1179 𧀼*

𧀼

合 37363
黃

1180 才

才

合 7814 反
賓

合 137 正
賓

合 24358
出

合 32330
歷

合 26956
無

合 30623
何

合 38223
黃

合 37743
黃

合 6896
賓

合 7885
賓

屯 2691
歷

合 19946 反
𠂤

合 19946 反
𠂤

合 21661
子

合 21944
圓

花東 113

作父己簋
集成 3861.1

戍學鼎
集成 2708

二祀𠨘其卣
集成 5412.3

六祀𠨘其卣
集成 5414.2

犅伯𧧑卣
影彙 1588

葡亞作父癸角
集成 9102.1

小臣𢆶卣
集成 5379.1

亞𠨘父乙簋
集成 3990

才父戊爵
集成 8535

按：商代甲金文中用爲「在」。

1181 ⿱才口*

⿱才口

合 14201
賓

1182 ⿱才土*

⿱才土

合 371 反
賓

合 371 反
賓

合 371 正
賓

英 1989
出

按：或釋「在」。

1183 桑

桑

合 6959
賓

英 395
賓

合 10058
賓

合 29363
何

合 37494
黃

合 35435
黃

合 35584
黃

1184 之

之

合 5033
𠂤

合 5860
賓

合 137 正
賓

合 2498 正
賓

合 24358
出

合 24653
出

合 30637
無

合 30552
無

合 34041
歷

合 35311
歷

合 27080
何

合 27202
何

合 21582
子

花東 5

花東 7

1188 出	1187 師	1186 帀				1185 㞢
出	師	帀				㞢
 合 20045 自	按：甲骨文以「𠂤」爲「師」，見卷十四「𠂤」。	 合 26845 出	 合 21566 子	 合 28315 無	 合 24492 出	 合 20534 自
 合 20258 自		 合 27736 無	 合 21505 婦	 合 29273 無	 合 27930（缺刻）何	 合 20715 自
 合 2381 賓		 合 27894 無	 合 22080 午	 合 36369 黄	 合 28468 何	 合 10 賓
 合 23608 出		 合 21902 圓	 花東 9	 合 36659 黄	 合 28593 反 何	 合 6477 正 賓
 屯 981 歷		 合 22289 婦	 花東 475	 合 37826 黄	 屯 48 歷	 合 24262 出
 辰寏出簋 集成 3238	 肄作父乙簋 集成 4144  叡寏卣 集成 5373.1					 㞢爵 集成 7732

1192 蘵*	1191 㓞*	1190 索	1189 敖			
蘵	㓞	索	敖			
 英 1924 出	 花東 226  花東 174  花東 437  花東 480	 合 387 反 賓  合 1763 賓  合 8945 賓  合 15516 賓  花東 159  花東 125	 合 21883 圓  合 22184 婦  合 20072 𠂤  合 227 賓  合 10923 賓 按：或釋「失」。	 合 20381 𠂤  合 188 正 賓  合 5738 賓  英 1994 出  合 33010 歷	 花東 337  合 3830 賓  合 6096 正 賓  合 6093 正 賓  合 33050 歷  屯 2232 無	 合 29445 歷  合 28003 無  合 36518 黃  合 21860 子  合 22082 午  合 22322 婦
		按：或釋「犇」。	 敖壺 集成 9457	 敖爵 集成 7349	 亯出爵 集成 8295	 出甗爵 集成 8204

1193 黖*

黖

合 28171
無

1194 孛

孛

英 2525
黄

1195 𣎵

𣎵

合 1385 正
賓

合 1532 正
賓

合 10975
賓

合 10975
賓

合 8465
賓

合 18070
賓

合 19619 正
賓

合 10974
賓

英 2545
黄

合 36622
黄

1196 南

南

合 20627
𠂤

合 680 正
賓

合 1777
賓

合 8741
賓

合 1998
賓

合 13648 正
賓

合 22543
出

合 24938
出

合 30288
何

合 33246
歷

屯 2360
無

合 21759
子

花東 38

花東 290

花東 455

南㬎罍
影彙 1587

章南鼎
集成 1297

南單觚
集成 7014

南單冓觚
集成 7191

按：與「瞉」同形，但用法有別。
参卷九「瞉」。

1199 丰			1198 生			1197 ⿰南凡*
丰			生			⿰南凡
 屯 3121 歷	 合 31161 無	 英 403 正 賓	 合 21719 子	 合 27650 無	 合 21172 自	 合 13525 賓
 合補 11299 反 黃	 合 18426 賓	 合 5814 賓	 合 21928 劣	 合 29732 何	 合 20512 自	 合 13526 賓
 合 36530 黃	 合 27498 無	 合 26752 出	 合 21928 圓	 合 32545 歷	 合 2646 賓	 合 13527 賓
 合 36529 黃	 花東 71	 合 32287 歷	 合 22099 午	 合 38165 黃	 合 4678 正 賓	 合 13529 賓
 合 36528 反 黃	 合 20576 正 自	 合 33068 歷	 花東 159	 合 38166 黃	 合 24142 出	
 丁丰卣 集成 4825	 丰父甲卣 集成 4905.1	 犅伯誃卣 影彙 1588				

1203		1202	1201			1200
刺		朿	垂			乇
刺		朿	垂			乇
 合 18514 正 賓	 合 36417 黃	 合 893 正 賓	 合 768 正 賓	 村中南 365 午	 合 22648 出	 英 1803 自
 合 27884 無	 合 21416 自	 合 24951 出	 合 505 正 賓	 村中南 365 午	 合 32350 歷	 合 1076 正甲 賓
 合 27885 正 何	 合 18513 賓	 合 29700 無	 合 924 正 賓	 合 22239 婦	 合 32699 歷	 合 5884 正 賓
 合 27885 正 何	 合 295 賓	 合 30381 無	 合 783 賓	 合 22246 婦	 屯 3593 歷	 合 11477 賓
	 合 295 賓	 合 22044 午		 合 22247 婦	 合 31093 無	 合 22910 出
	 朿父辛觚 集成 7151	 朿父乙爵 集成 8424			 雍伯盉 近二 833	 乇田舌卣 集成 5019.1
	 朿禾觚 集成 7052	 成鈴方彝 集成 9894				

1204	1205	1206		1207	1208	1209
⿰束丂*	⿱束口*	⿱束廾*		⿱谷束*	⿰束少*	槖
⿰束丂	⿱束口	⿱束廾		⿱谷束	⿰束少	槖
 合 39465 黃	 合 20549 自	 合 32884 歷	 合 27133 無	 合 22507 （習刻）婦	 合 21782 子	 合 9430 賓
		 屯 65 歷	 合 32150 歷	 合 22507 （習刻）婦	 合 21782 子	 合 9425 賓
		 英 2402 歷	 合 32550 歷		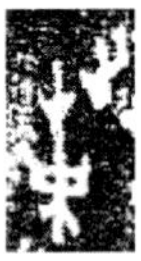 合 21781 子	 合 31137 無
		 英 2402 歷	 合 34580 歷		 合 21780 子	 屯 50 無
						 合 23705 出

1213	1212	1211	1210			
賣*	韇*	槖*	橐			
賣	韇	槖	橐			
	 合 10775 反 賓  合 8186 反 賓  合 8187 賓  合 15697 反 賓  合補 6248 賓	 合 7037 賓	 合 9419 反 賓  合 9420 賓  合 9421 賓	 合 21470 自  合 738 正 賓  合 1086 正 賓  合 4741 賓	 合 21121 自  合 4284 賓  英 1657 賓  合 10425 賓	 合 9423 賓  合 1639 賓  合 14347 正 賓  合 6055 賓
 寳蔑鼎 集成 2710  肆作父乙簋 集成 4144						

1220	1219	1218	1217	1216	1215	1214
圍	⿴囗乂	因	圃	囿	圖	囗
⿱口𣥠	⿴囗乂	因	圃	囿	圖	囗
 合 19851 自  合 20440 自  合 20441 自  合 20410 自	 合 22173 婦  合 22293 婦	 合 12359 賓  合 14294 賓  合 5651 賓		 合補 6552 自  合 9489 賓  合 9488 賓  合 9552 賓		
 ⿱口𣥠甗 集成 776  ⿱口𣥠簋 集成 2948  ⿱口𣥠鴞尊 集成 5454		 近二 739	 亞⿰幺卩父乙簋 集成 3990  迺父癸方彝蓋 集成 9890		 子⿸广虫圖方彝 集成 9870	 己囗觚 集成 6844  且己觶 集成 6370  囗鼎 集成 1064

1224	1223	1222	1221			
⿴囗止*	囡*	⿴囗了*	圂			
⿴囗止	囡	⿴囗了	圂			
 合 22438 婦	 合 8820 反 賓	 村中南附 録二 1 花東子	 合 9062 賓	 合 33399 歷	 合 191 賓	 合 6057 正 賓
	 合 795 正 賓		 合 9063 賓	 合 33398 歷	 合 16394 賓	 合 28074 何
			 合 9065 正 賓	 合 33398 歷	 英 428 賓	 合 33024 歷
			 合 11280 賓	按：或釋「征」。	 合 30439 何	 屯 591 無
			 合 136 正 賓		 合 28398 無	 合 22043 午
			 圂觚 集成 6652	 ⿱⿴囗𣥠𣥠鼎 集成 1053	 𤴓鉞 集成 11728	 𤴓冑 集成 11877
			 圂觚 集成 6653	 ⿴囗𣥠鼎 集成 1059	 戊尸𤴓父 己甗 影彙 791	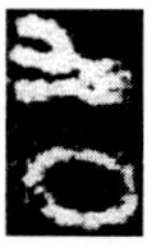 舌亞⿱彐口爵 集成 8788

口部

1231	1230	1229	1228	1227	1226	1225
⿴囗旬*	⿴囗木*	囯*	囝*	⿴囗乙*	⿴囗羌*	⿴囗束*
⿴囗旬	⿴囗木	囯	囝	⿴囗乙	⿴囗羌	⿴囗束
					 英 537 賓	 合 19956 自 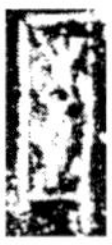 合 21302 自
 ⿴囗旬胄 集成 11888	 ⿴囗木爵 集成 7737	 囯斧 影彙 1415	 囝鼎 集成 1047  囝鼎 集成 1048  囝觚 集成 6531  囝父辛爵 集成 8597	 ⿴囗乙爵 集成 7753  ⿴囗乙爵 集成 7754		

1236 賓		1235 賜	1234 賸	1233 貝		1232 員
穷		賜	賸	貝		員
 合 6497 賓  合 1402 正 賓  合 1140 正 賓  合 23432 出  合 30529 何	 合 21029 自  合 30347 何  合 34352 歷  合 30346 無  花東 236	按：商代甲骨、金文以「易」爲「賜」，參卷九「易」字。		 合 11428 賓  合 11431 賓  合 8490 正 賓  合 29694 無  合 21969 圓	 合 20247 自  合 19895 自  合 21622 自  合 1317 反 賓  合 11425 賓	 合 20592 自  英 1782 自  英 1784 自  合 10978 賓
 [illegible]賓戈 影彙 1718	 二祀⿰弋卩其卣 集成 5412.3  乃孫作且己鼎 集成 2431		 龏妊甗 集成 877	 亞⿰丣卩父乙簋 集成 3990  乙卯尊 集成 6000	 寏卣 集成 5353.1  小子夫父己尊 集成 5967	 ○鼎 集成 1065

⿱宀⿱元止	⿱宀⿱乍止	⿱宀放	⿱宀⿱夂止	定	⿱宀⿱万止	
 合 13405 正 賓	 合 2638 賓	 合 18062 賓	 合 1248 正 賓	 合 10316 賓	 合 30541 無	 合 5831 賓
 合 13871 賓	 合 10405 正 賓	 合 15164 賓	 合 12495 反 賓	 合 915 正 賓	 合 38178 黄	 合 22550 出
 合 3010 正 賓	 合 1248 正 賓	 合 17523 臼 賓	 合 924 正 賓	 合 3168 賓	 花東 480	 合 26955 何
 合 15177 賓	 合 11247 賓	 合 634 正 賓	 合 11439 賓	 合 16034 賓	 英 1152 賓	 合 27042 正 何
 英 1152 賓	 合 22301 婦	 合 2638 賓	 合 22465 婦	 合 16997 賓	 合 27456 正 何	 合 34241 歷
					 甗方鼎 影彙 1566  小子罥簋 集成 4138	 賓女觚 集成 6873  賓女觚 集成 6872

1241 賈	1240 責	1239 ⿱宀卩*		1238 ⿱宀如*	1237 ⿱宀叩*	
賈	責	⿱宀卩	⿱宀郅	⿱宀如	⿱宀叩	⿱宀⿰女卩
 合 20060 𠂤	 合 21254 𠂤	 合 13048 賓	 合 3333 賓	 合 905 正 賓	 合 3165 正 賓	 合 20278 𠂤
 合 371 反 賓	 合 21306 甲 𠂤	 合 23651 出	 合 3154 賓	 合 3159 賓	 合 709 正 賓	 合 33071 歷
 合 672 正 賓	 合 21306 乙 𠂤	 合 18607 賓	 合補 1989 賓	 合 3160 賓	 合 17261 正 賓	
 合 1090 賓	 合 22226 婦	 合 14785 正 賓	 合 18612 賓	 合 3161 正 賓	 合 924 正 賓	
 合 4696 賓	 合 22214 婦	 合 14787 正 賓	 英 593 賓	 合 3333 賓	 合 11018 正 賓	
 賈鉞 集成 11725  賈戈 集成 10720	 小臣缶方鼎 集成 2653	按：或釋「賓」。	按：或釋「賓」。		按：或釋「賓」。	

1242 賮

賮

合 4705
賓

合 4707
賓

合 18381
賓

合 28089 正
無

合 28195
何

合 27709
無

合 22006
圓

花東 7

花東 286

花東 367

賷胄
集成 11886

賷胄
集成 11885A

▲賷觥
集成 9256

賷爵
集成 7650

戍甬鼎
集成 2694

寧敄簋
集成 3941

婟𠄎爵
集成 9098

迦父癸方彝蓋
集成 9890

1243 買

買

合 21185
自

合 10976 正
賓

合 11433
賓

合 11434
賓

合 11436 正
賓

合 29420
無

合 21776
子

花東 98

買車卣
集成 4874.1

買車斝
集成 9196

買車尊
集成 5590

買鼎
集成 1168

1244 貪

貪

合 17468
賓

英 732
賓

1245 則*		1246 貴*	1247 賍*	1248 貽*	1249 賫*	1250 賬*
則		貴	賍	貽	賫	賬
 合 4090 賓  合 4678 正 賓  合 4679 賓  合 4686 賓  合 12643 賓	 合 35169 歷  屯 663 歷  屯 783 歷  屯 2663 歷  花東 114	 合 28197 何	 安明 1047 賓	 合 22374 婦	 合 4301 賓  合 4301 賓	 合 5624 賓  合 21775 子
 則爵 集成 7652	 則戈 集成 10722					

1251 責* 責

責引觥 集成 9288.1

責甲罍 集成 9773

責尊 影彙 1794

責引勺 集成 9915

1252 邑 邑

合 19851 正 自

合 20495 自

合 6057 反 賓

合 14208 正 賓

合 23675 出

邑且辛父辛觶 集成 6463

小臣邑斝 集成 9249

合 32344 歷

合 30174 無

合 36543 黃

合 21974 圓

合 22065 午

辛邑矛 集成 11486

亞車邑瓿 集成 9958

合 22425 婦

合 21052 自

合 21583 子

合 21728 子

合 17706 賓

邑爵 集成 7589

且辛邑父辛云鼎 影彙 137

1253 邦 邦

合 595 正 賓

合 846 賓

合 19431 賓

合 33205 歷

𤰔邦卣 集成 4880

按：或釋「甫」「封」。

1254 鄰 吅

合 15351 賓

屯 1111 歷

1255 鄙	1256 鄉					
鄙	鄉					
按：甲骨文以「啚」爲「鄙」，見卷五「圖」字。	按：甲骨文以「饗」爲「鄉」，見卷五「饗」字。					

1257

日

日

甲骨文	 合 19777 自	 合 26769 出	 合 27167 無	 合 21944 圓
	 合 1055 賓	 合 33694 歷	 屯 624 無	 合 22069 午
	 合 903 正 賓	 合 27879 何	 合 37865 黃	 花東 5
	 合 22539 出	 合 29718 何	 合 37714 黃	 花東 37
金文及其他	 何作兄日壬卣 集成 5339	 婦闖卣 集成 5349.2	 大且日己戈 集成 11401	 剌作兄日辛卣 集成 5338.1
	 小臣艅犀尊 集成 5990	 亞登兄日庚觚 集成 7271	 子达觶 集成 6485	 剌作兄日辛卣 集成 5338.2
	 二祀邲其卣 集成 5412.3	 大兄日乙戈 集成 11392	 婦闖日癸斝 集成 9246	 戈厚作兄日辛簋 集成 3665

1258	1259		1260	1261		1262
晉	朁		暘	昃		昏
晉	朁		暘	昃		昏
 合 19568 賓	 英 2345 何	 合 30222 無	按：甲骨文以「昜」爲「暘」，參卷九「昜」字。	 合 20421 𠂤	 合 29910 無	 合 29272 無
	 合 27226 無	 合 30216 無		 合 20965 𠂤	 合 29793 無	 合 29794 無
	 合 30205 無	 合 28663 無		 合 4415 正 賓	 屯 42 無	 合 29795 無
	 合 30193 無	 合 30220 無		 合 14932 賓	 花東 226	 合 29803 無
	 合 38221 黃	 合 30223 正 無		 合 13312 賓	 花東 123	 合 29092 何

合 18528 賓

合 23520 出

合 25163 出

合 26858 出

合 26857 出

1263 晦

每

按：甲骨文以「每」爲「晦」，見卷一「每」字。

1264 昌

昌

合 19924 自

1265 昱

曤

合 20413 自

合 20899 自

合 1626 賓

合 22643 出

合 27213 何

合 33712 歷

合 31970 歷

屯 2408 無

合 21863 子

花東 276

1266 昔

昔

合 137 反 賓

合 302 賓

合 1772 正 賓

懷特 1004

合 36317 黃

合 14229 正 賓

花東 35

花東 548

合 3523 賓

英 1186 賓

1267 昕

昕

合 18713 賓

1268 暈

暈

合 20984 自

合 20985 自

合 974 正 賓

合 13050 正 賓

合 7923 賓

合 13046 賓

合 13051 賓

合 13049 賓

合 14153 正乙 賓

合 20987 自

1269 臥*

臥

合 20223 自

1270 旰*

旰

合 18712 賓

合 22405 婦

1271 咼*

咼

合 1506 正 賓

合 9817 賓

合 14911 賓

英 824 賓

合 32184 歷

合 32963 歷

合 33225 歷

合 33225 歷

合 27746 無

懷特 1465 無

1272	1273	1274	1275	1276	1277	1278
⿰日白*	督*	⿰日帚*	⿰乡目*	⿱日夒*	⿰日虹*	旦
⿰日白	督	⿰日帚	⿰乡目	⿱日夒	⿰日虹	旦
 英 1781 自  英 1781 自  合 18550 賓  花東 490  花東 255	 合 30599 何  合 30365 無  合 30767 無  合 30894 無	 合 21515 自 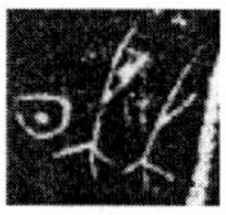 合補 6925 圓  合補 6925 圓  合補 6925 圓	 合 4510 賓  合 4510 賓  合 4509 賓	 合 17466 賓		 合 21025 自  英 1182 賓  合 34601 歷  合 34601 歷  合 29776 無
					 亞⿰日虹左鐃 集成 403	

1282	1281	1280		1279		
旋	旐	㫃		倝		
旋	𣄴	㫃		朝		
 合 21482 𠂤	 合 13516 賓	 合 27352 無	 合 4933 賓	 合 23148 出	 屯 2838 無	 英 2336 無
		 合 27352 無	 合 4934 賓	 合 29092 何	 合 28566 無	 合 29777 無
		 合 31023 無	 合 6948 正 賓	 合 32727 歷	 合 29779 無	 合 27308 無
		 合 31136 無	 合 18520 賓	 合 33130 歷	 合 29585 何	 合 27446 何
		 合 31136 無	 合 22758 出		 合 22265 婦	 合 29773 何
按：或釋「奔」。		 乃孫罍 集成 9823	 㫃乙𠙴簋 集成 3232			

1283 旅			1284 族		1285 斿*	
旅			族		斿	

合 20505 自	合 23031 出	屯 2064 無	合 21288 自	合 31803 歷	合 33399 歷	合 303 賓

合 5821 賓	合 23040 出	合 28096 無	合 21289 正 自	合 26880 無	屯 2299 無	合 15786 賓

合 5823 賓	合 25296 出	合 36426 黄	合 14915 賓	花東 294	合 33540 無	合 24410 出

合 1027 正 賓	懷特 1640 歷	合 36475 黄	合 6343 賓	合 14922 賓	合 37396 黄	合 23701 出

合 22558 出	屯 2350 無	合 38177 黄	屯 190 歷	合 33017 歷	合 37724 黄	合 27778 何

旅爵 集成 7426	旅觚 集成 6535	旅觚 影彙 1430				

[illegible]旅爵 集成 8179	旅鼎 影彙 1642	𢡔卣 集成 5362.1				

1291 旟*		1290 旂*	1289 𣄃*	1288 族*	1287 旋*	1286 旄*
旟		旂	𣄃	族	旋	旄
 合 304 賓  合 303 賓	 合 11077 賓	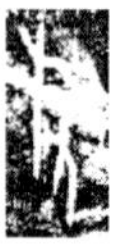 合 6814 賓  合 6815 賓	 村中南 239 歷	 合 18518 賓	 合 8299 賓	 合 27875 何
	 旂器 集成 10487  旂父辛鼎 集成 1632  旂尊 集成 5448	 竹旂卣 集成 4852.1  旂觚 集成 6533  旂觚 集成 6532				

字號	字頭	隸定	甲骨文	金文	按語
1292	⿸㫃立*	⿸㫃立	 屯 3764 歷  合 32591 歷		按：或釋「立中」合文。
1293	⿸㫃再*	⿸㫃再	 合 32926 歷		
1294	⿸㫃吏*	⿸㫃吏	 屯 650 無  合 22202 婦  花東 416  花東 416	 小子野簋 集成 3904	
1295	⿸㫃無*	⿸㫃無	 合 20088 𠂤  合 20089 𠂤		
1296	⿸㫃爯*	⿸㫃爯	 合 5447 甲 賓  合 5447 乙 賓  合 4379 賓  合 4382 賓  合 4383 正 賓  合 10964 正 賓  合 6816 賓  合 32885 歷	 戈 集成 10646	
1297	⿸㫃隻*	⿸㫃隻	 合 28011 何  合 28011 何		

1304	1303	1302	1301	1300	1299	1298
⿸㫃鬲*	⿸㫃冓*	⿸㫃𠂤*	⿸㫃鹿*	⿸㫃高*	⿸㫃疾*	⿸㫃从*
⿸㫃鬲	⿸㫃冓	⿸㫃𠂤	⿸㫃鹿	⿸㫃高	⿸㫃疾	⿸㫃从
 合 6049 賓  合 6050 賓	 合 20698 自  英 593 賓  合補 10387 無  合補 10387 無	 屯 776 歷	 合 18327 賓	 合 39419 黄	 合 588 正 賓	 合 33087 歷
	 ⿸㫃冓爵 影彙 176  ⿸㫃冓方彝 影彙 180	按：或釋「追」。				

1305	1306	1307	1308	1309	1310	
⿸㫃斷*	⿸㫃鬥*	⿸㫃又*	⿸㫃足*	⿸㫃血*	冥	
⿸㫃斷	⿸㫃鬥	⿸㫃又	⿸㫃足	⿸㫃血	冥	
 屯 3925 無 按：或釋「祈」。	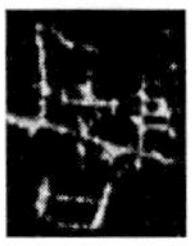 花東 178				 合 21068 自  合 13973 賓  合 14020 賓  合 13943 賓	 合 14022 正 賓  合 14014 賓  合 14010 正 賓  合 21785 子
 亞寰皇⿸㫃斷卣 集成 5100.2  ⿸㫃斷爵 集成 7647  ⿸㫃斷爵 集成 7646		 史⿸㫃又壺 集成 9490	 ⿸㫃足爵 影彙 310	 ⿸㫃血爵 集成 7645		

1314 月	1313 參	1312 星		1311 晶		
月	曑	星		晶		
 合 20966 自	 合 1096 賓	 合 11497 正 賓	 合 11500 正 賓	 合 11505 賓	 合 21419 自	 合 13982 賓
 合 137 正 賓	 合 6626 賓	 合 11506 反 賓	 合 11498 正 賓	 合 11504 賓	 合 18649 賓	 合 10936 正 賓
 合 9525 正 賓	按：或釋「羌」。	 合 11501 賓	 合 11489 賓	 合 6063 反 賓	 合 15959 反 賓	 合 13969 正 賓
 合 24872 出		 英 887 賓	 合 11490 賓	 合 5444 賓	 合 9615 賓	 合 13458 賓
 合 33915 歷		 合 15625 反 賓	 合 11491 賓	 合 29696 無	 合 11503 反 賓	 合 1334 賓
 舊卣 集成 5397.1  册月觶 集成 6172	 父乙盉 集成 9370.1  父乙盉 集成 9370.2					按：甲骨文中用作「娩」。

		1315	1316	1317	1318	1319
		霸	肭*	明*	膔*	𡳿*
		霸	肭	明	膔	𡳿
 合 21306 乙 自  合 410 正 賓  合 31009 無  合 35400 黃  合補 11470 黃	 合 36689 黃  合 36511 黃  合 21698 子  花東 159  花東 337	 屯 873 無  合 37848 反 黃	 合 12025 賓	 合 18726 賓  合 19411 賓	 合 13751 正 賓  合 13752 正 賓	 合 137 反 賓  合 4547 賓  合 6057 反 賓  花東 115  花東 493
 四祀邲其卣 集成 5413.3  六祀邲其卣 集成 5414.1	 犅伯誃卣 影彙 1588  甗方鼎 影彙 1566				按：「昧爽」之「爽」專字。	

1320 龖

龖

合 9772 賓

合 9773 賓

合 4929 賓

合 4930 賓

1321 明

明

合 20717 自

20190 自

合 21016 自

合 14 正 賓

合 6037 反 賓

合 7075 正 賓

合 11497 正 賓

合 721 正 賓

合 13442 正 賓

合 16057 賓

朙亞乙鼎 近出 241

朙

合 8104 賓

合 12807 賓

合 16131 反 賓

合 21037 自

合 11708 正 賓

1322 囧

囧

合 20041 自

合 695 賓

合 1599 賓

合 18716 賓

合 8103 賓

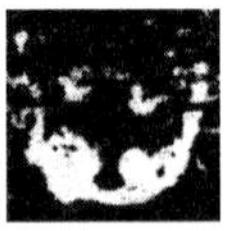
◊囧鼎 集成 1487

屯 2858 歷

合 32024 歷

合 32543 歷

合 32963 歷

合 34165 歷

1323 盟

盟

合 19923 自

合 21247 自

合 21248 自

合 22857 出

合 22988 出

子作鼎盟彝鼎 集成 2018

1326 夕　　1325 ⿰囧斤*　　1324 ⿱亼囧*

			夕	⿰囧斤	⿱亼囧	
 合 25518 出	 合 6834 正 賓	 屯 744 歷	 合 19796 自	 合 20779 自	 合 22202 婦	 英 2107 出
 合 34054 歷	 合 672 正 賓	 合 28089 反 無	 合 21099 自	 合 18714 賓		 合 32330 歷
 合 28085 無	 合 1922 正 賓	 合 27864 何	 合 21016 自	 合 18715 賓		 合 34103 歷
 合 30544 何	 合 24850 出	 合 38165 黃	 合 24857 出			 合 32391 無
 合 21949 圓	 合 24859 出	 花東 9	 合 24938 出			 屯 958 無
		 夕己爵 集成 8032	 夕己爵 集成 8031			 盥商壺 集成 9491 按：或釋「血」。

1330	1329	1328	1327			
外	夗	⿰夢攴*				夢
外	夗	⿰夢攴				夢
按：甲骨文以「卜」爲「外」，見卷三「卜」字。	 合 1824 反 賓	 合 137 正 賓	 花東 349	 合 22145 婦	 合 17410 賓	 合 21380 𠂤
		 合 137 反 賓	 合 22187 婦	 合 12713 賓	 合 1027 正 賓	 合 21383 𠂤
		 合 10405 正 賓	 合 21382 𠂤	 合 12780 反 賓	 合 31283 無	 合 776 正 賓
		 合 10406 正 賓	 合 19829 𠂤	 合 32212 歷	 合 17450 賓	 合 122 賓
			 合 17445 賓	 花東 314	 合 6813 賓	 合 17387 賓
	 雍伯盉 近二 833					

1331 夙

⿰歹凡

合 20346 反
自

合 21386
自

合 21189
自

合 15356
賓

合 529
賓

合 28737
何

合 27915
無

合 26897
無

合 30954
無

花東 39

1332 帆*

帆

合 20045
自

合 2543
賓

合 11500 正
賓

合 18028
賓

合 23241 正
出

帆父乙觚
影彙 1660

何作丁辛觶
集成 6505

合 35230
歷

懷特 1567
歷

合 30748
何

合 31278
何

合 30752
無

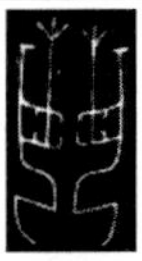
帆簋
集成 2919

夙父辛卣
集成 4977.2

杋

合 30751
無

合 28629
無

合 27382
何

合 27064
何

合 30528
何

帆父己觶
集成 6282.1

按：或釋「夙」。

1333 ⿰歹彔*

⿰歹彔

合 20964
自

合補 3256
賓

合 18515
賓

合 14103
賓

合 18727
賓

1334 歾*

歾

合 20957
自

合 20957
自

合 11845
自

合 22093
午

1335 多

多

合 21479
自

合 153
賓

合 2094
賓

合 32981
歷

合 22622
出

合 23405
出

合 27042 反
何

屯 693
無

合 37836
黃

合 39443
黃

合 22247
婦

合 22248
婦

合 22251
婦

花東 324

合 2607
賓

毓且丁卣
集成 5396.1

毓且丁卣
集成 5396.2

遷簋
集成 3975

陶彙 1.46

1336 函

函

合 22094
自

合 10244 正
賓

合 18469
賓

合 27930
何

合 28068
無

合 28372
無

合 28373
無

合 36481 正
黃

合 37545
黃

花東 106

1337 朿

朿

合 14294
賓

合 14295
賓

花東 228

花東 474

花東 522

合 20295
自

合 7882
賓

合 14295
賓

合 3954 正
賓

合 9199 反
賓

1338 ⿰韋柬

⿰韋柬

合 4240 賓

合 5478 正 賓

合 5479 賓

合 6855 正 賓

合 6856 賓

合 4241 賓

合 346 賓

懷特 962 賓

合 30392 無

合 30393 無

1339 ⿱雨柬*

⿱雨柬

合 5976 賓

合 8269 正 賓

1340 鹵

卣

合 21306 乙 自

合 21306 甲 自

合 3583 賓

合 14128 正 賓

合 17839 反 賓

合 11721 賓

合 28076 無

合 33292 歷

1341 ⿰鹵甫*

⿰鹵甫

合 2832 正乙 賓

合 22787 出

合 22787 出

合 21921 圓

1342 ⿱鹵⿰鹵鹵*

⿱鹵⿰鹵鹵

合 13663 正甲 賓

合 13663 正乙 賓

合 21703 正 子

1347		1346	1345	1344		1343
齊		畣*	猶*	㪟*		栗
齊		畣	猶	㪟		㮚
 合 36804 黃	 合 14356 賓	 合 20071 𠂤	 合補 10628 歷	 屯 345 無	 合 2734 正 賓	 合 5477 正 賓
 合 36805 黃	 合 18692 賓	 合 22092 午	 屯 742 歷	 屯 345 無	 合 3711 正 賓	 合 10934 賓
 合 36821 黃	 英 1994 出		 屯 756 歷	 屯 345 無	 合 9547 賓	 合 36745 黃
 合補 12887 黃	 合 36803 黃			 合 36982 黃	 屯 794 歷	 合 36902 黃
 合 98 正 賓	 合 36806 黃					
 齊作父乙卣 集成 5202.1  齊豻父癸觶 集成 6423	 齊作父乙卣 集成 5202.2  齊婦鬲 集成 486				按：或釋「采（穗）」。	

1351	1350		1349	1348		
⿰爿子*	爿		⿰木朿	朿		
⿰爿子	爿		⿰木朿	朿		
 合 3194 正 賓	 屯 294 無	 合 21511 自	 合 17444 賓	 合 33203 歷	 合 169 賓	 合 21256 自
 合補 482 賓	 合 36969 黃	 合 43 賓	 合 17445 賓	 合 26858 出	 合 5146 賓	 合 4786 賓
	 合 22238 婦	 合 14576 正 甲 賓	 花東 206	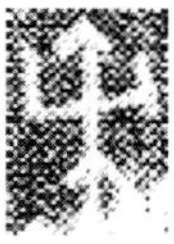 合 22130 婦	 合 5619 賓	 屯 2400 無
	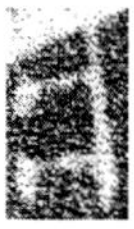 合 22394 婦	 合 32982 歷		 合 22077 午	 合 7473 賓	 屯 2576 歷
		 屯 2320 無		 合 21444 自	 合 20327 自	 花東 286
				 保朿爵 集成 8170	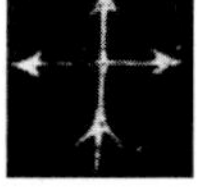 朿父丁卣 集成 4944	 朿鼎 集成 1247
				 朿父丁爵 集成 8471	 朿己爵 集成 8035	 朿觚 集成 6744

1356			1355	1354	1353	1352
鼎			⿰爿幾*	⿰爿⿰帚刂*	牁*	⿰爿片*
		鼎	⿰爿幾	⿰爿⿰帚刂	牁	⿰爿片
 合 21805 子  合 22091 甲 午  合 22530 （習刻）婦  花東 550  合補 6882 組類不明	 合 28022 無  合 30013 無  合 31000 無  合 30810 何  合 30996 何	 合 21154 自  合 1248 正 賓  合 11499 正 賓  合 13404 賓  合補 6917 賓		 乙 8605 （合集未收） 賓	 合 20964 自	 合 18658 賓
 鼎鼎 集成 1190  疋鼎爵 集成 8204	 鼎簋 集成 3015  鼎方彝 集成 9837	 子作鼎盟 彝鼎 集成 2018  鼎鼎 集成 1189	 近二 821			

1357	1358	1359	1360	1361		
鼐	⿱互鼎*	⿱隹鼎*	⿱異鼎*	克		
鼐	⿱互鼎	⿱隹鼎	⿱異鼎	克		
	 合 14948 賓	 花東 220	 合 31000 無	 合 20572 𠂤	 合 19779 𠂤	 合 26927 何
	 花東 312	 花東 324		 合 7076 正 賓	 合 19875 𠂤	 合 36909 黄
	 花東 480	 花東 372		 合 4464 正 賓	 合 643 正丙 賓	 合 19779 𠂤
	 花東 480			 合 31821 無	 合 15190 賓	 合 114 賓
				 合 22329 婦	 合 27879 何	 合 13709 正 賓
 㛗作父庚鼎 集成 2578			按：或釋「異鼎」兩字。	 克爵 集成 7379	 克爵 集成 7378	 子册父辛鼎 集成 2017

1362 彔

彔

合 43 正 賓

合 13375 正 賓

合 8394 賓

合 25942 出

合 27933 何

合 27237 何

合 33177 歷

屯 1441 無

屯 2116 無

合 28125 無

懷特 1384 無

合補 11301 反 黃

合 37848 黃

花東 286

合 10970 正 賓

宰甫卣 集成 5395.1

宰甫卣 集成 5395.2

1363 彔*

彔

合 15788 賓

1364 禾

禾

合 20575 自

合 20656 自

合 33242 歷

合 33302 歷

合 32028 歷

合 33286 歷

合 33293 歷

合 33304 歷

合 28233 無

合 37849 黃

合 22247 婦

花東 146

花東 146

合 9464 正 賓

合 19804 自

禾卣 集成 4750.1

禾盾爵 殷新 38

子禾爵 集成 8109

禾伕簋 集成 3122

柬禾觚 集成 7052

子禾爵 集成 8108

1365 稼	1366 稠	1367 穆	1368 稷		1369 秫	1370 秜
稼	稠	穆	稷		朮	秜
 合 9616 賓	 合 10056 賓	 合 7563 賓	 合 21221 自	 合 32593 歷	 合 2940 賓	 合 13505 正 賓
 合 9617 賓		 合 28400 無	 合 21221 自	 屯 2040 歷	 合 3238 正 賓	
 屯 3124 無		 合 28401 無	 合 787 賓	 合 30305 無	 合 3238 正 賓	
 合 9619 賓		 合 33373 無	 合 32459 歷	 合 30306 無	 合 16267 賓	
		 屯 4451 無	 合 36982 黄	 合 30982 無	 合 18406 賓	
				按：或釋「黍」。	按：《說文》以「朮」爲「秫」或體。	

1371 穄

來

合 14 正 賓

合 9521 賓

合 9521 賓

合 10022 乙 賓

合 10022 丙 賓

合 10022 丁 賓

合 10037 賓

合 27826 反 無

合 28208 何

合 34107 歷

按：或釋「黍」。

1372 穗

采

花東 183

花東 266

花東 277

花東 366

合 519 賓

按：或釋「稽」。

1373 穫

秅

合 9558 賓

合 9565 賓

合 18400 賓

合 28204 無

合 28203 無

合 36983 黄

合 9560 賓

合 9522 賓

合 9523 賓

合 35272 歷

按：或釋「刈」。

1374 穅

康

合 35371 黄

合 36014 黄

合 36002 黄

合 36281 黄

合 35965 黄

司母以康方鼎
集成 1906

康丁器
集成 10537

合 35966 黄

合 35969 黄

合 35975 黄

合 35974 黄

合 35978 黄

按：《説文》以「康」爲「穅」或體。

1375 梨

秉

合 29767
何

合 31199
無

合 31199
無

合 31198
無

屯 3004
無

屯 3004
無

合 31796
無

合 21623
子

合 21674
子

合 21673
子

合 21672
子

花東 371

梨父庚爵
集成 9057

梨父庚爵
集成 9056

1376 年

年

合 20649
𠂤

合補 2529
賓

合 28219
何

合 28228
何

英 2287
無

合 36975
黃

合 10110
賓

合 10115
賓

合 6649 正甲
賓

合 24433
出

屯 2828
無

合 22345
婦

小臣缶方鼎
集成 2653

1377 秊*

秊

合 9364
賓

合 39785
（摹本）
黃

1378 䄭*

䄭

合 9730
賓

1379 秋

秋

合 20476
𠂤

合 150 正
賓

合 6016 正
賓

合 11535
賓

合 11540
賓

亞秋舟爵
集成 8782

1380 秦

秦

合 33229 歷

合 33231 歷

合 28114 何

合 28207 無

合 21586 子

合 27936 何

合 33166 歷

屯 4330 歷

合 29715 無

合 22196 午

合 299 賓

合 27315 何

屯 3210 歷

合 30339 無

合 30416 無

合 30340 無

合 32742 無

合 34064 歷

亞秋爵 集成 7814

秋爵 集成 7563

史秦鬲 集成 468

1381 ⿰系柔*

⿰系柔

合 4532 反 賓

按：疑「秦」字異體。

1382 ⿰禾兄*

⿰禾兄

屯 2739 無

合 37409 黃

合 37495 黃

合 37541 黃

1383 ⿰禾幵*

⿰禾幵

合 30462 無

1384	1385	1386	1387	1388	1389	1390
穓*	秝	兼	余*	秂*	休*	黍
穓	秝	兼	余	秂	休	黍
 合 28203 無  合 28233 無  合 28236 何  合補 10314 何			 合 21507 自	 合 20167 自  合 19223 賓  合 31228 無		 合 9985 賓  合 9540 賓  合 9971 賓  合 10059 賓  合 10000 賓
	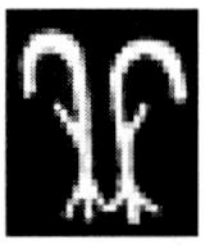 近二 992	 父丙卣 集成 5208.1  父丙卣 集成 5208.2			 禾休簋 集成 3122	

1394		1393	1392	1391		
[米覃]		米	香	[黍桼]*		
[米覃]		米	香	[黍桼]	漆	
 合 9551 賓	 合 32543 歷	 合 70 賓	 合 36501 黄	 合 37517 黄	 合 11 賓	 合 24431 出
 合 10044 賓	 合 32543 歷	 合補 5936 賓	 合 36553 黄		 合 303 賓	 合 22345 子
 合 15685 賓	 合 32963 歷	 合 32024 歷	 合 36752 黄		 合 9538 賓	 合 9543 賓
 合 11006 正 賓	 合 34165 歷	 屯 189 歷	 英 2565 正 黄		 合 9525 正 賓	 合 9947 賓
 合 36630 黄	 合 72 反 賓	 屯 1126 歷	 英 2565 正 黄		 合 9544 正 賓	 合 9947 賓
 [米覃]父己罍 集成 9788						

1399 [illegible]*	1398 臽	1397 舂*		1396 春	1395 [illegible]*	
[illegible]	臽	舂	[illegible]	春	[illegible]	
 花東 181	 合 15664 賓  花東 165  合 19800 自  合 22374 婦	 合 6025 賓  合 6027 賓	 合 26898 無  合 26898 無  合 26898 無	 合 9336 賓  合 26898 無  合 26898 無  合 17078 正 賓	 花東 48  花東 218  花東 393  花東 416	 合 10053 賓  合 10043 賓  合 24251 出  合 24255 出  英 2563 黄
	 臽父戊觚 集成 7122	按：或釋「春」。	按：或釋「春眔」兩字。			按：或釋「稻」。

1400 朩

朩

合 4209
賓

合 4212
賓

合 9279 反
賓

合 13490
賓

合 13490
賓

合 33034
歷

合 33037
歷

合 32292
歷

英 833
賓

懷特 988
賓

1401 赤

赤

合 7932
賓

1402 峀

峀

合 20070
自

合 6842
賓

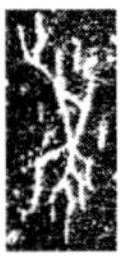
合 6843
賓

合 6844
賓

合 8266
賓

合 8267
賓

合 18017
賓

1403 宀

宀

合 20004
自

合 13517
賓

合 655 正甲
賓

合 2858
賓

合 22247
婦

合 22293
婦

合 22246
歷

合 34069
歷

宀尊
集成 5501

1404 家

家

合 21028 𠂤

合 13580 賓

合 13579 正 賓

合 13593 賓

合 26765 出

合 23619 出

合 28001 何

屯 332 歷

屯 2672 午

花東 236

小臣缶方鼎 集成 2653

家爵 集成 7529

家戈父庚卣 集成 5082.1

家且乙觚 集成 7074

1405 宅

宅

合 21031 𠂤

合 20327 𠂤

合 13517 賓

合 13563 賓

合 8720 正 賓

合 24951 出

合 22323 婦

合 22322 婦

花東 294

花東 3

册𢀛宅鼎 集成 1737

宅止癸爵 影彙 1166

1406 室

室

合 12813 反 賓

合 13560 賓

合 23722 出

英 2346 何

合 34069 歷

合 30371 無

合 35366 黃

英 2177 出

合 30347 何

花東 449

成甬鼎 集成 2708

寽小室盂 集成 10302

1407 宣

宣

合 28003 無

合 28137 無

合 30374 無

1408 向

向

合 12434 反
賓

合 28101
何

合 28948
何

合 28950
無

合 28954
無

合 28961
無

合 30122
無

屯 598
無

合 36537
黃

合 36851
黃

羌向觚
集成 7306

1409 宛

宛

合 30268
無

屯 2636
無

1410 宏

宏

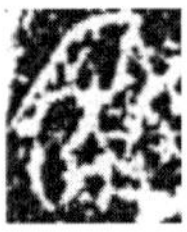
屯 2301
歷

村中南 356
歷

按：或釋「守」。

1411 寍

寍

合 13696 正
賓

1412 定

定

合 36537
黃

合 36850
黃

合 36851
黃

合 36917
黃

合 36918
黃

1413 安

安

合 18062
賓

合 29378
無

合 37505
黃

合 22458
婦

合 22464
婦

𠆢安卣
集成 4881.1

	1414			1415	1416		1417
	宓			冗	寶		宰
	宓			冗	寶		宰
 合 5373 賓	 合 4813 賓	 屯 920 歷		 合 32730 歷	 合 17511 臼 賓	 合 18623 賓	 合 1229 反 賓
 合 37568 黃	 合 4886 賓	 合 5854 賓		 屯 1050 歷	 合 17512 賓	 合 6451 臼 賓	 合 35501 黃
 合 905 正 賓	 合 22317 賓	 合 32008 歷		 合 10470 歷	 英 430 賓		 合補 11300 反 黃
 合 22094 午	 合 31996 正 歷	 合 32009 歷			 合 35249 歷		 合補 11299 反 黃
 花東 369	 屯 307 歷	 屯 964 無					
 宀安卣 集成 4881.2					 態卣 集成 5362.1	 犅伯誃卣 影彙 1588	 宰甫卣 集成 5395.2
					 作父乙簋 集成 3602.2	 小子省卣 集成 5394.1	 宰椃角 集成 9105.1

1418 守

守

合 4761
賓

合 33407
歷

村中南 453
午

村中南 453
午

守婦簋
集成 3082

守父丁甗
集成 813

守戈
集成10687.1

陶彙 1
75

1419 宜

宜

合 388
賓

合 15899
賓

合 25225
出

合 33282
歷

合 32028
歷

合 387 正
賓

合 15894
賓

合 34165
歷

合 32216
歷

合 33140
歷

合 32216
歷

合 38178
黃

合 14552
賓

合 31006
無

合 32124
歷

作册般甗
集成 944

戍圅鼎
集成 2694

四祀邲其卣
集成 5413.3

1420 宿

宿

合 19583
賓

合 19585
賓

合 27812
無

合 27813
何

花東 451

合 18603
賓

合 31233
何

合 27805
無

合 29351
無

合 33567
歷

1421 寑

寑

合 20044
自

合 13572
賓

合 17503 正
賓

合 23532
出

合 24852
出

屯 2865
歷

屯 1050
歷

合 35673
黄

合補 11300 反
黄

花東 372

辰寑出簋
集成 3238

鄧鬲
集成 741

寑印爵
殷新 81

寑玄爵
集成 8296

1422 宑*

宑

合 21376
自

合 136 正
賓

合 135 正乙
賓

花東 294

宑㕚鼎
集成 1478

宑㕚器
集成 10505

按：或釋「寑」。

1423 寒

寒

合 29317
何

合 29318
何

合 28873
何

合 31818
何

合 29313
無

合 29316
無

屯 2386
無

合 22204
婦

合 28371
無

合 29300
無

合 892 正
賓

合 28129
無

屯 4000
無

合 28982
無

懷特 1447
無

1424 害

害

合 18134
賓

合 6614 正
賓

合 18435
賓

合 6615
賓

合 28011
何

1425 ⿱宀索	1426 宂	1427 宕	1428 宋		1429 ⿱宀執	1430 ⿱宀⿱埶土*
⿱宀索	宂	宕	宋		⿱宀執	⿱宀⿱埶土
	 合補 6420 賓  懷特 1142 出	 合 8977 正 賓  合 18629 正 賓  合 23432 出  合 28132 無  合 29255 無	 合 20233 自  合 19921 自  合 20033 自  合 20032 自  合 20035 自	 合 8686 賓  合 3202 賓  合 3808 反 賓  合 9368 歷  屯 1098 無	 合 5991 賓	 合 5990 賓
 需⿱宀索戈 集成 10847.2	按：或釋「守」。		 宋婦觚 近二 685			

1431 宗

宗

合 13539 賓

合 34045 歷

合 33233 正 歷

合 30339 無

合 27315 何

合 30341 無

合 30328 無

合 30325 無

合 30327 無

花東 234

合 13545 正 賓

合 36092 黄

合 36083 黄

合 36148 黄

合 35945 黄

宗𣄰匕爵 集成 8803

𣡕父庚爵 集成 9056

𣡕父庚爵 集成 9057

乃孫作且己鼎 集成 2431

1432 实*

实

合 27164 無

合 27258 無

合 30386 無

合 34069 歷

合 36389 黄

1433 寞*

寞

合 27543 何

合 35673 黄

1434 㕽*

㕽

合 5560 賓

1435 㝔*

㝔

合 36909 黄

合 36909 黄

合 36909 黄

1441 ⿱宀米*	1440 ⿱宀殳*	1439 ⿱宀卯*	1438 宪*	1437 ⿱宀乞*	1436 ⿱宀午*	
⿱宀米	⿱宀殳	⿱宀卯	宪	⿱宀乞	⿱宀午	
 合 10678 賓	 合 13573 賓	 合 9360 賓	 合 8811 正 賓	 合 30224 何	 合 29261 何	 合 24229 出
	 合 22548 出				 合 29249 無	 合 29265 何
	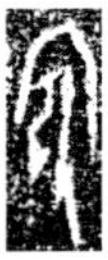 合 23624 出				 合 29260 何	 合 27920 無
					 合 30161 無	 合 30274 何
					 合 37733 黃	 屯 2751 無

1447	1446	1445	1444	1443	1442
⿱宀⿰禾夊*	⿱宀我*	⿱宀亚*	宫*	⿱宀吉*	⿱宀束*
⿱宀⿰禾夊	⿱宀我	⿱宀亚	宫	⿱宀吉	⿱宀束
 合 4154 賓  合補 6171 賓  英 1240 賓  合 8168 賓  合 6846 賓  合 6847 賓  合 6845 賓  合 8169 賓	 合 18627 賓  合 19089 賓	 合 18625 賓	 合 20306 自	 合 20575 自	 合 31013 無  合補 10337 無  屯 662 無
		 亞䍙父丁卣 集成 5271.2  ⿱宀亚父丁簋 集成 3604  竹⿱宀亚父戊 方彝 集成 9878			

1448	1449	1450	1451	1452	1453	1454
㝨*	㝤*	𡨚*	𡨄*	寊*	𡪢*	𡪀*
㝨	㝤	𡨚	𡨄	寊	𡪢	𡪀
 合 31815 何	 合 32289 歷  合 30247 無  合 21966 圓	 合 20530 𠂤  合 1027 正 賓  合 6830 賓  合 6834 正 賓  合 6834 正 賓	 合 20084 𠂤  合 21727 子  合 14023 賓	 合 5455 賓  合 8180 賓  合 18621 賓  英 341 賓	 合 30386 無  合 34676 歷	 合補 6250 賓

1461	1460	1459	1458	1457	1456	1455
⿱宀⿱吅口*	⿱宀卻*	⿱宀重*	⿱宀⿱丯丂*	⿱宀亞*	⿱宀卯*	⿱宀東*
⿱宀⿱吅口	⿱宀卻	⿱宀重	⿱宀⿱丯丂	⿱宀亞	⿱宀卯	⿱宀東
 合 13331 賓	 合 21408 自	 合 29384 無  合 35225 歷	 合 10364 賓 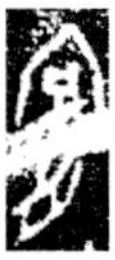 合 10676 賓	 合 3939 賓  合 3940 賓  合 29368 何  合 28408 無	 合 667 正 賓  合 667 正 賓  合 15122 賓  合 18606 賓	 合 10084 賓
						 近二 184

1462	1463	1464	1465	1466	1467	1468
寅*	宿*	寂*	宿*	寐*	寢*	寶*
寅	宿	寂	宿	寐	寢	寶
 合 32758 歷	 屯 126 歷	 屯 2260 歷	 合 226 正 賓	 合 1515 賓	 合 460 賓	 合 849 正 賓
			 合 5874 賓	 合 16271 賓	 合 1926 賓	 合 855 賓
						 合 9491 賓

1473 新*		1472 竅*	1471 鼓*	1470 裸*		1469 裹*
新		竅	鼓	裸		裹
 合 30323 何	 合 27215 何	 合 22050 午	 合 21227 自	 合 25909 出	 合 2235 正乙 賓	 合 7935 賓
 合 30324 無	 合 27217 無	 合 22103 午	 合 36842 黃	 合 277 賓	 合 16412 賓	
 合 30325 無	 懷特 1391 無			 合 2273 正 賓	 合補 7047 出	
 合 27111 無	 合補 8724 無			 合 34393 歷	 合 25977 出	
 合 34312 歷	 合 30337 無					

1479	1478	1477	1476	1475	1474	
㝑*	穿*	宊*	𡩧*	㝨*	𡫧*	
㝑	穿	宊	𡩧	㝨	𡫧	
			 合補 7047 出  合補 7047 出	 合 30456 無	 合 37563 黃	 合 14066 賓
 㝑作母乙卣 集成 5367.1  㝑作母乙卣 集成 5367.2	 穿父癸爵 集成 8716	 子作婦婤卣 集成 5375.2			 母𡫧日辛卣 影彙 1790  母𡫧日辛方彝 影彙 1791	 母𡫧日辛簋 影彙 1787  母𡫧日辛角 影彙 1788

		1484 宮	1483 竉*	1482 ⿱宀⿰舌兄*	1481 ⿱宀欽*	1480 ⿱宀帚*
		宮	竉	⿱宀⿰舌兄	⿱宀欽	⿱宀帚
 合 36542 黃  合補 6760 黃  合 36543 黃  合 36545 黃  合 37601 黃	 合 30375 無  屯 271 無  合 30450 何  合補 11321 何  合補 11322 何	 合 4290 賓  合 7928 反 賓  合 12759 反 賓  合 24462 出  合 33161 歷				
		 執尊 集成 5971	 竉方鼎 影彙 1248  竉方鼎 影彙 1247	 ⿱宀⿰舌兄豊作父癸卣 集成 5360.1  ⿱宀⿰舌兄豊作父癸卣 集成 5360.2	 疋作父丙鼎 集成 2118	 ⿱宀帚卣 集成 5353.1  ⿱宀帚卣 集成 5353.1

1485	1486	1487
吕	穼	寮
吕	穼	寮

1485 吕

合 3823 賓；合 6567 賓；合 6780 賓；合 29687 何；合 29341 無

合 30354 無；英 2567 黄；合 22265 婦；花東 16；花東 7

1486 穼

合 20308 𠂤；屯 4429 𠂤；合 18533 𠂤；合 18532 賓；合 11629 賓

屯 217 無；合 4542 賓；合 6807 賓；合 6934 賓；合 32932 歷

合補 6739 𠂤；合 7082 賓；合 18620 賓；合 8679 賓；合 18524 賓

亞穼簋 集成 3100；亞穼卣 集成 4819

穼[illegible]爵 集成 8191；穼[illegible]鼎 集成 1480

近二 176；女穼觚 集成 6874

1487 寮

合 18626 賓；合 24272 出；合 24272 出；合 24274 出；合 24276 出

合 24277 出；合 36909 黄；合 36909 黄；合 36423 黄；花東 257

		1492	1491	1490	1489	1488
		疾	寤	寐	突	窺
		疾	寤	寐	突	窺
 合 31285 無	 合 20463 反 自	 合 13682 正 賓	 合 24123 出	 合 20966 自	 合 21224 自	 合 18075 賓
 花東 76	 合 21050 自	 合 223 賓	 合 27253 何		 英 1871 無	 合 18076 賓
 花東 69	 合 13666 正 賓	 屯 239 歷			 合 33568 無	 合 18076 賓
 合 3521 正 賓	 合 23531 出	 合 28106 何				 合 23670 出
 合 13711 賓	 合 34075 歷	 合 21565 子				 合 12971 賓
 合 13671 賓	 合 34074 歷	 合 22099 午				

欬

合 21052 𠂤

合 21053 𠂤

合 22265 婦

合 36766 黄

1493 瘊*

瘊

花東 3

花東 331

按：或釋「疾」。

1494 癭

癭

合 5460 反 賓

合 6177 臼 賓

合 7621 反 賓

合 190 正 賓

合 190 正 賓

合 10228 臼 賓

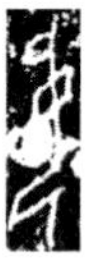
合 17540 臼 賓

合 17541 賓

花東 53

合 22067 午

1495 疫

疫

合 275 正 賓

合 275 正 賓

合 274 正 賓

合 4353 賓

合 13362 正 賓

合 32873 歷

合 32875 歷

合 34076 歷

合 34240 歷

屯 341 歷

1496 瘢*

瘢

合 21057 𠂤

合 31993 無

1502		1501	1500	1499	1498	1497
同		冠	⿸疒書*	⿸疒壴*	疫	痍
同		冠	⿸疒書	⿸疒壴	疫	痍
 合 30439 何 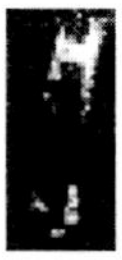 合 30439 何  合 37517 黃 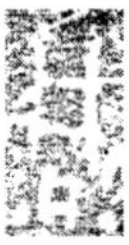 合 22202 婦	 英 1926 出  合 24118 出  合 26870 出  合 31680 出  合 28019 無	 合 6947 正 賓  合 6947 正 賓  合 10976 正 賓	 合 13861 歷	 合 17391 賓	 花東 181	 合 13691 賓

1503 冕		1504 胄	1505 冒	1506 㒳	1507 网	
冕		胄	冒	㒳	网	
 合 33069 歷		 合 4078 賓  合 36492 黃	 合 10405 反 賓  合 10406 反 賓	 合 19777 𠂤  合 21777 𠂤  合 1098 賓	 合 10514 賓  合 10514 賓  合 10514 賓  合 10754 賓  合 10976 正 賓	 合 10751 賓  懷特 319 賓  合 10752 賓  合 36749 黃  合 22402 婦
 犭冕觚 集成 7067  田冕觚 集成 7012	 犭冕爵 集成 8154  周冕爵 集成 8156				 戈网甗 集成 797	 戈网卣 影彙 780

1511		1510			1509	1508
羈		置			羅	䍙
羈				帠	羅	䍙
 合 28154 無  合 28159 無  合 28157 無  合 28152 無  屯 2499 無	 合 18305 自  合 28156 何  合 27010 何  合 28161 何  合 28163 何	 合 32014 歷  合 32014 歷  花東 455  合 23603 出  合 27589 無	 合 1989 賓  合 22543 出  合 32419 歷  合 30693 無  合 18213 賓	 合 19896 自  合 11032 賓  合 22912 出  合 18246 賓  合 4003 正 賓	 合 880 正 賓  合 880 正 賓  合 6016 正 賓  合 6016 正 賓	
						 小子𤔲卣 集成 5417.1

1512	1513	1514	1515	1516		1517
罗*	⿵网大*	⿵网戈*	⿱罒殳*	⿱罒目*		⿱罒足*
罗	⿵网大	⿵网戈	⿱罒殳	⿱罒目		⿱罒足
 合 21386 自  合 21386 自  合 21387 自  合 21388 自  合 21395 自	 合 35282 （習刻） 歷	 合 13675 正 賓  合 13675 正 賓  合 13675 正 賓	 合 10759 賓  合 10760 賓  合 10848 賓	 合 5664 賓  合 10734 賓  合 28822 何  英 2461 歷  屯 778 無  屯 2170 無	 合 10726 賓  合 10727 賓  合 10729 賓  合 10730 賓  合 10756 賓  合 10757 賓	 屯 730 無
		按：或釋「剛」。	按：或釋「罩」。		按：或釋「罞」。	按：或釋「罝」。

1518	⿱罒至*	⿱罒至	 合 28825 何	按：或釋「罝」。
1519	⿱罒尼*	⿱罒尼	 合 20710 自  合 940 正 賓  合 10733 賓  合 10748 甲 賓	
1520	⿰网戉*	⿰网戉	 合 21240 自  合 8203 賓  合 34112 歷  合 27435 無	按：或釋「剛」。
1521	⿱罒又*	⿱罒又	 屯 4281 無  屯 4281 無	
1522	⿱罒豕*	⿱罒豕	 合 4761 賓  花東 14	
1523	⿱罒兄*	⿱罒兄	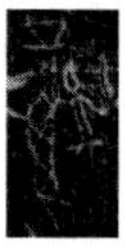 花東 286  花東 401	按：或釋「罩」。
1524	⿱罒束*	⿱罒束	 合 31136 無  合 31136 無  屯 1021 無	

1525

⿱罒兔*

⿱罒兔

合 95
賓

合 1110 正
賓

合 10737
賓

合 10739
賓

合 20774
自

合 20773
自

合 149
賓

合 10743
賓

按：或釋「罝」、「羆」。

1526

⿱罒共*

⿱罒共

合 903 正
賓

合 6959
賓

合 18494
賓

合 33080
歷

按：或釋「罩」。

1527

罷*

罷

合補 2652
賓

按：或釋「羆」。

1528

⿱罒啚*

⿱罒啚

合 37520
黃

1529

⿱隹⿱罒共*

⿱隹⿱罒共

合 33081
歷

合 33081
歷

合 33078
歷

按：或釋「罩」。

1530

巾

巾

合 11446
賓

合 16546
賓

合 19690 反
賓

1531 師

⿰阝又

合 8947 正
賓

合 7074
賓

英 1777
𠂤

合 7076 正
賓

合 841
賓

⿰阝各

合 7329 反
賓

英 769 正
賓

1532 帶

帶

合 20502
𠂤

合 13935
賓

合 26879
無

合 28035
無

合 28036
無

合 35242
歷

花東 451

成鈴方彝
集成 9894

成鈴方彝
集成 9894

帶爵
集成 7759

1533 帚

帚

合 20083
𠂤

合 181
賓

合 24951
出

合 32897
歷

合 21556
子

合 33964
歷

合 32048
歷

花東 5

花東 451

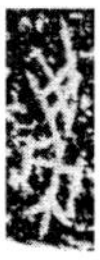
合 20463 反
𠂤

合 16234
賓

合 2619
賓

合 2615 正
賓

合 17544
賓

合 28238
何

隻帚父庚
卣蓋
集成 5083

[illegible]簋
集成 3625

帚好箕
集成 10394

帚好瓿
集成 9953

帚姦觶
集成 6148

帚亞弜觶
集成 6346

1534	1535	1536	1537	1538	1539	
⿰帚卩*	⿰口帚*	寑*	⿰帚帚*	帛	白	
⿰帚卩	⿰口帚	寑	⿰帚帚	帛	白	
 合補 6744 𠂤	 合 32030 歷  合 32982 歷  合 34320 歷	 合 18619 賓	 合 33717 歷  合 21573 子  合 21626 子  合 21739 子	 合 36842 黄	 合 20079 𠂤  合 3381 賓  英 1977 出  合 28087 何  合 30719 無	 合 28086 無  合 38760 黄  合 21955 圓  合 22073 午  合 32330 歷
				 乙未鼎 集成 2425  僕麻卣 影彙 1753	 𠦪篡 集成 3625  㭒伯誃卣 影彙 1588	 㭒伯誃卣 影彙 1588  乙卯尊 集成 6000

巾部　白部

1543	1542			1541		1540
⿰黹虘	黹			敝		⿱宀皃
⿰黹虘	黹			敝		⿱宀皃
	 合 8284 賓	 合 20052 自	 合 8286 賓	 合 29405 無	 合 584 正甲 賓	 合 33871 歷
	 合 8285 賓	 合 21159 自	 合 5401 賓	 合 28869 無	 合 8250 正 賓	
	 合 11046 賓	 英 1861 正 自	 合 28134 無	 屯 39 無	 合 10970 正 賓	
	 合 18836 反 賓	 英 1770 自	 屯 3165 無	 屯 3608 無	 合 28735 何	
	 合 9741 正 賓	 合 525 賓	 花東 480	 合 36936 黃	 合 29403 無	
 ⿰黹虘作母甲尊 集成 5929	 黹戈 集成 10717  乃孫作且己鼎 集成 2431	 黹卣 集成 4801  黹豆 集成 4651	 黹戈 集成 10718  黹獸父乙爵 集成 8867			

商代文字字形表　卷八

1545 保	1544 人			
保	人			
 合 20305 𠂤	 合 32272 歷	 合 6057 反 賓	 合 20346 𠂤	甲骨文
 合 3683 賓	 合 27017 無	 合 6174 賓	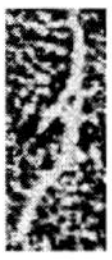 合 20463 反 𠂤	甲骨文
 合 10133 反 賓	 合 36488 黄	 合 6859 賓	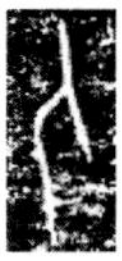 合 37 賓	甲骨文
 合 24945 出	 合 21642 子	 合 24892 出	 合 1078 賓	甲骨文
 合 26094 出	 花東 252	 合 26907 正 何	 合 1085 賓	甲骨文
 保父丁觶 影彙 796	 小子𦉢簋 集成 4138	 小臣艅犀尊 集成 5990	 作册般甗 集成 944	金文及其他
 保父己斝 集成 9214	 人矛 集成 11411B	 人斝 集成 9108	 小子畬卣 集成 5417.1	金文及其他

1546 企

企

合 3481
賓

屯 1066
歷

屯 1082
歷

合 21292
自

合 26826
出

合 10133 正
賓

英 1149
賓

合 18970
賓

合 16429
賓

合 8670
賓

合 18982
賓

合 18983
賓

合 31760
無

花東 312

合 18981
子

保鼎
集成 1002

保爵
集成 7406

保束爵
集成 8170

子保觚
集成 6909

癸企爵
集成 8060

1547 伯

伯

按：甲骨文以「白」爲「伯」，見卷七「白」字。

1548 仲

仲

按：甲骨文以「中」爲「仲」，見卷一「中」字。

1549 伊

伊

合 21208
自

合 23563
出

合 32982
歷

合 33329
歷

屯 1122
歷

合 27667
何

合 27654
無

合 27057
無

合 5644
賓

合 21573
子

伊觚
集成 6576

伊爵
集成 7390

1550 佝

佝

合 17167
賓

1551 侗

侗

花東 61

花東 62

花東 380

花東 490

按：或釋「𠆢」。

1552 僤

僤

合 8713
賓

1553 倗

倗

合 10196
賓

合 12
賓

合 13
賓

合 19636
賓

1554 何

何

合 20577
𠂤

合 27847
何

合 27843
何

合 29730
何

合 26975
何

合 31329
何

合 31354
何

合 27150
何

合 22246
婦

花東 320

何鉞
集成 11721

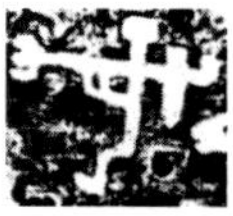
何馬觚
集成 6997

何父乙卣
集成 4910

何簋
集成 2928

1555 ⿰兄可*

⿰兄可

合 273 正
賓

合 274 正
賓

合 275 正
賓

合 17933
賓

合 18972
賓

何兄日壬觶
集成 6429

子何爵
集成 8075

1561 作	1560 敓	1559 偁	1558 付	1557 依	1556 備	
作	敓	偁	付	依	備	
按：商代甲金文以「乍」爲「作」，見卷十二「乍」字。	 合 17942 賓  合補 6003 正 賓  合 27996 無	 合 10405 正 賓  合 10405 反 賓  合 10406 正 賓  合 25020 出		 村中南 396 𠂤	 合 565 賓	 合補 1242 賓  合補 1804 正 賓  合 30926 何  合 26879 無
		 偁缶作且癸簋 集成 3601	 付鼎 集成 1016			 了·蝠𣧛觚 集成 7173  子蝠𣧛觚 集成 7174 按：或釋「何」。

1562	1563		1564	1565	1566	1567
侵	任		倪	使	傳	係
帰	任		倪	使	傳	係
 合 6057 正 賓  合 6057 正 賓  合 6057 反 賓	 合 6963 賓  合 17920 賓  合 7049 賓  合 7049 賓  合 7854 正 賓	 合 4889 賓  合 32992 反 歷  合 32193 歷  合 27746 無  屯 668 歷	 合 21774 子	按：甲骨文以「史」爲「使」字，見卷三「史」字。	 合 9100 賓  合 8383 賓  花東 113	 合 1100 正 賓  合 1103 賓  合 17924 賓  合 1106 正 賓  合 1105 賓

1568

伐

伐

合 1098
賓

合 1097
賓

合 495
賓

合 14384
賓

合 18463 正
賓

合 19798
𠂤

合 20399
𠂤

合 1020
賓

合 899
賓

合 21217
出

伐鼎
集成 1101

亞伐卣
集成 4805.1

合 32218
歷

合 28000
無

合 27882
何

合 28055
何

合 35350
黃

伐觚
集成 6718

伐甗戈
集成 10872.1

合 36518
黃

花東 236

合 33087
歷

合 19773
𠂤

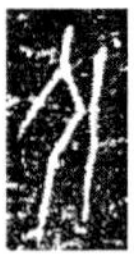
合 7230
賓（缺刻）

伐甗鉞
集成 11753.1

小子䍙簋
集成 4138

合 21017
𠂤

合 1649
賓

屯 1126
歷

合 32258
歷

合 22294
婦

伐爵
集成 7398

合 32267
歷

合 32268
歷

按：「伐羌」之「伐」專字。

1569

伹

伹

合 1074 正
賓

1570 咎

咎

合 21119
自

合 19785
自

合 4421
賓

合 795 正
賓

合 795 正
賓

合 6032 反
賓

合 5477 正
賓

合 32524
歷

合 21542
子

合 22290
婦

合 8381
賓

合 21838
子

合 21839
子

合 21878
圓

合 21987
圓

毓且丁卣
集成 5396.2

毓且丁卣
集成 5396.1

1571 弔

弔

合 6635
賓

合 6636 正
賓

合 6637 正
賓

英 347
賓

合 4306
賓

合 27738
何

合 31807
無

合 31808
無

合 4227
賓

合 21722
子

花東 247

弔甗
集成 782

弔卣
集成 4786

弔父癸鼎
近出 238

弔觚
影彙 1575

弔爵
集成 7557

弔戈
集成 10704

1572 攸*

攸

合 35321
歷

1573 岏*	1574 伓*	1575 㐸*	1576 众*		1577 㑋*	
岏	伓	㐸	众		㑋	
 合 4593 賓	 合 20947 𠂤	 合 14157 賓	 合 17974 賓	 合 29185 無	 合 20563 𠂤	 合 31258 何
 合 36346 黄	 合 3284 賓		 合 24466 出	 合 29242 無	 合 3935 賓	 合 28042 無
 合 36775 黄	 花東 377		 合 29246 無	 合 29247 無	 合 7149 正 賓	 合 26892 無
 合 36777 黄			 合 31239 何		 合 10171 正 賓	 合 22301 婦
 合 36778 黄			 合 37823 黄		 合 17955 賓	 12051 正 賓
					 盾㑋父乙爵 集成 8872	 子㑋觚 影彙 1579
					 盾㑋父甲爵 集成 8849	 亯孳鼎 影彙 924

1578 伩*

伩

合 20397 𠂤

合 12412 賓

合 13389 賓

合 16202 賓

合 33838 歷

按：或釋「伐」。

1579 侁*

侁

合 9819 賓

1580 倳*

倳

合 3227 賓

合 27310 何

合 27254 無

合 27254 無

合 30266 無

合 27310 無

合 30270 無

合 30280 無

合 30281 無

合 36481 正 黃

1581 傗*

傗

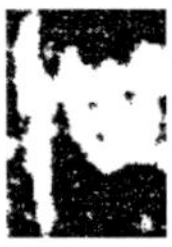
合 8295 賓

1582 偪*

偪

合 27991 無

屯 4197 無

合 20652 𠂤

1583 偏*

偏

合 21239 𠂤

合 21239 𠂤

1584 ⿰亻涉*	1585 偁*		1586 偊*	1587 ⿰亻坴*	1588 ⿰亻魚*	1589 傋*
⿰亻涉	偁	⿰亻爯	偊	⿰亻坴	⿰亻魚	傋
 合 8594 正 賓	 合 19822 𠂤  合 4358 賓  合 4359 賓  合 18403 賓  合 419 正 賓	 合 4357 賓  合 4363 正 賓  合 9044 正 賓  英 789 賓  合 9042 賓	 合 8648 正 賓  合 8648 正 賓  合 17957 賓  合 13757 賓	 合 17964 賓	 合 21610 子  合 21693 子	 合 17958 賓  合 7758 賓

1590 僼*

僼

懷特 1396 無

1591 化

化

合 19769 自

合 137 反 賓

合 150 正 賓

合 151 正 賓

合 10275 賓

化鼎 集成 1014

合 6068 正 賓

合 7647 賓

合 33195 歷

懷特 650 賓

1592 匕

匕

合 19886 自

合 19890 自

合 20173 自

合 2359 賓

合 1623 正 賓

戈匕辛鼎 集成 1515

豕匕辛簋 集成 3223

合 25154 出

合 27148 何

屯 608 歷

屯 652 歷

合 27915 無

戈罟作匕簋 集成 3396

輦作匕簋卣 集成 5266.2

合 27781 無

合 27909 無

屯 2412 無

合 21651 子

合 22069 午

戈罟作匕簋 集成 3395.1

匕辛鐃 集成 412

1593 从

从

合 20259 自

合 902 正 賓

合 12832 賓

合 34430 歷

屯 1094 無

宰梳角 集成 9105.1

从爵 集成 7403

1596 比		1595 并		1594 從		
比		并		從		
合 3363 賓	合 20060 𠂤	合 33174 歷	合 4551 賓	合 27435 無	合 5716 賓	合 29006 何
合 10080 賓	合 19773 𠂤	合 33570 無	合 6055 賓	合 27435 無		合 36425 黃
合 10080 賓（缺刻）	合 32 正 賓	合 37519 黃	屯 3723 歷			花東 28
合 32615 歷	合 6812 正 賓	合 10960 賓	合 21968 圓			花東 289
合 35244 歷	合 173 賓	合 5622 賓	合 32832 歷			花東 290
		并觚 集成 6597	并尊 集成 5451	作執從彝觶 集成 6435. 1	魚從簋 集成 3129	从□戈 集成 10652
				作執從彝觶 集成 6435. 2	魚從卣 集成 4853. 1	扶册作从彝觚 集成 7274

合 27885 正 何

合 27899 無

屯 2618 無

合 36511 黄

合 36483 黄

1597 北

北

合 20320 𠂤

合 7120 賓

合 9749 賓

合 9747 賓

合 33207 歷

𣪕䇂鼎 集成 2710

屯 1126 歷

合 33694 歷

合 29084 何

合 28126 無

合 29409 無

屯 722 無

合 36975 黄

合 36751 黄

合 22072 午

花東 85

1598 背*

背

合 20397 𠂤

合 20400 𠂤

合 6557 賓

合 6561 賓

合 6565 賓

合 8423 賓

合 35410 黄

合 35407 黄

合 35859 黄

合 37840 黄

1599 丘

丘

合 7838 賓

合 776 正 賓

合 4824 賓

合 7839 賓

合 9331 賓

	1600 仏	1601 眾			1602 㕯*	1603 㡾*	1604 壬
	仏	眾			㕯	㡾	壬
 合 8119 正 賓	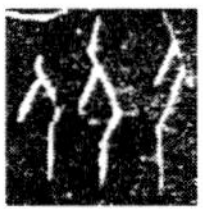 合 21473（習刻）自	 合 1 賓	 合 26882 何	 合 31 賓	 合 32294 歷	 合 14157 賓	 合 17975 賓
 合 33738 歷		 合 37 賓	 屯 2260 歷	 合 32 正 賓	 屯 148 歷	 合 14158 賓	 合 19107 賓
 合 24367 出		 合 22537 出	 合 26888 無	 合 31986 歷			 合 4304 賓
 合 30272 無		 合 26894 何	 合 26906 無	 合 31997 歷			 合 277 賓
 花東 14		 合 26881 何	 合 35349 黃	 合 58 賓			 合 2646 賓
	 作⿰耒凡從彝方鼎 集成 1981  ✦[illegible]爵 集成 8183					按：或釋「庶」。	

1605

徵

合 19106
賓

英 409
賓

英 410
賓

英 436
賓

屯 625
無

㞷

合 3286 正
賓

合 6366
賓

合 4242
賓

合 4563
賓

合 4564 正
賓

且壬▣徵觚
集成 7217

合 4568
賓

合 9791 正
賓

合補 6510
賓

屯 751
歷

合 36775
黄

小子夫父己尊
集成 5967

合 6063 反
賓

合 584 正甲
賓

合 32290
歷

合 21954
圓

花東 255

丰丰徵豎簋
集成 3241

1606

朢

昊

合 32 正
賓

合 6476
賓

合 6984
賓

合 6983
賓

懷特 429
賓

小子𠭯卣
集成 5417.1

𡈼

合 13506 正
賓

合 4551
賓

合 6185
賓

合 237
賓

合 28089 正
無

合 36058
黄

合 32968 正
歷

合 32896
歷

合 32897
歷

合 26993
無

1607 重

重

合 17950
賓

合 17949
賓

村中南 483
午

村中南 483
午

重鼎
集成 1003

重父丙觶
集成 6249

重父癸觶
集成 6325

癸重觚
集成 6840

1608 量

㬻

合 22093
𠂤

合 22093
𠂤

合 19822
𠂤

合 18507
賓

合 18504
賓

合 18505
賓

合 22092
午

合 22094
午

合 22097
午

合 31823
無

1609 監

監

屯 779
歷

合 27740
無

合 27742
無

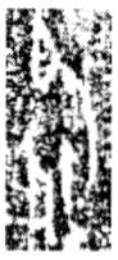
合 28037
無

合 30792
無

監且丁觶
集成 6207

村中南 296
𠂤

1610 臨

臨

屯 2080
無

合 36418
黃

1611 身

身

合 13669
賓

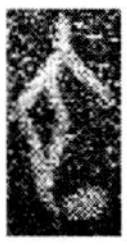
合 13668 正
賓

合 13713 正
賓

合 17978
賓

合 21731
子

合 13666 正
賓

合 13666 正
賓

合 13666 正
賓

合 17980
賓

合 822 正
賓

1612 殷

殷

合 17979
賓

合 17979
賓

合 15733
賓

合 18979
賓

1613 襲

衮

合 27959
無

1614 袁

袁

合 18165
賓

合 345
賓

合 33033
歷

合 31012
無

合 29700
無

合 31774
無

合 30085
無

合 27756
何

懷特 1648
歷

合 22274
婦

1615 褱

褱

合 20464
自

合 3458 反
賓

合 10990
賓

合 23787
出

屯 316
無

褱鼎
集成 1040

褱鼎
集成 1041

1618 卒				1617 褻	1616 ⿷匚襄*	
卒				褻	⿷匚襄	
 合 6161 賓	 合 20196 𠂤	 合 22655 出	 合 20611 𠂤	 合 9096 賓	 合 37451 黃	 合 24233 出
 合 6162 賓	 合 5181 賓	 合 28879 何	 合 21055 𠂤		 合 37492 黃	 合 28012 無
 合 14755 正 賓	 合 7782 賓	 合 31099 何	 合 377 賓			 合 37600 黃
 合 18687 賓	 合 7777 賓	 合 34655 歷	 合 22622 出			 合 1133 賓
 英 406 賓	 合 7266 賓	 合 31095 無	 合 36511 黃			 英 593 賓
						 小子⿱罒开鼎 集成 2648.1  小子⿱罒开鼎 集成 2648.2

		1619	1620	1621	1622	1623
		𧙕*	裖*	𧙹*	𧚔*	𧞝*
𧙃		𧙕	裖	𧙹	𧚔	𧞝
 合 30990 何  合 30991 何  合 30992 何  合 32715 無  合 30993 無	 合 33692 歷  屯 2366 歷  英 2336 無  英 2414 歷  英 2466 歷	 合 27995 無  合 27995 無	 花東 496	 合 24276 出  合 24284 出  合 24285 出  合 24292 出  合 24329 出	 合 18763 賓	 合 28063 何  合 28063 何
	按：或釋「衣」。			按：或釋「勞」。		

1624	1625		1626	1627	1628	1629
裘	老		耋	壽	孝	⿱耂衣*
裘	老		耋	壽	孝	⿱耂衣
 合 2853 賓	 合 20280 自	 合 23716 出	 合 17938 賓			 村中南 238 無
 合 4537 賓	 合 20613 自	 合 36416 黃				 村中南 238 無
 合 7921 賓	 合 13758 反 賓	 合 22322 婦				
 合 7922 賓	 合 23708 出	 合 20743 自				
	 合 23715 出	 花東 490				
				 無壽觚 近出 757	 孝卣 集成 5377	

1633		1632	1631		1630	
屎*		屖	臀		尸	
屎		屖	臀		尸	
 合 5624 賓	 合 13625 正 賓	 屯 278 無	 合 13750 正 賓	 合 20830 自	 合 832 賓	 合 20612 自
 合 9570 賓	 合 13625 正 賓	 村中南 357 午	 合 17976 正 賓	 合 376 正 賓	 合 833 賓	 合 830 賓
 英 1995 出	 合 9572 賓	 村中南 357 午	 合 21803 子	 合 3183 正甲 賓	 合 834 賓	 合 831 賓
 合 9576 賓	 合 9574 賓	 村中南 357 午	 花東 209	 合 3183 正乙 賓	 合 837 賓	 合 6459 賓
 合 9586 賓	 合 31228 歷		 花東 336	 合 9947 賓	 合 33039 歷	 合 8410 反 賓
					 戊尸眚父己甗 影彙 791	 尸作父己卣 集成 5280.2

1634	1635		1636	1637	1638	
㞒*	屆*		尾	履	舟	
㞒	屆		尾	履	舟	
 花東 137	 合 1026 賓	 合 17951 賓	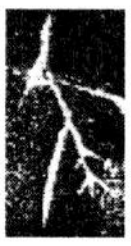 合 136 正 賓	 合 35273 歷	 合 21430 𠂤	 合 655 正甲 賓
 花東 137	 合 17616 賓	 英 321 賓		 合 33284 歷	 合 4928 乙 賓	 合 4924 賓
	 合 17615 臼 賓	 合 4942 賓		 合 33283 歷	 合 24609 出	 合 9772 賓
	 合 17616 賓	 合 26827 出			 合 32522 歷	 屯 4052 歷
	 合 19026 賓	 合 35223 歷			 合 21659 子	 懷特 348 賓
					 舟鼎 集成 1148	 舟盤 集成 10017
					 舟丙父丁卣 集成 5073	 尹舟父癸爵 集成 8967

合 33691
歷

合 32851
歷

花東 255

合 11460 正甲
賓

合 32850
歷

舟辛鼎
集成 1298

1639 俞

俞

合 10406 正
賓

合 10405 正
賓

合 4883
賓

合 18675
賓

合 16335 反
賓

懷特 977b
賓

合 26874
賓

小臣艅犀尊
集成 5990

艅舌盤
集成 10035

亞艅歷作且己鼎
集成 2245

亞父庚且辛鼎
集成 2364

1640 朕

朕

合 20335
𠂤

合 20340
𠂤

合 20333
𠂤

合 152 正
賓

合 23606
出

合 36482
黄

合 36127
黄
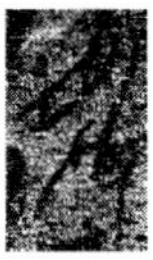
合 21658
子

合 22478
婦

花東 119

朕女觚
集成 6879

1641 般

般

合 19916
𠂤

合 8838
賓

合 152 正
賓

合 114
賓

合 9471
賓

英 1995
出

合 32598
歷

合 32900
歷

合 27938
無

屯 3599
無

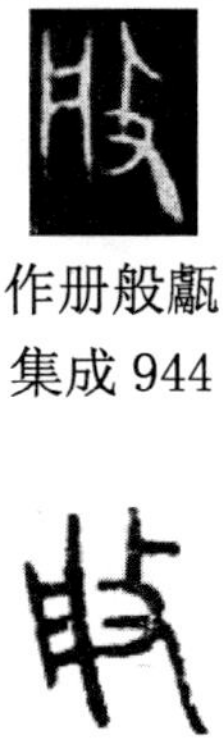
作册般甗
集成 944
作册豊鼎
集成 2711

般作父乙方鼎
集成 2114

	1646	1645	1644	1643	1642	
	方	[illegible]*	[illegible]*	[illegible]*	服	
	方	[illegible]	[illegible]	[illegible]	服	
 合 33020 歷	 合 20407 自	 合 40718 賓	 合 21036 自	 合 8282 賓	 合 36924 黃	 合 24135 出
 合 28190 無	 合 546 賓		 合 21036 自			 合 27740 無
 合 20451 自	 合 6728 賓		 合 22271 婦			 屯 340 歷
 合 6673 賓	 合 24892 出					 合 685 正 賓
 合 38759 黃	 合 30999 何					 合 32862 歷
 小子畬卣 集成 5417.1	 戍甬鼎 集成 2694					 作册般黿 影彙 1553
 小臣艅犀尊 集成 5990	 遷方鼎 集成 2709					

	1649 兖*			1648 允	1647 兒	
沇	兖			允	兒	
 合 24464 出	 合 27898 無	 合 28535 無	 合 12953 賓	 合 19851 反 𠂤	 合 20534 𠂤	 屯 2370 無
 屯 4451 無	 合 28799 無	 合 27864 何	 合 17198 賓	 合 20416 𠂤	 合 3397 賓	 合 20441 𠂤
 合 37481 黃	 合 29244 無	 合 21703 正 子	 合 22539 出	 合 20956 𠂤	 合 3399 賓	 合 20464 𠂤
 合 37645 黃	 合 31252 無	 合 22184 婦	 合 33778 歷	 合 583 反 賓	 合 7893 賓	 合 17718 正 賓
	 屯 4490 無	 花東 59	 合 28029 無	 合 1075 正 賓	 英 322 賓	 合 30002 無
按：或釋「率」、「沇」。		 允册卣 集成 5186.2	允册卣 集成 5186.1	 允册簋 集成 3110  允册丁觚 集成 7176	 小臣兒卣 集成 5351	 雍伯盉 近二 833  亞女方爵 集成 8778

1654 ⿰歹兄		1653 ⿰示兄*		1652 兄	1651 ⿱癶兄*	1650 兑
⿰歹兄	⿰王兄	⿰示兄	兄		⿱癶兄	兑
	 合 29282 無	 合 29280 無	 村中南 238 無	 合 19761 自	 合 18975 賓	 合 27945 無
	 合 29281 無	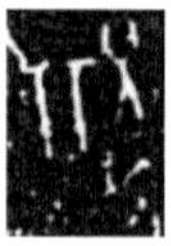 屯 106 無	 合 30627 無	 合 20019 自		 合 28663 無
	 屯 2440 無	 屯 660 無	 合 22288 婦	 合 2876 賓		 合 28664 無
		 合 29279 無	 合 23525 出	 村中南 427 歷		 屯 528 無
			 合 25029 出	 合 26680 出		 屯 637 無
 子⿰歹兄鼎 集成 1319			 子达觶 集成 6485	 戈厚作兄日辛簋 集成 3665		
 子⿰歹兄卣 集成 4850.1			 齒兄丁觶 集成 6353	 大兄日乙戈 集成 11392		

1657 見		1656 先			1655 ⿰兟攵*	
見		先			⿰兟攵	
 合 35291 歷	 合 21305 自	 屯 8 無	 合 41 賓	 合 20700 自		
 屯 81 歷	 合 20988 自	 合 27413 無	 英 1980 出	 合 1351 正甲 賓		
 合 30989 無	 合 12984 賓	 合 35346 黄	 合 29360 何	 合 32307 歷		
 合 21872 正 圓	 合 16941 賓	 合 35430 黄	 合 30500 何	 屯 342 歷		
 花東 237	 合 23679 出	 花東 252	 合 30643 何	 合 27412 無		
 見簋 近出 367	 見鼎 集成 994		 小子畬卣 集成 5417.1	 先鼎 集成 1030	 亞寰鄉宁鼎 集成 2362	 子兟父乙卣 集成 5057
 見爵 集成 7358	 者見册尊 集成 5694		 先弓形器 集成 11866	 先壺 集成 9458	 亞䧹作且丁簋 集成 3940	 兟戈 集成 10680

1658 視		1659 觀	1660 覓*	1661 冟*	1662 欠	
視		觀	覓	冟	欠	
 合 5806 賓  合 6193 賓  合 6789 賓  合 6804 賓  合 8327 賓	 合 28006 無  合 36970 黄  合 22306 婦  花東 7  花東 367	按：甲骨文以「雚」爲「觀」，見卷四「雚」字。	 村中南 411 歷		 合 21475 反 自  合 9099 賓  合 18007 賓  合 914 反 賓  合 18008 賓	 合 7235 賓  合 32344 歷  屯 942 無
				 冟父乙爵 集成 8418		

1663 欶

欶

合 34072 歷

合 34073 歷

1664 次

次

巽亞次觚 集成 7180

亞次馬豕斝 集成 9234

1665 𣢾*

𣢾

合 18009 賓

合 30794 無

1666 𣢿*

𣢿

合 18015 賓

1667 𣤌*

𣤌

合 32757 歷

1668 㱃

㱃

合 10405 反 賓

合 10406 反 賓

合 775 正 賓

合 10137 正 賓

合 6057 正 賓

合補 1234 賓

合 4284 賓

花東 92

癸㱃卣 集成 4839.1

癸㱃卣 集成 4839.2

㱃觚 集成 6567

㱃觚 集成 6566

1669 譣*

譣

合 28537 無

合 36971 黃

合 35346 黃

1670 㳄

㳄

合 20227 自

合 3413 賓

合 3414 賓

合 7005 賓

合 5559 賓

合 8317 賓

合 28053 無

合 21724 子

合 21181 自

合 17934 賓

合 10156 賓

1671 盜

盜

合 8315 賓

1672 旡

旡

合 18006 賓

合 13587 賓

合 30286 無

合 21476 子

合 1751 賓

合 18800 賓

合 18800 賓

合 18800 賓

合 808 反 賓

字號	字頭	甲骨文	金文及其他
1673	頁 頁	 合 22215 婦  合 22215 婦  合 22216 婦  合 22217 婦 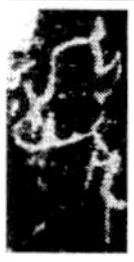 合 35270 歷  合 15684 反 賓	
1674	頂 昊	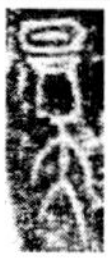 合 21025 自	按：或釋「旦大」兩字。
1675	頸 頸	 英 97 正 賓  屯 463 無	按：或釋「項」。

1676	1677		1678	1679		1680
頪	面		⿰面兄*	丏		首
頪	面		⿰面兄	丏		首
 花東 53	 合 21427 𠂤	 花東 113		 合 20824 𠂤	 屯 662 無	 合 13613 賓
 花東 53	 合 21428 𠂤	 花東 226		 合 24551 出	 屯 4093 無	 英 1123 賓
 屯 1176 歷	 屯 2462 𠂤			 合 28122 無	 合 27468 何	 合 13614 賓
	 合 7020 賓			 合 31033 無	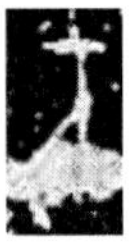 花東 206	 合 24956 出
				 合 31025 無	 花東 226	 合 24957 出
	 面父己爵 集成 8548 按：或釋「㐹」。		 ⿰面兄作母丙彝觥 殷新 232	 大丏簋 集成 3457.1  舟丏父丁卣 集成 5073	按：或釋「万」。	 雍伯盉 近二 833

合 20322
𠂤

合 6032 正
賓

合 6037 正
賓

合 15105
賓

合 916 正
賓

合 22092
午

合 22222
婦

花東 304

花東 304

花東 446

合 29255
無

合 29279
無

英 2526
黃

合 22130
婦

合 22133
婦

1681 首*

首

屯 3798
歷

1682 縣

縣

合 3286 正
賓

合 18072
賓

合 18073
賓

合 18918
賓

合 35231
歷

屯 857
歷

花東 37

花東 37

合 13624 正
賓

合 18859
賓

按：或釋「夒」。

1683 須

須

合 816 反
賓

合 675 正
賓

合 17931
賓

合 35302
歷

合 858 正
賓

1687 文		1686 参		1685 彤		1684 顋
文		参		彡		髭
懷特 1701 黄	合 4611 反 賓	合 23340 出	合 137 正 賓	合 32023 歷	合 19872 自	合 27740 無
合 36128 黄	合 4889 賓	合 23626 出	合 557 賓	合 22726 出	合 1263 賓	合 27742 無
合 36151 黄	合 18683 賓	合 21418 婦	合 13887 賓	合 30394 無	合 15454 賓	
合 36168 黄	合 18682 賓	按：或釋「尿」、「溺」。	合 17959 賓	合 31091 何	合 21796 子	
英 2519 黄	合 27695 何			合 37838 黄	合 32326 歷	
子𡙇父乙爵 集成 9088.1	引作文父丁鼎 集成 2318	乙参觚 集成 6823	参戈 集成 10651	小臣艅犀尊 集成 5990	小臣邑斝 集成 9249	髭鼎 集成 1033
子啟尊 集成 5965	𢘊卣 集成 5362.1	参觚 集成 6558	参爵 集成 7343	二祀𨚕其卣 集成 5412.3	𩑋方鼎 影彙 1566	聑髭婦𩜃角 集成 8984.2

1688 彡

彡

合 14295
賓

合 926 正
賓

屯 2024
歷

合 27789
無

合 28029
無

合 20084
自

合 14294
賓

合 7571 正
賓

合 4557
賓

合 6987 正
賓

合 17945
賓

合 36346
黃

花東 267

花東 333

花東 481

彡莫父乙觚
集成 7264

1689 髟

髟

合 3100
賓

合 3101
賓

合 3103
賓

合 3102
賓

合 3107 反
賓

合 14381
賓

合 28088
何

合 28089 正
無

合 28089 正
無

合 36481 正
黃

按：或釋「美」。

1690 司

司

合 19777
自

合 20367
自

合 20276
自

合 6057 反
賓

合 16081
賓

司母戊方鼎
集成 1706

司母辛方鼎
集成 1708

合 9741 正
賓

合 26070
出

合 23712
出

合 32548
歷

合 27606
無

司母㠯康
方鼎
集成 1906

龏㚸方鼎
集成 2433

1691 卩

卩

合 37862 黃

合 37870 黃

合 21796 子

合 21691 子

花東 103

司粤母簋方尊 集成 5680

司粤母簋方尊 集成 5681

合 21422 𠂤

合 2235 正乙 賓

合 77 賓

合 7767 賓

合 13220 正 賓

卩爵 集成 7359

合 32700 歷

合 26907 正 何

合 21476 子

合 22258 婦

花東 355

卩興瓿 集成 9949

1692 令

令

合 19907 𠂤

合 14 正 賓

合 4480 賓

合 23534 出

合 27883 何

戍圅鼎 集成 2694

小子畬卣 集成 5417.1

合 32229 歷

合 33526 歷

合 26993 無

合 21972 圓

花東 75

二祀⿰必卩其卣 集成 5412.3

[illegible]令鉞 影彙 803

合 20461 𠂤

合 4818 賓

合 4914 賓

屯 2907 歷

合 21629 子

令■父辛卣 集成 5087.1

令父己甗 集成 815

1693 ⿰必卩

⿰必卩

合 536 賓

合 14938 賓

合 15916 賓

合 17176 賓

合 34320 歷

四祀⿰必卩其卣 集成 5413.3

1697 卪*		1696 卯	1695 卻		1694 卲	
卪		卯	卻	卲	刀卩	
 合 634 正 賓	 合 4501 賓	 合 809 正 賓	 合 13670 賓	 花東 275	 合 21439 自	 屯 1090 歷
 合 17192 正 賓	 合 23359 反 出	 合 4325 賓		 花東 449	 合 15479 賓	 合 29926 何
 合 1823 正 賓	 屯 236 無	 合 1381 賓		 花東 449	 合 709 正 賓	 合 30693 無
 合 1823 正 賓	 合 27714 何	 合 4499 正甲 賓		 花東 467	 合 32571 歷	 合 31199 無
 合 4502 反 賓	 合 31599 何	 合 4499 正乙 賓			 花東 247	 屯 2140 無
						 卲甗 近出 155

1698 ⿰丨卩*		1699 ⿺𠃊卩*		1700 叩*	1701 ⿰亻卩*	1702 ⿰火卩*
⿰丨卩		⿺𠃊卩		叩	⿰亻卩	⿰火卩
 合 20470 𠂤	 合 37408 黄	 合 20945 𠂤	 合 26054 出	 合 1060 賓	 合 27522 無	 合 4400 賓
 合 31757 無	 合 37410 黄	 合 20398 𠂤	 合 33190 無	 合 32048 歷		
 合 31758 無	 合 37409 黄	 合 21021 𠂤	 合 33189 無	 屯 1239 無		
 合 36396 黄	 花東 108	 合 30 賓	 合 34525 歷			
 合 37408 黄	 花東 289	 合 1079 賓	 屯 3852 歷			
	按：或釋「御」、「孚」。		按：或釋「𠚕」、「陷」。			

1703 ⿰卩殳*		1704 ⿰目卩*	1705 ⿰食卩*	1706 ⿰𠦪卩*	1707 ⿰𢆶卩*	
⿰卩殳		⿰目卩	⿰食卩	⿰𠦪卩	⿰𢆶卩	
 合 14294 賓  合 14295 賓  英 187 賓  合 16935 正 賓	 合 3306 賓  合 7027 賓	 合 5995 正 賓  合 32834 歷	 花東 210	 合 15220 賓  合 19141 賓  合 19142 賓		
 ⿰卩殳鼎 集成 1017  ⿰卩殳鼎 影彙 1633  ⿰卩殳爵 集成 7362	按：或釋「殺」。				 亞⿰𢆶卩父乙簋 集成 3990  亞⿰𢆶卩父乙簋 集成 3990	 ⿰𢆶卩鬲 集成 741  ⿰𢆶卩鬲 集成 741

1708 印

印

 合 19755 自	 合 799 賓	 屯 4310 歷
 合 19783 自	 合 802 賓	 合 36481 正 黃
 合 20407 自	 合 17096 正 賓	 合 21535 子
 合 20717 自	 合 13404 賓	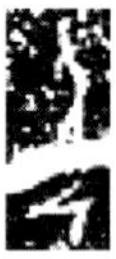 合 21586 子
 合 20769 自	 合 22590 出	 合 22149 婦
 亯印爵 近出 856	 印爵 集成 7361	 印觶 集成 6039

1709 卿

卿

按：甲骨文以「饗」爲「卿」字，見卷五「饗」字。

1710 卯卩*

卯卩

卯卩父己鼎 集成 1612

1711 辟

辟

 合 19990 自	 合 26895 何
 合 20608 自	 合 31911 無
 合 5584 賓	 花東 275
 合 438 正 賓	 合 21172 自
 合 438 正 賓	 合 8108 賓
 𠑹婦觚 集成 7312	

1716	1715			1714	1713	1712
苟	⿹勹覃*			旬	匀	勹
苟	⿹勹覃			旬	匀	勹
 合 21091 自	 村中南 437 無	 合 16645 何	 合 26597 出	 合 21324 自	 美 619 賓	 合 14295 賓
 合 16336 賓		 屯 115 歷	 合 26621 正 賓	 合 6057 正 賓		 合 14294 賓
 合 32294 歷		 合 37957 黃	 合 31369 何	 合 522 正 賓		
 合 34283 歷		 合 36505 黃	 合 31376 何	 合 18729 賓		
 合 21954 圓		 花東 487	 合 31394 何	 合 26658 出		
				 旬觶 集成 6083		按：「伏」古字。

1717 鬼

鬼

合 7153 正
賓

合 137 正
賓

合 24989
出

合 34146
歷

屯 4338
歷

合 20757
𠂤

合 8592
賓

合 8591
賓

合 14290
賓

合 22012
圓

1718 㚰*

㚰

合 21092
𠂤

合 14293 正
賓

花東 113

花東 352

按：或釋「鬼」。

1719 畁*

畁

合 14292
賓

合 14291
賓

合 203 正
賓

合 203 正
賓

合 203 正
賓

1720 䰟*

䰟

合 3210
賓

按：《説文》以「䰟」爲「鬼」之古文。

1721 髟

髟

合 14287
賓

合 14288
賓

合 14289
賓

合 13751 正
賓

1722 醜

醜

合 4654
賓

合 12878 正
賓

合 12878 反
賓

1728 山		1727 嵬	1726 畏	1725 魏*	1724 䰡*	1723 緦*
	山	嵬	畏	魏	䰡	緦
 旅博 273 賓	 合 20980 正 自	 村中南 299 午	 合 14173 正 賓	 合 9508 正 賓	 合 29711 無	 合 586 賓
 英 418 賓	 合 1050 反 賓		 合 17442 賓		 合 29712 無	 合補 1966 賓
 合 31984 歷	 合 5431 賓		 合 19484 賓		 屯 2442 無	
 合 34199 歷	 合 19622 賓					
 合 34711 歷	 合 19624 賓					
 [illegible]母鼎 集成 2026	 山父乙尊 集成 5614		 亞夫畏爵 近出 895		 䰡作父丁觚 集成 7307	
 山且庚觚 集成 7081	 山父乙觶 集成 9271					

	1731	1730			1729	
	孟*	密			岳	
	孟	密			岳	
 合 29349 無	 合 7978 賓	 合 31996 歷	 合 30409 無	 合 34198 歷	 合 377 賓	 合 30319 無
 屯 3156 無	 合 28799 無		 合 30417 無	 合 30420 無	 合 7322 臼 賓	 合 30329 無
 合 37544 黄	 合 28314 無		 合 30427 無	 合 30329 無	 合 2373 正 賓	 合 30173 無
 合 37501 黄	 合 29351 無		 合 30401 何	 合 30298 無	 合 14476 賓	 合 27753 無
 合 37447 黄	 合 29350 無		 合 22153 婦	 合 28258 無	 合 33293 歷	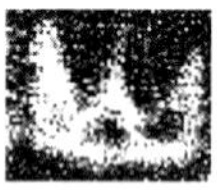 合 21581 子
						 毓且丁卣 集成 5396.2  山鉞 集成 11754.1

1732	1733	1734	1735	1736	1737	1738
⿱父山*	⿱占山*	⿱罒山*	⿱𠔁山*	⿱由山*	⿱未山*	⿱辛山*
⿱父山	⿱占山	⿱罒山	⿱𠔁山	⿱由山	⿱未山	⿱辛山
 合530正 賓  合531 賓  合529 賓	 合27465 無  屯999 歷	 合21098 自  合21100 自  合18736 賓  合34470 歷  合30445 無  合30457 無	 合30393 無  合30393 無  合30455 無	 合18747 賓	 合8070 賓  合8070 賓  合3218 賓  合6477正 賓 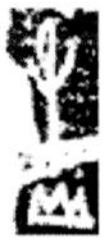 合6477正 賓	 屯2301 無
					按：或釋「岫」。	

1739	1740	1741	1742		1743	1744
⿱自山*	⿱保山*	⿱隹山*	⿱虍山*		⿱備山*	⿱斬山*
⿱自山	⿱保山	⿱隹山	⿱虍山	⿸虍⿱皮山	⿱備山	⿱斬山
 合 845 賓	 合 18734 賓  合 18735 賓  合 14300 賓	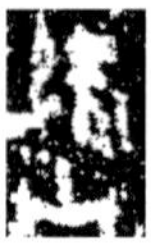 合 36765 黃	 合 29307 何  合 29305 何  合 29304 無  合 28133 無  屯 4281 無	 合 29312 無  合 29308 無  合 33565 無  合 37403 黃  英 2567 黃	 合 28058 無	 合 5766 賓

1745 庭				1746 㕑	1747 廣	1748 龐	
⿱宀耵		⿱宀耳	写	廣	龐	
 合 10405 正 賓	 合 34070 無	 合 721 正 賓	 合 29415 歷	 合 4880 賓	 合 20296 𠂤	 合 33102 歷
 合 9267 賓	 花東 29	 合 11708 正 賓	 合 30266 無	 合 4881 賓	 合 371 正 賓	 屯 2409 無
 合 24402 出	 合 37468 黄	 屯 341 歷	 合補 10556 歷	 合 15100 賓	 合 1899 正 賓	 合 891 正 賓
 合 27555 無	 合 8088 反 賓	 屯 723 歷		 合 17088 賓	 合 7287 正 賓	 合 9538 賓
 合 30286 無	 合 14588 賓	 屯 675 歷			 合 7358 賓	 合 17546 賓
 四祀𠨘其卣 集成 5413.3						

1753	1752	1751		1750		1749
庢	廙	庶		庇		龐*
庢	廙	庶		庇		龐
 村中南 471 類組不明		 合 16272 賓  合 22045 午  合 22045 午	 合 4292 賓  合 6595 賓  合 16270 賓  合 30498 無	 合 7047 賓  合 13421 賓  村中南 396 賓  花東 41	 合 6407 賓  合 6943 賓  合 6169 賓  合 4730 正 賓	 英 1111 賓
	 毓且丁卣 集成 5396.1  毓且丁卣 集成 5396.2			按：或釋「依」。		

1754 廠*

廠

子廠圖方彝
集成 9870

子廠尊
集成 5544

子廠鼎
集成 1310

子廠父丁卣
集成 5070.1

子廠父丁卣
集成 5070.1

1755 产

产

合 6427
賓

合 6486 正
賓

合 6485 正
賓

合 6487
賓

合 6530 正
賓

合 24395
出

合 28001
何

合 32897
歷

合 27999
無

合 36961
黃

合 6527 正
賓

合 6503
賓

馬产扁足簋
殷新 167

馬产方鼎
殷新 165

馬产斝
殷新 181

馬产卣
殷新 179

馬产觚
殷新 181

1756 石

石

合 21494
自

合 13505 正
賓

合 33916
歷

合 30000
無

合 22094
自

合 19681 反
賓

合 22050
午

合 22441
婦

1757	1758			1759	1760	1761
硪	磬			⿱石止*	⿰石舌*	⿰石夅*
硪	磬			⿱石止	⿰石舌	⿰石夅
 合 10405 正 賓	 合 20588 自	 合 317 賓	 合 18761 賓	 花東 473	 合 13641 賓	 合 21073 自
 合 10406 正 賓	 合 10500 賓	 合 7370 賓	 合 28894 無			
	 合 25213 出	 合 1751 賓	 合 37727 黄			
	 合 32262 歷	 合 8613 賓	 合 37728 黄			
	 合 9339 賓	 合 18760 賓	 花東 265			

1762	1763	1764	1765	1766		1767
⿰石有*	⿰石貝*	硊*	⿰石冀*	長		肆
⿰石有	⿰石貝	硊	⿰石冀	長		[illegible]
 合 35501 黃	 合 40712（摹本）賓	 合 4594 賓	 合 18757 賓	 合 13545 正 賓	 合 17921 賓	 合 15872 賓
		 合 4595 賓		 合 13546 賓	 合 17055 正 賓	 合 15878 賓
		 合 6662 賓		 合 17920 賓	 合 17055 反 賓	 合 30999 何
		 合 6663 賓		 合 22246 婦	 合 28195 何	 合 27288 無
				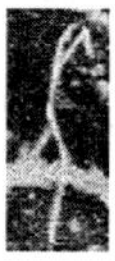 合 22247 婦	 合 27641 無	 屯 4571 無
				 亞長方斝 殷新 68	 亞長方彝 近二 899	 黿作婦姑甗 集成 891

1768

勿

勿						
 合 21222 自	 合 22945 出	 合 19849 自	 合 15882 賓	 合 27226 無	 合 2710 賓	 合 37549 黄
 合 25160 出	 合 35244 歷	 合 2630 賓	 合 15880 賓	 合 31116 無	 合 15883 賓	 合 35384 黄
 合 25364 出	 合 27412 無	 合 13514 正 甲　賓	 合 27529 無	 屯 2345 無	 合 23572 出	 合 38243 黄
 合 27042 正 何	 合 27443 無	 合 23273 出	 合 25223 出	 合 30994 何	 屯 1474 歷	 合 18529 賓
 合 29494 無	 合 19911 自	 合 26907 正 何		 合 30995 何	 花東 236	 合 38706 黄
			按：或釋「將」。	 黿婦姑鼎 集成 2137	 作父乙鬻鼎 集成 2008	 宰甫卣 集成 5395.1

1773	1772	1771	1770	1769		
冓*	雔冉*	雋*	冉	昜		
冓	雔冉	雋	冉	昜		
 合補 10351 賓	 合 31994 歷  合 31995 歷  屯 1132 歷  英 2431 歷	 合 13404 賓  合 33232 歷  屯 2185 無  合 26992 無  花東 106	 合 8088 反 賓  合 7434 賓  合 28078 無	 合 3391 賓  合 3385 賓  合 3387 賓  合 7411 賓  合 8592 賓	 合 6460 正 賓  合 3394 賓  合 3393 賓  合 3392 賓  英 198 賓	 合 32 正 賓  合 15984 賓  合 15496 賓  合 15495 賓  合 947 正 賓

1774 豕

豕

合 28366 無

合 28310 何

合 22355 子

合 22359 婦

英 1891 圓

合 29546 無

合 19956 自

合 20223 自

合 1497 賓

合 34387 歷

合 1761 賓

合 34463 歷

英 1906 子

合 22048 午

花東 3

合 34276 歷

合 19883 自

合 8814 賓

合 32513 歷

合 33615 歷

庚豕父乙爵
集成 8865

庚豕觶
集成 6183

亞豕鼎
集成 1401

車觶
集成 6190

豕爵
集成 7520

旨豕爵
集成 8213

陶彙 1.100

陶彙 1.103

陶彙 1.102

1775 彀

彀

英 1763 自

合 378 正 賓

合 1474 賓

合 1442 賓

合 1525 賓

合 15620 賓

合 32700 歷

屯 2417 歷

按：與「南」同形，但用法有別。參卷六「南」。

1776 豭

豭

合 19932 自

合 11243 自

合 1371 賓

合 11242 賓

合 30546 何

1780	1779	1778	1777			
⿰豕卩*	⿱豩豕*	豩	豖			
⿰豕卩	⿱豩豕	豩	豖			
 合 974 正 賓  合 974 正 賓  合 2413 賓	 合 1022 甲 賓  合 1022 乙 賓  合 7002 賓  合 9352 賓	 合 21079 自  合 32985 歷	 合 378 正 賓  合 14439 賓  合 14705 賓  合 21789 子  花東 149	 合 20980 正 自  合 19999 自  合 21202 自  合 11233 賓  合 11234 賓	 合 32353 歷 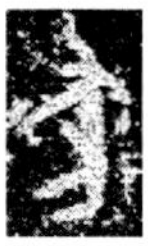 合 23193 出  屯 2707 歷  合 22133 婦  合 22141 婦	 屯 2707 歷  屯 2686 歷  合 30514 無  合 22276 午  花東 63
		 冊豩觚 集成 7055				

1785 ⿰豕我*	1784 ⿱大豕*		1783 ⿰口豕*		1782 ⿱二豕*	1781 ⿵門豕*
⿰豕我	⿱大豕		⿰口豕		⿱二豕	⿵門豕
 花東 113  花東 363	 合 4430 賓  合 4424 賓  合 4428 賓  合 19765 歷  合 17989 賓	 合 19759 𠂤  合 72 正 賓  合 534 賓  合 8429 賓  合 21768 子	 合 22323 婦  合 22322 婦 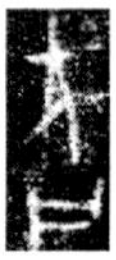 合 22226 婦  合 21435 𠂤	 合 15071 賓  合 22226 婦  合 22324 婦  合 22322 婦	 合 120 賓  合 3099 賓	 合 22276 婦  合 22276 婦
按：或釋「暴」。	 ⿱大豕刀 集成 11804  父乙⿱大豕觚 集成 7091	 ⿱大豕鼎 集成 1113  ⿱大豕鼎 集成 1116		 ⿰口豕觚 集成 6651		

1791	1790	1789		1788	1787	1786
豙*	⿰豕巽*	⿱豩殳*		⿰豕覃*	⿴囗㲋*	⿰白豕*
豙	⿰豕巽	⿱豩殳		⿰豕覃	⿴囗㲋	⿰白豕
	 合 22394 婦	 村中南 423	 合 6938 賓	 合 6930 賓	 合 11274 正 賓	 合 11265 賓
			 合 6942 賓	 合 6940 賓	 合 11274 正 賓	
			 合 6923 賓	 合 8630 賓	 合 11276 賓	
			 合 6924 賓	 合 8631 賓	 合 524 賓	
 亞豙觚 集成 6983						

1798	1797	1796	1795	1794	1793	1792
⿰㣇㣇	豪	⿰阝㣇*	㣇	⿱⿰㣇㣇丁*	⿱宀㣇*	⿱自㣇*
⿰㣇㣇	豪	⿰阝㣇	㣇	⿱⿰㣇㣇丁	⿱宀㣇	⿱自㣇
 合 704 賓  合 19405 賓  合 18323 賓  合 11016 賓	 合 39460 （習刻）黄	 村中南 453 午	 合 13521 正 賓  合 20256 𠂤			
 ⿰㣇㣇戈 集成 10680	 豪戈 集成 10679  豪癸卣 集成 4841.2  豪癸卣 集成 4841.1			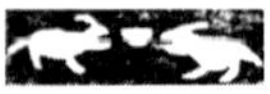 父辛⿱⿰㣇㣇丁鼎 集成 1645  齊⿱⿰㣇㣇丁父癸觶 集成 6423  ⿱⿰㣇㣇丁且戊卣 集成 4892	 ⿱宀㣇父乙觶 集成 6240	 南⿱自㣇爵 影彙 1571  南⿱自㣇爵 影彙 1573  南⿱自㣇爵 影彙 1587

1799 毚

毚

合 19772 自

合 20768 自

懷特 1499 自

合 33407 歷

合 21555 子

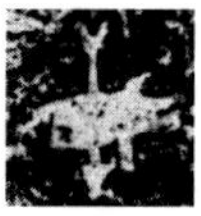
毚觚 集成 6654

村中南 296 自

村中南 296 自

合 1339 賓

合 9338 賓

合 9013 正 賓

毚爵 集成 7530

合 27861 何

合 31627 何

合 21919 圓

合 11258 賓

合 22361 婦

合 728 賓

合 15147 賓

合 23465 出

合 34122 歷

合 22258 婦

肆作父乙簋 集成 4144

合 19901 自

合 27557 無

合 29540 何

合 21552 子

花東 67

1800 彖

彖

合 19362 賓

合 32050 歷

合 32049 歷

合 32393 歷

合 31993 無

合 22133 婦

屯附 2 無

屯附 3 無

花東 39

1801		1802		1803	1804	1805
豚		豹		貔	貘	兕
豚		豹		⿰豸必	貘	兕
 合 9774 正 賓	 合 29548 無	 合 3286 正 賓	 合 3298 賓	 合 28319 無		 合 20790 自
 合 11263 賓	 屯 2828 無	 合 3295 賓	 合 3297 正 賓			 合 28389 自
 合 11264 賓	 合 28009 無	 合 3303 賓	 合 10055 賓			 合 10411 賓
 合 22434 婦	 屯附 1 屯西類子	 合 10080 賓	 合 14363 賓			 合 190 正 賓
 合 18306 賓	 合 15857 賓	 合 10208 賓	 合補 495 正 賓			 合 10399 正 賓
					 亞貘父丁鼎 集成 1842  二祀𠨘其卣 集成 5412.1	

豚部　豸部　兕部

1808 易			1807 ⿱冎内*	1806 ⿰土兕*		
易			⿱冎内	⿰土兕		
 屯 2601 歷	 合 6037 反 賓	 合 20264 𠂤	 合 4621 賓	 合 15396 反 賓	 合 33249 歷	 合補 2472 賓
 屯 2601 歷	 合 25934 出	 合 21099 𠂤			 屯 1032 歷	 合 24445 出
 合 28099 反 無	 合 25971 出	 合 1210 賓			 合 28395 無	 合 24358 出
 合補 11299 反黃	 合 32955 歷	 合 655 正甲 賓			 合 28401 無	 合 27146 何
 合 22430 婦	 合 32494 歷	 合 13148 賓			 合 37375 黃	 合 30439 何
 易爵 集成 7770	 𠂤簋 殷新 233	 邐簋 集成 3975				
 陶彙 1.101	 小臣𢆶卣 集成 5379.2	 孝卣 集成 5377				

兕部　易部

1809

象

					象	
					 合 1052 正 賓  合 3291 賓  合 4611 正 賓  合 8984 賓  合 10222 賓	 合 10226 賓  屯 2539 歷  屯 577 無  合 13625 正 賓  合 4611 正 賓
					 象且辛鼎 集成 1512  象爵 集成 7509	 象觚 集成 6667  象爵 影彙 1848

馬

馬				
 合 27950 何	 屯 693 無	 合 10405 正 賓	 合 19813 正 自	甲骨文
 合 27956 何	 合 27881 無	 合 5715 賓	 合 20407 自	
 合 36417 黄	 合 27945 無	 合 23602 出	 合 20630 自	
 合 21777 子	 合 27940 何	 合 34136 歷	 合 945 正 賓	
 花東 367	 合 27882 何	 屯 4029 歷	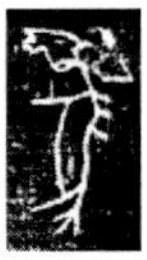 合 7350 正 賓	
 何馬觚 集成 6997	 馬戈 集成 10858.1	 戊寅作父丁方鼎 集成 2594	 馬危罍 殷新 183	金文及其他
 馬戈 集成 10857.1	 己父尊 集成 5651	 何馬觚 集成 6998	 馬危卣 殷新 179	

1816		1815	1814	1813	1812	1811
⿰馬𢆉		駜	驐	騽	駮	騩
𢆉		駜	驐	騽	駮	騩
 合 29516 無	 合 27342 何	 合 28195 何	 合 37514 黃	 合 37514 黃	 合 36836 黃	 花東 191
 合 27060 無	 合 30436 何	 花東 375		 合 37514 黃	 合 36987 黃	 花東 191
 合 37354 黃	 合 33607 歷					 花東 191
 合 35843 黃	 合 27575 無					
 合 37130 黃	 屯 2304 無					

編號	字頭	隸定	字形	按語
1817	馸*	馸	 合 36986 黄	
1818	駚*	駚	 合 28195 何  合 28195 何  合 28195 何	
1819	媽*	媽	 合 36985 黄	
1820	駖*	駖	 合 30297 無	
1821	騂*	騂	 合 29420 無  合 36985 黄  合 36986 黄  合 37514 黄	按：或釋「騮」。
1822	駴*	駴	 合 37514 黄  合 37515 黄  合 36985 黄	
1823	獁*	獁	 合 37514 黄	

1824	1825	1826	1827	1828		1829
騇*	䭾*	𩥠*	𩣡*	鷹		薦
騇	䭾	𩥠	𩣡	鷹		薦
 合 27972 無	 合 37514 黄	 合 11051 賓	 花東 81	 英 1770 𠂤	 合 28421 何	 合補 6245 賓
 合補 8969 無			 花東 168	 合 5658 反 賓	 合 28422 何	 合 30949 無
				 合 18459 賓	 合 30182 何	 合 35554 黄
				 合 10470 反 賓	 屯附 1 屯西類子	 合 38445 黄
				 合 27498 無	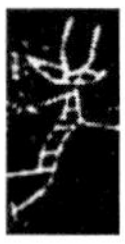 花東 132	 輯佚 872 黄
				 亞鷹父丁觚 集成 7228		

合 38443
黃

合 38448
黃

合 38449
黃

合 35517
黃

懷特 1690
黃

1830

灋

灋

作冊般黿
影彙 1553

1831

𪇔*

𪇔

合 5860
賓

1832

䳡*

䳡

合 26847
出

合 28800
無

合 29361
無

合 30613
無

合 29360
何

合 29360
何

合 30154
無

屯 4045
無

1833

鹿

鹿

合 20714
自

合 20721
自

合 10950
賓

英 1826
賓

合 10950
賓

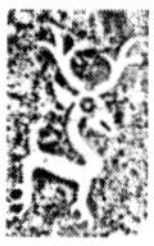
鹿方鼎
集成 1110

合 10274
賓

合 24447
出

合 28334
何

合 26907 正
何

屯 997
歷

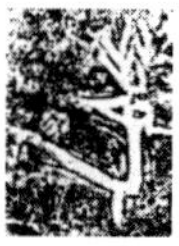
鹿觚
集成 6666

	1834	1835	1836		1837	1838
	⿸鹿言	麐*	麋		麇	麑
	⿸鹿言	麐	麋		麇	麑
 屯 3207 無	 合 36481 正 黄	 合 36836 黄	 英 1823 𠂤	 合 26899 何	 合 4596 賓	 英 1782 𠂤
 合 37408 黄			 合 10344 正 賓	 合 28381 何	 合 4599 賓	 合 20724 𠂤
 合 37427 黄			 合 10380 賓	 合 33361 歷	 合 4600 賓	 合 10386 正 賓
 合 21925 圓			 合 25979 出	 屯 1313 無	 合 4601 賓	 合 24446 出
 花東 14			 合 28385 何	 合 37459 黄	 合 4602 賓	 屯 964 無
			 冈夫麋爵 集成 8813		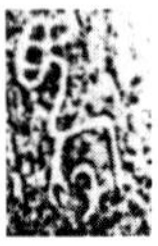 麇婦觚 集成 7312	

1844	1843	1842	1841	1840	1839	
麢*	麤*	麑*	衞*	麗	麔	
麢	麤	麑	衞	麗	麔	
 合 37514 黃	 花東 32	 合 29425 無	 合 8256 賓	 輯佚 576 正 無	 屯 2539 歷	 合 28388 何
	 花東 375	 合 37439 黃			 屯 2539 歷	 合 37408 黃
	 花東 410	 合 37467 黃				 合 37453 黃
	 花東 494	 合 37468 黃				 合 22507 （習刻）婦
		 合 37649 黃				 花東 395

1845	1846	1847	1848	1849		1850
麐*	⿱罒鹿*	⿰鹿鹿*	⿰言鹿*	声*		唐*
麐	⿱罒鹿	⿰鹿鹿	⿰言鹿	声		唐
 合 14295 賓	 花東 2	 合 21771 子	 合 10913 賓	 合 20605 𠂤	 合 8227 賓	 合 8229 賓
 合 14295 賓	 花東 7			 合 98 反 賓	 合 7814 反 賓	 合 8230 賓
 英 2327 無	 花東 37			 合 8220 正 賓	 合 8310 正 賓	 合 5129 賓
	 花東 259			 合 8232 賓	 合 940 反 賓	 合 11897 賓
	 花東 463			 合 8228 賓	 英 1193 反 賓	 合 18097 賓

1854		1853	1852	1851		
⿱⺈畐*		⿱⺈泉*	⿱⺈甹*		㲋	
⿱⺈畐		⿱⺈泉	⿱⺈甹		㲋	鹿
 合 36848 黄	 合 36522 黄	 合 7239 反 賓	 合 9507 正 賓	 合 7634 反 賓	 合 20715 𠂤	 合 33053 歷
 合 36851 黄	 合 36537 黄	 合 12439 反 賓	 合 9507 正 賓	 合 10460 反 賓	 合 20729 𠂤	 合 33103 歷
 合 36850 黄	 合 36881 黄	 合 13696 反 賓	 合 10405 正 賓	 合 10462 賓	 合 137 正 賓	 合 32979 歷
 合補 11257 黄	 合 36847 黄	 合 19601 反 賓	 合 13584 正甲 賓	 合 10463 賓	 合 4618 賓	 英 1175 賓
		 合 38718 黄	 合 24134 出	 合 10466 賓	 合 4619 賓	 花東 291
	 四祀邲其卣 集成 5413.3	 ⿱⺈泉爵 集成 7531  子⿱⺈泉爵 集成 8115		按：或釋「兔」。	 亞㲋鴞尊 集成 5565.2  獸册爵 集成 8211	

1855 𩰪*

𩰪

葡亞作父癸角 集成 9102.1

葡亞作父癸角 集成 9102.1

1856 兔

兔

合 309 甲正 賓

合 10457 賓

合 10458 賓

合 32912 歷

屯 427 歷

按：或釋「能」。

1857 莧

莧

村中南 316 自

合 150 正 賓

合 903 反 賓

合 8648 正 賓

合補 8297 出

合 20870 自

合 6062 賓

屯 3565 歷

花東 338

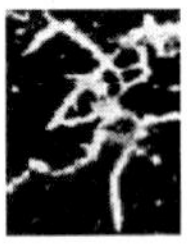

花東 338

1858 犬

犬

合 5668 賓

合 5669 賓

合 492 賓

合 5676 賓

合 23489 出

合 20683 自

合 32674 歷

合 32461 反 歷

合 32966 歷

懷特 1564 歷

合 27926 無

合 29390 何

合 22353 婦

合 22276 午

花東 451

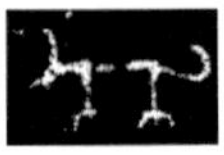

戍學鼎 集成 2708

侖犬犬魚父乙鼎 集成 2117

犬爵 集成 7525

尹獸爵 集成 8188

丁犬卣 集成 4826

1864 獻	1863 獲		1862 臭	1861 狾	1860 尨	1859 狗
獻		隻	臭	狾	尨	狗
 合 31812 無  合 36345 黄	 合 28876 無  懷特 1915 黄  合 21736 子  花東 113  合 24446 出	 合 20763 自  合 20706 正 自  合 181 賓  合 10877 賓  合 34600 歷	 合 4649 賓  合 4651 賓  合 7066 賓  合 8977 正 賓  合 34353 歷	 合 14396 賓  合 18308 賓	 合 4652 賓  合 11208 賓	
 鼋獻且丁觚 集成 7213	 隻婦父庚 卣蓋 集成 5083  亞隻爵 集成 7811	 隻鼎 集成 1122  隻卣 集成 4788. 1	 子臭卣 集成 4849			 狗宁爵 殷新 78  狗宁簋 《考古》 2009. 9

1865 猶

猶

合 33076
歷

合 33076
歷

合 33078
歷

屯 2351
歷

懷特 1638
無

花東 286

1866 狼

狼

花東 108

花東 108

花東 108

花東 108

1867 狐

⿰犭亡

合 10198 正
賓

合 10255
賓

合 10256
賓

屯 86
無

合 28316
無

合 28323
何

合 33364
無

合 37362
黄

合 37500
黄

合 37502
黄

1868 狄*

狄

合 26881
何

合 26907 反
何

合 27689
何

合 27693
何

合 28466
何

合 28469
何

合 28489
何

合 28492
何

合 31592
何

合 31553
何

1873		1872	1871		1870	1869
⿰止犬*		⿰畢犬*	⿰𠙹犬*		狽*	⿰犭夫*
⿰止犬		⿰畢犬	⿰𠙹犬		狽	⿰犭夫
 合 29234 無	 合 29341 無	 合 31778 何	 合 33074 歷	 合 18375 賓	 合 18370 賓	 合 27816
 合 29236 無	 合 28376 無	 合 29332 無	 合 33075 歷	 合 18376 賓	 合 18371 賓	
 合補 10491 歷	 合 29337 無	 合 29333 無	 合 33077 歷	 合 29420 無	 合 18372 賓	
 合 30273 無	 合 28398 無	 屯 2531 無	 合 33079 歷		 合 18373 賓	
 屯 341 歷	 合 39421 黃	 合 29338 無				
按：甲骨文用作「邇」。	按：甲骨文用作「邇」。			 凡作父乙觶 集成 6492.2	 狽元作父戊卣 集成 5278.1  狽元作父戊卣 集成 5278.2	

1878 熊	1877 鼠		1876 ⿱㚘㚘*		1875 獄	1874 ⿰犭壴*
熊	鼠		⿱㚘㚘		獄	⿰犭壴
 屯 2169 無	 合 2807 賓	 合 19988 𠂤	 合 29237 無	 合 7 賓	 合 36541 黄	 合 10982 正 賓
	 英 174 反 賓	 合 19987 𠂤	 合 32077 反 無	 合 8214 賓	 合 36541 黄	
	 懷特 1514 賓	 合 13960 賓	 合 33547 無	 合 29230 何	 合 36542 黄	
	 英 175 賓	 合 2804 賓	 合 33698 歷	 合 29232 無	 合 36543 黄	
	 屯 3847 歷	 合 14020 賓	 合 37790 黄	 懷特 337 賓	 英 2529 黄	
				 近二 540	 獄父丁卣 集成 5067.2  獄父丁卣 集成 5067.1	按：或釋「狐」。

1879 火

火

合 20245
自

合 20271
自

合 11503 反
賓

合 7966 正
賓

合 17066
賓

合 34797
歷

合 30158
何

合 27317
無

合 30774
無

花東 59

1880 尞

尞

合 152 正
賓

合 34449
歷

合 22246
婦

英 1891
子

花東 286

合 34453
歷

屯 314
歷

合 14771
賓

合 22056
午

花東 249

合 20555
自

合 32420
歷

合 32302
歷

合 33272
歷

合 33273
歷

合 2975 正
賓

合 28180
無

英 2366
無

合 35477
黃

合 35901
黃

1881 熯

熯

合 9815
賓

合 10195
賓

合 25971
出

合 28297
無

合 28011
何

1882 閔

閔

合 27160 無

合 28318 無

英 2366 無

英 2366 無

1883 烓

烓

合 21462 𠂤

合 18745 賓

合 16408 賓

合 6822 賓

1884 烄

烄

合 1121 正 賓

合 15674 賓

合 34487 歷

合 32297 歷

合 32288 歷

屯 2616 歷

合 32296 歷

合 30796 無

合 31829 無

合 32300 歷

合 19802 𠂤

合 34479 歷

合 34480 歷

合 30795 無

合 15681 賓

合 30169 無

合 30172 無

合 30171 無

合 29149 無

合 30169 無

按：或以爲「焚巫尫」之「焚」專字。

1885 燀

燀

合 18938 賓

1886 熹

熹

合 15667 賓

合 15669 正 賓

合 18739 賓

合 34468 歷

合 30693 無

1887 ⿰禾⿳廿日火

⿳艹日火

合 8529 賓

合 8935 正 賓

1888 焚

焚

合 10408 正 賓

合 583 反 賓

合 10677 賓

合 36492 黃

合 10408 正 賓

合 10688 賓

合 10685 賓

屯 2287 歷

合 34495 歷

合 20766 自

合 28802 無

合 28803 無

合 28800 無

合 29410 何

屯 2722 無

1889 ⿱雥火

焦

屯 4565 歷

1890 烖

灾

合 7968 反 賓

合 18741 賓

合 8955 出

合 7996 甲 賓

合 7996 乙 賓

1895 炋*	1894 烕	1893 ⿰皀光*	1892 ⿱光女*	1891 光		
炋	烕	⿰皀光	⿱光女	光		
 合 7074 賓	 合 1397 賓		 合 10048 賓	 合 6566 正 賓	 合 20057 𠂤	 合 18740 賓
 合 13404 賓	 合 17103 賓		 合 22157 婦	 合 28089 正 無	 合 140 正 賓	 合 3755 賓
 英 1748 賓			 合 22158 婦	 合 22043 午	 合 184 賓	 合 19622 賓
 花東 137				 合 22174 婦	 合 182 賓	
 花東 458				 合 10197 賓	 合 15551 賓	
		 ⿰皀光卣 集成 4777.1	 宰甫卣 集成 5395.1	 光作母辛觶 集成 6427	 邐方鼎 集成 2709	
		 ⿰皀光卣 集成 4777.2	按：或釋「光」。	 光父辛爵 集成 8600	 小子𦺇卣 集成 5417.1	

1896	1897	1898	1899	1900	1901	1902
炘*	赤*	焗*	炃*	焖*	烪*	炭*
炘	赤	焗	炃	焖	烪	炭
 合 30413 無	 合 28189 無	 合 5089 賓  合 9561 賓  合 18744 賓  合 18737 賓	 合 34205 歷	 合 34224 歷	 合 7862 賓  合 7862 賓  合 18072 賓  合補 6160 賓	 合 22483 婦
			按：或以爲「焚好」之「焚」專字。			

1903 奞*

奞

合 19946 正
自

1904 㷉*

㷉

合 8057
賓

1905 㷊*

㷊

合 23721
出

合 29310
無

屯 3011
無

合 26954
何

合 33156
歷

合 37400
黃

合 37408
黃

合 37742
黃

合 37743
黃

合 37741
黃

1906 熡*

熡

合 5639 正
賓

1907 㷋*

㷋

合 12860
賓

花東 240

1908 㷌*

㷌

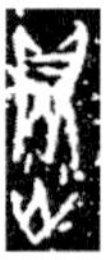
合 28124
無

合 28124
無

1914	1913		1912	1911	1910	1909
焱	囱		黑	粦	燮	炎
焱	囱		黑	粦	燮	炎
 合 22132 婦  合 22133 婦  合 22131 婦  合 22130 婦	 合 5346 賓	 屯 2623 無  懷特 1407 無  合 22067 午  合 22425 婦  花東 67	 合 20305 自  合 10171 正 賓  合 25811 出  合 29546 無  合 29544 無	 合 261 賓  合 36511 黄	 合 28019 無	 合 36509 黄  合 36511 黄
		按：或釋「堇」。			 燮卣 集成 4743.1  燮卣 集成 4743.2	

1915	1916	1917	1918			1919
焱	𥛚*	赤	大			夶*
焱	𥛚	赤	大			夶
	 合 8060 賓	 合 10198 正 賓	 合 19773 自	 合 22677 出	 合 34327 歷	 合 19779 自
	 合 8059 賓	 合 3313 賓	 合 20468 自	 合 22757 出	 合 28544 無	 合 19798 自
	 合 8055 賓	 合 28195 何	 合 137 正 賓	 合 31289 何	 合 35424 黄	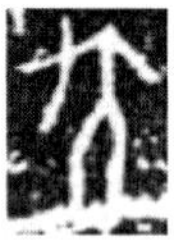 屯 604 自
		 合 27722 何	 合 11018 正 賓	 合 28702 何	 英 2593 黄	 合 20278 自
		 合 33003 歷	 合 5034 賓	 合 34093 歷	 懷特 1505 子	 村中南 316 自
 熒門父辛觶 近出 669		 赤觚 集成 6572	 大禾方鼎 集成 1472	 者㚸觥 集成 9295.2	 陶彙 1.7	
			 小臣缶方鼎 集成 2653	 大丏簋 集成 3457.1	 陶彙 1.8	

焱部 赤部 大部

1920 夾		1921 夸		1922 夷	1923 𡗜*	1924 弜*
夾		夸		夷	𡗜	弜
 合 24240 出	 合 20187 𠂤	 合 4813 賓	 合 19117 賓	 合 17027 反 賓	 合 7139 賓	 合 20140 𠂤
 合 24239 出	 合 4665 賓				 合 10726 賓	 合 17990 賓
 合 24241 出	 合 4666 賓				 合 9498 正 賓	 懷特 384 賓
 合 24243 出	 合 6063 正 賓				 英 597 正 賓	 合 32154 歷
 合 24245 出	 合 37387 黃				 輯佚 20 賓	 合 30909 無
		 夸甗 集成 790  夸矛 集成 11418	 夸矛 集成 11422			按：或釋「引」。

1930	1929	1928		1927	1926	1925
⿰大支*	⿰大丹*	⿰戈大*		⿰大丰*	⿰大干*	吴*
⿰大支	⿰大丹	⿰戈大		⿰大丰	⿰大干	吴
 合 39852 （摹本）賓	 合 5639 正 賓  英 331 賓  合 4416 賓  合 4418 賓	 英 141 賓  合 938 正 賓  花東 116  花東 239  花東 416	 合 19803 自  合 6617 乙 賓  合 829 正 賓  合 3187 賓  合 3186 賓	 懷特 1520 無	 合 21743 子	 合 13728 正 賓  合 3029 賓  合 3028 賓  屯附 2 無  花東 39
		 ⿰戈大觚 集成 6699  ⿰戈大父辛爵 集成 8603	 ⿰戈大鼎 集成 1008  ⿰戈大觚 集成 6698			 吴父丁册 方鼎 集成 1858

1937	1936	1935	1934	1933	1932	1931
杕*	炔*	㹞*	奭*	㷳*	㢊*	奀*
杕	炔	㹞	奭	㷳	㢊	奀
		 合 20960 自	 合 5370 賓  合 16997 賓	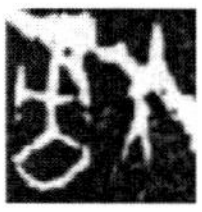 屯 1098 無	 合 7769 賓  合 7770 賓  英 690 賓	 合 22410 婦
 妣辛鐃 集成 412	 爵簋 影彙 1301					

1942	1941	1940	1939		1938	
奔	吳	炏*	夨		亦	
旋	吳	炏	夨		亦	
 合 20190 𠂤		 合 17987 賓	 合 21110 𠂤	 合 1051 正 賓	 合 34150 歷	 合 20363 𠂤
 合 19875 𠂤		 花東 280	 合 1825 賓	 合 14708 賓	 英 1998 何	 合 20957 𠂤
 合 6855 正 賓		 花東 380	 合 14709 賓	 合 31241 何	 合 21677 子	 合 6057 正 賓
 合 13764 賓			 合 3892 賓	 花東 290	 花東 59	 懷特 18 賓
 屯 917 歷			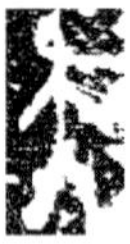 合 39461 黄	 花東 420	 合 24247 出	 合 23694 出
 奔鼎 集成 1051	 吳方鼎 集成 996	按：或釋「拉」。	按：或釋「吳」。	 夨觚 集成 6559	 亦戈 集成 10635.1	 亦車矛 集成 11447.2
 奔冑 集成 11889	 吳方鼎 集成 997			 令夨父戊爵 集成 8919	 亦戈 集成 10635.2	 亦車矛 集成 11448.1

1946 執	1945 㚔		1944 壺		1943 交	
執	㚔			壺	交	
 合 19779 自	 合 628 正 賓	 合 20381 自	 英 153 反 賓	 合 18559 賓	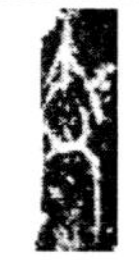 合 20799 自	 合 34076 歷
 合 185 賓	 合 33201 歷	 合 575 賓	 英 751 賓	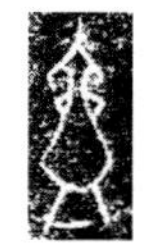 合 18560 賓	 合 9518 賓	 合 26993 無
 合 436 賓	 屯 1120 歷	 合 127 賓	 英 2674 正 類組不明	 合 18561 賓	 合 32509 歷	 合 31003 無
 合 801 賓	 合 33044 歷	 合 5863 正 賓	 英 2674 正 類組不明	 合 7382 臼 賓	 合 32905 歷	 花東 381
 合 22592 出	 合 21708 子	 合 5845 賓	 英 2674 正 類組不明	 合 18562 賓	 合 35324 歷	 花東 295
 執尊 集成 5971	 㚔爵 集成 7708  㚔何爵 集成 8152	㚔觚 集成 6626 㚔父辛卣蓋 集成 5084		 壺觚 集成 7031	交觚 集成 6924  交矛 集成 11423 按：或釋「黃」。	按：或釋「旋」。

1949 ⿰㚔訇	1948 圉		1947 ⿰㚔虎*			
⿰㚔訇	圉		⿰㚔虎			
 合 806 賓	 合 22333 婦	 合 522 反 賓	 屯 2351 歷	 合 26975 何	 合 693 賓	 合 32184 歷
 合 5939 賓	 合 584 反甲 賓	 合 5974 賓	 屯 2351 歷	 合 27302 何	 合 26989 無	 合 26991 無
 合 5941 賓	 合 5978 賓	 合 5975 賓	 合 33076 歷	 合 26977 無	 合 26988 反 何	 合 5970 賓
 合 6566 反 賓	 合 6666 賓	 合 5972 賓	 合 36477 黄	 合 26972 無	 合 32185 歷	 合 5971 賓
 合 22593 出	 花東 118	 合 6057 正 賓	 花東 429	 合 26973 無	 屯 2367 歷	 合 21999 （習刻）劣
		 圉觚 集成 6631				

合 22594
出

合 22595
出

合 27306
無

合 32958
歷

合 32959
歷

1950 㚔*

㚔

合 5936
賓

合 5938
賓

合 139 正
賓

合 13733
賓

合 22065
午

㚔爵
集成 7709

♦㚔葡爵
集成 8814

1951 奢*

奢

合 20379
𠂤

合 20379
𠂤

1952 㚇*

㚇

合 20373
𠂤

合 176
賓

合 9335
賓

合 33202
歷

英 2263
無

合 5894
賓

合 5914
賓

合 21711
子

花東 262

按：或釋「擇」。

㚇觚
集成 6629

㚇簋
集成 2966

甲㚇爵
集成 8002

庚㚇觥蓋
集成 9264

1953 𡘅*

𡘅

合 138
賓

合 628 正
賓

合 847
賓

合 10148
賓

英 776 正
賓

合 839
賓

合 137 正
賓

合 855
賓

合 860 正乙
賓

合 23559
出

1957 ⿱艹夲		1956 亢	1955 ⿲丨㚔攵*		1954 ⿲丨㚔丨*	
⿱艹夲		亢	⿲丨㚔攵		⿲丨㚔丨	
 合 34093 歷	 合 19946 正 自	 合 20318 自				 合 137 正 賓
 屯 932 歷	 英 1757 自	 合 18070 賓				 合 139 正 賓
 合 30022 無	 合 63 正 賓	 合 18562 賓				 合 584 反甲 賓
 合 38680 黄	 合 22637 出	 合 10302 甲 正 賓				 合 13362 正 賓
 合 38684 黄	 合 27066 何	 屯 312 歷				
	 雍伯盉 近二 833	 亞㠱亢觚 集成 7184	 ⿲丨㚔攵戈 集成 10755	 ⿲丨㚔攵觚 集成 6943	 父丁⿲丨㚔丨簋 集成 3175	按：或釋「逸」。
		 亢戈 集成 10777	 車⿲丨㚔攵戈 集成 10866.2	 ⿲丨㚔攵盤 集成 10013	 ⿲丨㚔丨戉爵 集成 8029	

1961		1960	1959	1958		
奚		昦	臩	奏		
奚		昦	臩	奏		
 合 6477 正 賓	 合 19770 自	 合 20164 自	 合 20281 自	 合 34125 歷	 合 21230 自	 合 35607 黄
 合 654 賓	 合 19771 自		 合 20281 自	 合 31014 無	 合 16038 賓	 合 21947 子
 合 649 賓	 合 19773 自		 合 18084 賓	 合 33128 無	 合 460 賓	 合 22062 反 午
 合 33326 歷	 村中南 319 自		 合 18085 賓	 花東 252	 合 26011 出	 合 22184 婦
 花東 78	 合 734 正 賓			 合 26856 出	 合 31026 無	 花東 187
 奚卣 集成 4734.1  奚卣 集成 4734.2	 亞奚簋 集成 3093  葡亞作父 癸角 集成 9102.1			 鄧鬲 集成 741	 作册般黿 影彙 1553	

1966	1965	1964	1963		1962	
立	䖂*	𣪠*	夫		爨	
立	䖂	𣪠	夫		哭	
 合 20332 𠂤  合 20196 𠂤  合 811 正 賓  合 23668 出  合 32786 歷		 合 36875 黄  合 36935 黄  英 2532 黄	 合 30167 無 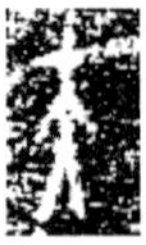 合 36740 黄  英 2558 黄  合 22309 婦  花東 57	 合 20165 𠂤  合 940 正 賓  合 4413 賓  合 14849 賓  合 18592 賓	 合 28012 無  花東 290	 合 811 正 賓  合 644 賓  合 646 賓  合 32524 歷  合 33573 無
 立𠭯父丁卣 集成 5065.1  立戈 集成 10639	 䖂卣 影彙 779		 夫觶 集成 6025  冈夫麇爵 集成 8813	 亞夫鐃 集成 385  小子夫父己尊 集成 5967		 奚斝 集成 9113  奚爵 集成 7335

大部 夫部 立部

<table>
<tr><td>1970
心</td><td colspan="2">1969
囟</td><td>1968
替</td><td colspan="3">1967
竝</td></tr>
<tr><td>心</td><td colspan="2">囟</td><td>朁</td><td colspan="3">竝</td></tr>
<tr><td>
合 12
賓</td><td>
合 28093
出</td><td>
合 26729
出</td><td>
合 32892
歷</td><td>
合 21474 正
（習刻）自</td><td>
合 20149 正
自</td><td>
合 26895
無</td></tr>
<tr><td>
合 6928 正
賓</td><td>
花東 125</td><td>
合 26728
出</td><td></td><td>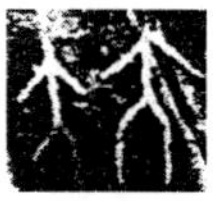
合 4405
賓</td><td>
合 4387
賓</td><td>
合 27929
何</td></tr>
<tr><td>
合 5297
賓</td><td>
花東 208</td><td>
合 26733
出</td><td></td><td>
屯 68
歷</td><td>
合 4393 反
賓</td><td>
英 2564
黃</td></tr>
<tr><td>
合 7182
賓</td><td>
合 22246
子</td><td>
合 26742
出</td><td></td><td>
合 34557
歷</td><td>
合 23326
出</td><td>
合 22469
婦</td></tr>
<tr><td>
合 22003
圓</td><td></td><td>
合 26751
出</td><td></td><td>
屯 2943
無</td><td>
合 32886
歷</td><td>
花東 50</td></tr>
<tr><td>
子木觚
集成 7270

心父己爵
集成 8554</td><td>按：或釋「由」、「西」。</td><td>
成卣鼎
集成 2694</td><td></td><td>
己竝父丁爵
集成 8900

竝匕乙爵
集成 8736</td><td>
亞爵
集成 7401

竝幵戈
集成 10851. 1</td><td>
立父辛觶
集成 6297
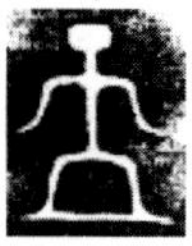
立㠯父丁卣
集成 5064. 2</td></tr>
</table>

1975	1974	1973	1972	1971		
懋	慶	⿱心口*	念	息		
⿱矛心	慶	⿱心口	念	息		
 合 29004 無	 合 24474 出  合 24474 出  合 36550 黃	 合 7772 正 賓  合 1824 正 賓  合 14224 賓  合 2606 正 賓  合 21661 子	 合 9261 反 賓  合 9471 賓  英 392 正 賓  合 18118 正 賓 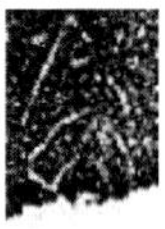 合補 10337 無	 合 3449 賓  輯佚 994 黃	 合 20086 𠂤  合 2354 臼 賓	 合 21419 𠂤  花東 102  花東 401  合 905 正 賓  合 11427 賓
		按：或釋「念」。		 息戈 集成 10724  己父息觚 影彙 240	 息父辛鼎 影彙 620  息爵 影彙 618	 心守壺 集成 9488

1982	1981	1980	1979	1978	1977	1976
⿸广⿱肀心*	⿱六心*	⿱夭心*	鄰	恙	悔	恙
⿸广⿱肀心	⿱六心	⿱夭心	鄰	恙	悔	恚
 合 18384 賓	 合 18385 賓	 合 21306 甲 自  合 21306 乙 自	 合 4310 賓	 合 8877 賓  合 21870 子	按：甲骨文以「每」爲「悔」，見卷一「每」字。	 合 19212 賓  合 19986 自
	按：或釋「忒」。					

					1984 ⿱雔心*	1983 慹*
					⿱雔心	慹
						 合 18380 賓
					 ⿱雔心卣 集成 5362.1  ⿱雔心卣 集成 5362.2	

1985

水

水				
甲骨文	 合 20660 𠂤	 合 33351 無	 合 33350 歷	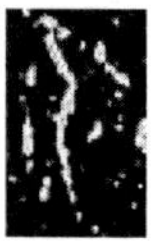 花東 59
	 合 10154 賓	 合 10160 賓	 合 33347 無	 合 20615 𠂤
	 合 24443 出	 合 10151 正 賓	 合 33348 無	 合 33355 歷
	 合 33349 歷	 合 24439 出	 屯 1195 無	 合 33356 歷
	 合 26907 正 何	 合 23532 出	 英 2593 黄	 合 22288 婦
金文及其他				

1986 河

河

合 20611
自

合 14390
賓

合 536
賓

合 32307
歷

合 30432
無

合 8324
賓

合 24609
出

合 26907 正
何

合 30439
何

合 30427
何

合 30429
何

合 28260
無

合補 9575
無

合 31827
何

花東 36

合 36430
黃

合 36428
黃

合 36897
黃

合 36895
黃

合 36922
黃

1987 涑

涑

合 11156
賓

1988 溫

溫

合 137 正
賓

合 1824 正
賓

合 6653 正
賓

合 19152 正
賓

合 28167
無

合 18527
賓

合 151 正
賓

合 151 正
賓

合 151 正
賓

合 17960
賓

1989 涂

涂

合 8361
賓

合 15484
賓

合 17168
賓

合 28012
無

合 28167
無

1990 洛

洛

合補 1405
正　賓

合 36959
黄

合 36960
黄

1991 汝

汝

合 2792
賓

合 2791 反
賓

合 5551 臼
賓

合 14026
賓

合 4299 正
賓

合 15935 臼
賓

合 22258
婦

帚汝簋
集成 3081

1992 沁

沁

合 20738
𠂤

合 2815
賓

合 22370
婦

1993 灌

灌

村中南 471
類組不明

1994 深

深

合 5362
賓

合 557
賓

合 18765
賓

1995 潭

潭

合 10474
賓

懷特 347
賓

1996 油

油

合 8358
賓

1997 淮

淮

合 23558
出

合 29366
何

合 36642
黄

合 36968
黄

英 2564
黄

1998 濼

濼

合 5902
賓

1999 洹

洹

合 8320
賓

合 8316 正
賓

合 8315
賓

合 8315
賓

合 34165
歷

合 28182
無

合 31923
無

合 23717
出

合 24413
出

合 7853
賓

作册般黿
影彙 1553

2000 湡

湡

屯 2212
無

屯 2232
無

合 36531
黄

小臣缶方鼎
集成 2653

2007	2006	2005	2004	2003	2002	2001
沙	淵	濔	濞	沖	洚	滬
沙	淵	濔	濞	沖	洚	滬
 合 27996 無	 屯 722 無  屯 722 無 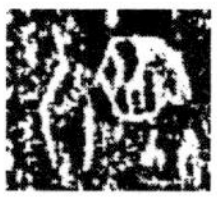 合 29401 無	 合 36851 黄	 合 8357 賓	 合 32906 歷	 合 19869 自	 合 20364 自

2008 汜

汜

合 8367
賓

2009 濘

濘

合 32278
歷

合 34041
歷

合 34042
歷

屯 2409
無

花東 467

2010 洼

洼

合 15678
賓

2011 潢

潢

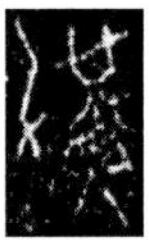
合補 10321
無

合 37514
黃

合 36589
黃

合 31685
無

屯 1008
無

合 36587
黃

合 36588
黃

合 36590
黃

合 37459
黃

合 37541
黃

2012 湄

湄

合 28346
無

合 28513
無

合 28725
無

合 28673
無

合 28645
無

合 29263
何

合 29093
何

合 28643
何

合 28511
何

合 28510
何

2015 砅　2014 汓　2013 注

濿		砅	汓	注		
 合 4222 賓	 合 20768 𠂤	 英 547 正 賓	 合 19362 賓	 合 18544 賓	 合 20604 𠂤	 屯 789 無
 合 10948 正 賓	 合 20710 𠂤	 英 547 正 賓	 合 21973 圓	 合 15827 正 賓	 合 8253 賓	 懷特 1439 無
 花東 352	 合 29399 無	 英 547 正 賓		 合 940 正 賓	 合 5458 賓	 合 37714 黄
 花東 247	 合 37786 黄	 英 547 正 賓		 合 8440 賓	 合 15824 賓	 合 38161 黄
	 合 36931 黄			 合 28012 無	 合 15825 賓	 合 38135 黄
按：《說文》以「濿」爲「砅」字或體。						

2016	2017	2018	2019			2020
倴	瀑	潦	濩			涿
倴	淲	潦	濩			涿
 合 8344 賓	 合 36828 黃	 合 24423 出	 合 15866 賓	 合 32891 歷	 合 38470 黃	 英 837 賓
	 合 36955 黃	 合 24422 出	 屯 51 歷	 合 23070 出	 輯佚 604 何	 合 22621 出
		 合 30775 無	 合 32834 歷	 合 35500 黃	 輯佚 678 黃	 合 22693 出
			 合 32834 歷	 合 35681 黃	 輯佚 856 黃	 合 23032 出
					按：或釋「焦」。	

合 23032
出

合 26416
出

合 26414
出

合 26415
出

花東 36

2021 瀧

瀧

合 902 正
賓

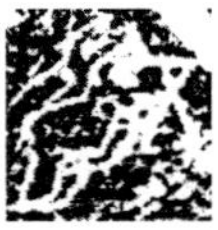
合 902 正
賓

合 3755
賓

2022 沈

沉

合 16189
賓

合 780
賓

合 22594
出

英 2475
出

合 26907 正
何

合 32915
歷

屯 943
歷

合 32028
歷

屯 673
無

合 16186
賓

合 14558 正
賓

屯 2232
無

按：合 14558 正爲「沉小宰」之「沉」專字。屯 2232 爲「沉玉」之「沉」專字。

2023 涵

涵

合 29344
無

合 29345
無

合 29345
無

合 31826
何

2024 溼

滋

合 8354
賓

合 8355
賓

合 8356
賓

合 24415
出

合 38179
黄

	2025 汨	2026 洎	2027 汏		2028 洒	2029 沬
溼	汨	洎	汏		洒	⿱頁皿
 合 28228 何	 合 18781 反 賓	 合 7047 賓	 合 20028 𠂤	 合 20031 𠂤	 合 36789 黃	 合 31951 無
 合 31160 無	 合 23052 出	 合 11006 正 賓	 合 3062 賓	 合 657 賓	 合 36809 黃	
 合 30180 無	 花東 267		 合 672 正 賓	 屯 1059 歷		
 屯 715 無	 花東 267		 合 7075 反 賓	 合 33201 歷		
 屯 3004 無			 合 5510 正 賓	 合 22258 婦		

2030

洗

沚

合 20346 正
自

合 6483 正
賓

合 7508
賓

合 3971 正
賓

合 13143
賓

英 321
賓

合 24351
出

合 24349
出

屯 1047
歷

屯 4164
歷

鄉鬲
集成 741

亞鄉父乙簋
集成 3990

肯

合 123
賓

合 1380
賓

合 4820
賓

合 5559
賓

懷特 43
賓

合 10991
賓

合 4824
賓

合 4822
賓

合 8619
賓

屯 917
歷

合 12386 正
賓

合 6567
賓

合 8616
賓

合 8617
賓

合 8613
賓

2031

瀼

瀼

屯 1098
無

合 28188
無

合補 8953
何

合 8360
賓

合 28187
無

王罍
集成 9821

合 27995
無

英 1187
賓

合 37777
黄

合 38164
黄

合 37778
黄

協卣
近二 542

2038	2037	2036	2035	2034	2033	2032
涓*	汫*	炇*	汩*	泛*	氿*	濤
涓	汫	炇	汩	泛	氿	濤
 合 21435 自	 合 18770 賓	 合 20569 自	 合 32103 歷	 合 36898 黄	 合 36946 黄	 合 10984 賓
 合 18772 賓		 合 18771 賓	 合 34482 歷	 合 36899 黄		
 合 18773 賓		 屯 4566 歷	 屯 2616 歷			

2039 ⿰氵史*

⿰氵史

合 204
賓

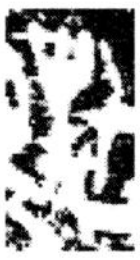
合 974 反
賓

懷特 705
賓

合 29365
無

2040 泊*

泊

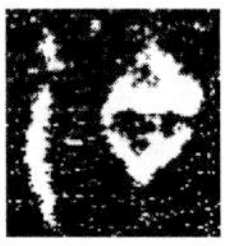
合 36812
黄

2041 ⿰氵叚*

⿰氵叚

合 36779
黄

2042 ⿱余水*

⿱余水

合 14380
賓

2043 沘*

沘

合 1330
賓

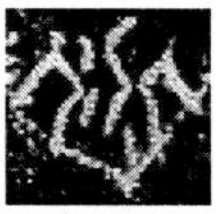
合 10937 正
賓

合 8340
賓

合 9509
賓

合 21415
𠂤

合 8345
賓

屯 1111
歷

合 13517
賓

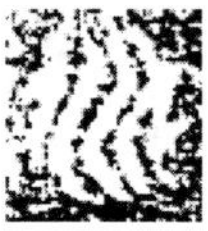
合 36952
黄

合 34255
歷

合 30287
無

花東 28

按：或釋「兆」。

2044	2045	2046	2047	2048		2049
洫*	泐*	浡*	洐*	泃*		洈*
洫	泐	浡	洐	泃		洈
 合 31990 歷  花東 53  花東 53	 合 23623 出  合 24983 出  合 24983 出	 英 1891 子	 英 2564 黄  英 2564 黄	 合 20273 𠂤  屯 2765 𠂤  合 22264 婦  合 27996 無	 合 30757 何  英 2264 何  合 11477 賓  合 11478 賓	 合 6131 正 賓  合 32333 歷
按：或釋「益」。						

2050 洱*	2051 洎*	2052 淲*	2053 潧*		2054 ⿰氵鼓*	2055 淄*
洱	洎	淲	潧		⿰氵鼓	淄
 合 9774 正 賓	 合 36919 黄	 屯 4266 無	 合 21185 自	 合 15329 賓	 合 36756 黄	 合 10163 賓
 合 9774 正 賓			 合 21234 自	 合 2758 賓	 合 36757 黄	 合 15230 賓
 合 14122 賓			 合 45 賓	 合 5499 賓		
			 合 15333 賓	 合 17997 正 賓		
			 合 15326 賓	 合 20319 自		

2056	2057	2058		2059	2060	2061
⿰氵亞*	⿰氵羌*	⿰氵壴*		⿰氵咎*	洴*	⿰氵⿱罒比*
⿰氵亞	⿰氵羌	⿰氵壴		⿰氵咎	洴	⿰氵⿱罒比
 合 18768 賓	 合 37533 黄	 合 24339 出  合 24341 出  合 24340 出  合 20506 𠂤	 合 20507 𠂤  合 32913 歷  花東 11	 合 24421 出	 合 33691 歷	 合 14755 正 賓

2068 瀁*	2067 潩*	2066 溉*	2065 滜*	2064 溦*	2063 澍*	2062 滴*
瀁	潩	溉	滜	溦	澍	滴
 屯 2169 無	 合 31771 何  合 28298 何  合 28737 何  合 28095 無  屯 667 無  屯 765 無	 合 1075 反 賓	 合 7320 賓  合補 1994 賓  合 33361 歷 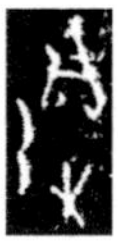 合 36785 黃  合 36786 黃	 合 30167 無	 合 36522 黃	 合 29221 無

2069 滴*		2070 澮*	2071 淒*	2072 漐*	2073 澡*	2074 潾*
滴		澮	淒	漐	澡	潾
 合 8310 正 賓	 合 1082 賓	 合 30429 無	 合 36912 黃	 合 36536 黃	 合 33158 歷	 合 30354 無
 屯 930 歷	 合 33178 歷		 合 37475 黃			
 合 28180 無	 合 28243 無		 英 2563 黃			
 合 27783 何	 屯 256 無					

2075		2076	2077	2078	2079	2080
澅*		溫*	濡*	灘*	溲*	澥*
澅		溫	濡	灘	溲	澥
 合 8347 賓  合 8348 賓  合 29290 何  合 29292 無	 合 27901 無  屯 762 無  合 37562 黃  合 37787 黃	 英 2562 正 黃	 合 14357 賓	 合 27964 無  合 27964 無	 合 36835 黃	 合 20762 𠂤  屯 2116 無

2086	2085	2084	2083	2082	2081	
㳷	瀿*	瀿*	潾*	濕*	瀧*	
㳷	瀿	瀿	潾	濕	瀧	
 英 540 賓  合 33136 歷	 合 36912 黃  合 37475 黃  合 37475 黃	 合 36844 黃  合 38724 黃	 屯 1102 歷  屯 2054 歷	 合 29207 無	 合 23630 出  合 34261 歷  合 34465 歷  屯 84 無	 合 20612 𠂤  合 21099 𠂤  合 14361 賓  合 14362 賓

2088 川

2087 涉

川		涉				
 合 21734 子	 合 10161 賓	 合 21256 自	 合 28339 無	 合 27783 何	 合 480 賓	 合 20464 自
 合 28180 無	 合 5708 正 賓	 合 1051 正 賓	 合 28340 無	 合 30439 何	 合 801 賓	 合 19286 賓
 合 18915 賓	 合 9083 賓	 合 1051 正 賓	 合 21893 圓	 合 31983 歷	 合 5227 賓	 合 20556 自
 合 3748 賓	 合 33352 反 歷		 合 22086 午	 合 32727 歷	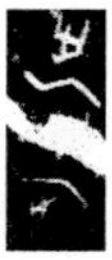 合 10606 賓	 合 20630 自
 屯 2161 無	 合 21801 子		 花東 28	 屯 2539 歷	 合 22537 出	 合 21124 自
	 且簋觚 《考古與文物》1996 年 6 期	按：或釋本欄三形爲「瀕」。			 車涉觚 集成 7040	 戈涉𢆶爵 集成 8809

2091					2090	2089
侃					[illegible]	[illegible]
侃		災		[illegible]		[illegible]
 合 4913 賓	 合 563 賓	 合 36569 黄	 合 28847 無	 合 8375 賓	 合 1772 正 賓	 合 20959 自
 合 23663 出	 合 27827 何	 合 36646 黄	 合 28459 何	 英 2041 出	 合 17213 賓	 合 21016 自
 合 29388 無	 合 32297 歷	 合 37688 黄	 合 28781 何	 合 24480 出	 合 3222 正 賓	
 屯 2851 無	 屯 149 歷	 懷特 1904 黄	 合 29198 無	 合 28467 何	 合 24262 出	
 合補 12750 黄	 合 239 賓	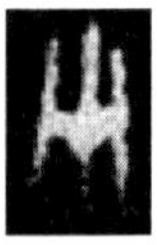 英 2566 黄	 屯 660 無	 花東 206	 合 28433 何	
 衔父辛爵 集成 8658	 竹宋父戊方彝 集成 9878  竹宋父戊方彝 集成 9879				 父癸[illegible]鼎 集成 1694	按：或釋「子」。

2092 州

州

合 850
賓

合 851
賓

合 7972
賓

合 17577 正
賓

合 22044
午

合 26888
無

合 29185
無

屯 667
無

合 37439
黃

合 27879
何

州戈
集成 10727

2093 泉

泉

合 21282
𠂤

合 8373 正
賓

合 24426
出

合 34165
歷

花東 484

2094 叔*

叔

合 1806
賓

合 8368
賓

合 8369
賓

合 8370
賓

合 17475
賓

花東 113

2095 勳*

勳

屯 1111
歷

合 32010
無

2096 纛*

纛

合 36909
黃

合 36910
黃

合 36911
黃

合 36913
黃

2097	2098		2099		2100	2101
橐*	永		⿰克永*		被*	谷
橐	永		⿰克永		被	谷
	 合 21381 𠂤	 合 12342 賓	 合 5708 正 賓	 合 4587 賓		 合 8395 賓
	 合 248 正 賓	 屯 4197 無	 合 4590 賓	 合 584 正甲 賓		 合 17536 正 賓
	 合 3887 賓	 花東 6	 合 11446 賓	 合 9050 正 賓		 合 24471 出
	 合 23671 出	 花東 181	 合 8968 正 賓	 屯 2150 無		 合 38634 黃
	 屯 723 歷	 花東 9	 合 6 賓			
 子橐觚 集成 6891					 被觚 集成 6779	
 子橐尊 集成 5540					 被觚 集成 6937	

2102 冬

冬

合 20729
自

合 916 正
賓

合 14210 正
賓

合 6057 反
賓

合 10395
賓

合 30183
無

合 36775
黄

合 21897
子

花東 10

花東 61

冬臣單觚
集成 7203

按：或釋「終」。

2103 雨

雨

合 20975
自

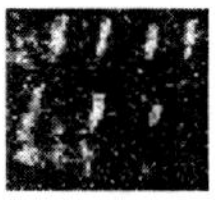
合 20500
自

合 24156 正
出

合 63 正
賓

合 11915 正
賓

合 23454
出

合 27310
何

屯 3598
歷

合 28267
無

合 38173
黄

合 38118
黄

合 21937
圓

合 21942
劣

合 22487
婦

花東 103

ᚱ雨觥
集成 9254

子雨己鼎
集成 1717

子雨觚
集成 6913

子雨爵
集成 8113

子雨爵
集成 8114

2104 雷

雷

合 21021
𠂤

合 13417
賓

合 13410
賓

合 13414
賓

合 13413
賓

合 13411
賓

合補 3969
正　賓

合 21797
子

合 24364 正
出

英 2525
黄

2108	2107	2106		2105		
霝	雹	雪		震		
霝	雹	彗		辰		
 合 20943 𠂤	 合 7370 賓	 合 29214 無	 合 21023 𠂤	 合 36429 黃	 屯 56 歷	 合 17364 正 賓
 合 592 賓	 合 14156 賓	 英 2366 無	 合 9365 賓	 合 36433 黃	 合 34715 歷	 合 17362 賓
 合 2864 賓	 合 11423 正 賓	 合 34039 歷	 合 9366 賓	 合 36440 黃	 合 34717 歷	 合 17360 正 賓
 合 2866 賓	 英 1076 賓	 花東 400	 屯 769 歷	 英 2528 黃	 合 34718 歷	 合 5766 賓
 合 2869 正 賓	 合 21777 子			 花東 466	 屯 236 歷	 合 28874 無
 霝鼎 集成 1228  霝鼎 集成 1229					 震觶 集成 6037	 震觶蓋 集成 6036

	2109	2110	2111		2112	2113
	䨼	霖	霋		靇	雩
 英 417 賓	 合 24257 出	 合 13010 賓	 合 21010 𠂤	 合 38207 黄	 合 13465 賓	 合 828 反 賓
 懷特 238 賓			 合 38192 黄	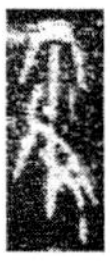 合 38211 黄	 合 8859 反 賓	 合 5512 臼 賓
 合 32509 歷			 合 38196 黄	 合 38210 黄	 合 13466 賓	 合 6740 臼 賓
 合 32509 歷			 合 38199 黄	 英 2591 黄	 合 13467 賓	 合 8398 臼 賓
 合 32969 無			 合 38205 黄	 英 2592 黄	 合 13468 賓	 合 17603 賓
 霝卣 集成 4798.1		按：或釋「霰」。				 守雩鼎 集成 1475
 霝器 集成 10493						 雩爵 集成 7746

2114 需

需

合 17607
賓

合 17604
賓

合 13523 臼
賓

合 3318
賓

合 11423 正
賓

雩觚
集成 6783

需父辛鼎
集成 1635

需父辛鼎
集成 1636

需索戈
集成 10847.1

需戈
集成 10636

2115 零*

零

合 28294
無

合 30444
無

合 30065
無

合 30074
無

合 30075
無

2116 雺*

雺

合 11500 正
賓

2117 雩*

雩

合 19946 正
自

合 4674
賓

合 4676
賓

合 5341
賓

合 7024
賓

合 5340
賓

合 5841
賓

合 7028
賓

懷特 408
賓

英 1813
賓

2118	2119	2120	2121	2122	2123	2124
⿱雨貝*	⿱雨帥*	⿱雨斤*	⿱雨隻*	⿱雨爾*	⿱雨黽*	⿱雨龜*
⿱雨貝	⿱雨帥	⿱雨斤	⿱雨隻	⿱雨爾	⿱雨黽	⿱雨龜
 合 13011 賓	 英 1795 𠂤	 合 20770 𠂤	 合 10989 正 賓	 合 7075 正 賓	 合 8996 正 賓  合 9395 賓  合 16117 正 乙 賓  合 31669 無  合 31670 無	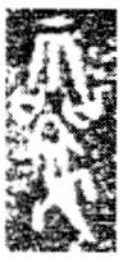 合 39423 黃
			按：或釋「雨隻」兩字。			

2125 㐬*

㐬

亞㐬鼎
集成 1416

亞㐬鼎
集成 1417

2126 雲

雲

合 21021
𠂤

合 21022
𠂤

合 11501
賓

合 13397
賓

屯 1062
歷

邑且辛父
辛觶
集成 6463

合 11407
賓

合 24872
出

屯 2105
歷

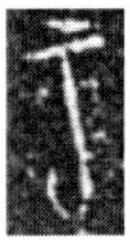

屯 651
無

英 2525
黃

且辛邑父
辛云鼎
影彙 137

2127 霻*

霻

合 13514 正
甲　賓

2128 魚

魚

合 19759
𠂤

合 20638
𠂤

合 20738
𠂤

合 2972
賓

合 10483
賓

亞魚鼎
集成 1741

魚父癸卣
集成 4997

合 24499
出

合 24911
出

合 26842
出

合 27456 正
何

屯 1054
歷

女魚卣
集成 4851. 1

魚乙正鐃
集成 409

屯 637
無

合 29700
無

合 22226
婦

合 22370
婦

花東 236

魚母觚
集成 6877

陶彙 1. 105

2129		2130	2131	2132	2133	2134
鯀		鮏	⿰魚夫*	⿱山魚*	⿸虍魚*	⿱臼魚*
鯀		⿱生魚	⿰魚夫	⿱山魚	⿸虍魚	⿱臼魚
 合 48 賓	 屯 2230 無	 合 22405 婦	 合 21470 𠂤	 合 258 賓	 合 18356 賓	 合 18359 賓
 合 8105 正 賓	 合 29376 無		 合補 10516 賓	 合 3130 賓	 合 18357 賓	
 合 8108 賓	 合 36923 黄			 合 9005 賓	 合 18358 賓	
 合 24382 出	 合 33162 歷			 合 10494 賓		
 合 33574 無	 合 10478 賓					
 鯀鼎 集成 1128						

2135 ⿰魚嬰*

⿰魚嬰

合 52 賓

合 28428 無

屯 3060 無

花東 113

按：或釋「罝」。

2136 ⿱魚廾*

⿱魚廾

魚器 集成 10485

魚爵 集成 7549

2137 ⿱日魚*

⿱日魚

⿱日魚父辛爵 集成 8620

2138 漁

漁

合 130 正 賓

合 713 賓

合 2973 賓

合 2985 賓

合 3004 賓

合 32781 歷

合 32780 歷

屯 2541 歷

合 10475 賓

合 10476 賓

子漁尊 集成 5542

子漁斝 集成 9174

2139 燕

燕

合 5280 賓

合 5281 賓

合 5288 賓

合 5289 賓

合 5290 賓

合 27846 何

合 27849 何

合 27850 何

懷特 389 何

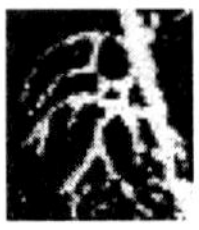
合 31001 無

2140 ⿰目燕*	2141 ⿰燕攴*	2142 龍		2143 ⿱壬龍	2144 龖	2145 蘢*
⿰目燕	⿰燕攴	龍		⿱壬龍	龖	蘢
 合 10613 正 賓  合 1248 正 賓	 合 15221 賓  合 6702 賓  合 8675 賓  合 27990 無	 合 20741 自  合 10558 賓  合 4035 賓  合 6582 賓  合 31972 歷	 合 4655 歷  合 28021 無  合 29365 無  合 21804 子  合 22391 婦	 合 367 正 賓	 合 8197 賓	 合 4654 賓  合 7861 賓  合 12878 反 賓
		 龍爵 集成 7532  冂龍爵 集成 8223	 子龍壺 集成 9485  龍器 集成 10486  陶彙 1.104			

2146 龔*

龔

合 6947 正 賓

2147 翼

翼

合 19945 自

合 12446 甲 賓

合補 3289 賓

合 8398 正 賓

合 22937 出

合 35243 歷

屯 991 歷

合 27050 無

合 27224 何

合 35400 黃

合 35812 黃

合 21631 子

合 22383 婦

花東 34

按：甲骨文用爲「翌日」之「翌」。

六祀邲其卣 集成 5414.1

四祀邲其卣 集成 5413.3

宰椃角 集成 9105.1

翼父辛卣 集成 4985.2

翼子簋 集成 3080

翼子父壬爵 集成 8954

2148 ⿰立翼*

⿰立翼

合 27336 何

合 28459 何

合 28806 何

合 29395 何

合 28525 無

屯 678 無

合補 9331 無

合補 9333 無

合 36168 黃

按：甲骨文用爲「翌日」之「翌」。

2149 非

非

合 17963 正 賓

合 16927 賓

合 24892 出

合 32126 歷

合 34479 歷

非爵 集成 7402

<table>
<tr><td></td><td></td><td></td><td></td><td colspan="3"></td></tr>
<tr><td></td><td></td><td></td><td></td>
<td>
合 5418
賓

合 32683
歷
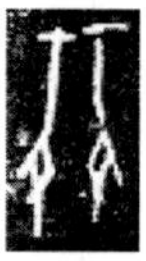
合 34708
歷

屯 503
歷

合 26896
無

合 13845
賓</td>
<td>
合 8136
賓

合 26808
出

合 33147
歷

合 26887
無

合 21620
子

合 21987
圓</td>
<td>
屯 773
無

屯 2597
無

合 27251
無

合 31934
無

合 36922
黄

花東 234</td></tr>
<tr><td></td><td></td><td></td><td></td><td></td><td></td>
<td>
非曡
集成 9120</td></tr>
</table>

2150 乳

乳

甲骨文

合 22246
婦

合 22247
婦

2151 不

不

甲骨文

合 21031
自

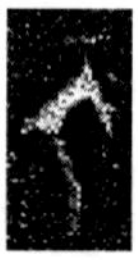
合 2916
自

合 181
賓

合 22539
出

合 24499
出

合 26897
無

合 27840
何

合 32098
歷

屯 665
歷

合 36387
黃

合 38137
黃

合 22049
午

合 22446
婦

花東 321

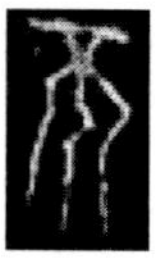
花東 10

金文及其他

子不爵
集成 8110

子蝠何觚
集成 7174

2156 至		2155 ⿰不不*	2154 弃*	2153 ⿰不乇*	2152 ⿰不卩*	
至		⿰不不	弃	⿰不乇	⿰不卩	
 合 27194 何	 合 20582 正 自	 合 18782 賓	 合 22200 婦	 合 22621 出	 合 21320 自	 合 21251 自
 合 27059 何	 合 20919 自			 合 22646 出		 合 4741 賓
 合 36317 黄	 合 72 正 賓			 合 25091 出		 合 22074 午
 合 22045 午	 合 22661 出			 合 26898 無		 合 16012 反 賓
 合 21731 子	 合 32528 歷			 英 2502 黄		 合 30155 無
	 至觚 影彙 1928					

2157 臺

2158 ⿱至巳

2159 西

花東 290

合 27686
何

合 27346
何

合 31194
無

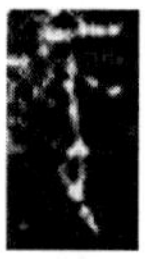
花東 208

臺

花東 502

花東 502

花東 85

⿱至巳

合 2783
賓

合 2784
賓

西

合 20965
𠂤

合 1574 正
賓

合 33209
歷

屯 1126
歷

合 33094
歷

合 28843
何

合 30372
何

屯 641
無

合 29713
無

花東 4

陶彙 1.114

合 584 正甲
賓

合 8774
賓

合 34340
歷

合 5637 正
賓

合 7427 正
賓

西單爵
近二 763

合 26752
出

屯 1077
歷

合 31983
歷

合 31996 正
歷

合 22294
歷

2164 廣*	2163 ⿸广冏*	2162 戶	2161 ⿻鹵十*	2160 鹵		
廣	⿸广冏	戶	⿻鹵十		鹵	
 合 18663 正 賓	 合 8718 賓	 合補 2410 賓	 英 360 賓	 合 19497 賓	 合 21428 自	 合 27202 何
 合 18662 賓	 合 8719 賓	 屯 3185 歷		 合 36756 黄	 合 21171 自	 合 28789 無
 英 725 正 賓	 合 10950 賓	 合 30294 無		 合 21606 子	 合 2753 賓	 合 28190 無
	 合 19361 賓	 合 31230 無		 合 22294 婦	 合 5596 賓	 合 36475 黄
		 合補 6925 圓		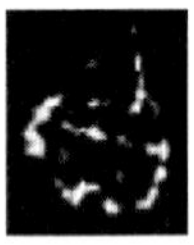 花東 202	 合 4340 正 賓	 合 36387 黄
		 肆作父乙簋 集成 4144  庚戶觚 集成 6838				

2170	2169	2168	2167		2166	2165
閑*	閔*	闔	閣		門	扃*
閑	閔	闔	閣		門	扃
 合 8961 正乙 賓  輯佚 324 出	 合 18064 賓  合 26065 出	 合 4854 賓  合 4853 賓	 屯 2273 歷	 屯 3187 歷  合 34126 歷 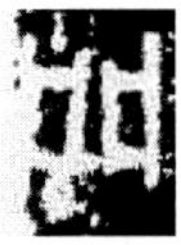 合補 10646 歷  合 22246 婦  合 13605 賓	 合 20770 𠂤  合 13598 賓  合 13600 賓  合 30292 無  合 30282 何	 合 3297 正 賓  合 15099 賓
				 [illegible]門父辛觶 影彙 1165	 門且丁簋 集成 3136	

	2176	2175	2174	2173	2172	2171
	⿱宀門*	闟*	⿵門豕*	⿵門彖*	⿵門殳*	⿱⿵門豕廾*
⿱宀門	⿱宀門	闟	⿵門豕	⿵門彖	⿵門殳	⿱⿵門豕廾
			 合 26927 何  合 26927 何	 合 18665 賓	 合 31023 無  屯 3004 無	 合 36773 黄
 ⿱宀門作隮彝卣 集成 5114  宰椃角 集成 9105.1  甗方鼎 影彙 1566  甗方鼎 影彙 1566	 戍學鼎 集成 2708  作父己簋 集成 3861.1  作父己簋 集成 3861.2	 婦闟卣 集成 5349.2  婦闟甗 集成 922  婦闟罍蓋 集成 9820				

2177 耳

耳

合 21377 自

合 13631 自

合 3942 賓

合 9395 賓

合 13630 賓

英 2251 出

合 28021 無

懷特 955c 賓

合 14755 正 賓

合 13632 正 賓

英 608 臼 賓

合 21648 子

合 22099 午

合 22438 婦

花東 450

㐭耳卣 集成 4867.1

㐭耳卣 集成 4867.2

耳壺 集成 9461

耳鼎 集成 1222

耳衡父乙鼎 集成 1834

耳衡父乙鼎 集成 2002

2178 耴

耴

耴觚 集成 6586

2179 聯

聯

合 32176 歷

合 32176 歷

花東 203

花東 286

花東 480

花東 475

合 32721 歷

合 4070 臼 賓

按：或釋「緝」。

2180 聽

聽

合 20624 自

合 7768 賓

合 19175 賓

合 23265 出

合 14291 賓

聽鼎 集成 1223

聽鼎 集成 1223

2183	2182		2181			
聾	聞		聲			
聾	聞		聲			
 合 21099 𠂤	 花東 38	 合 1075 正 賓	 合 20082 𠂤	 合 6016 正 賓	 合 10478 𠂤	 合 20017 𠂤
	 合 9100 賓	 合 1318 反 賓	 合 32926 歷	 合 17158 賓	 合 14295 賓	 合 21296 𠂤
	 英 633 賓	 合 1137 賓	 屯 3551 歷	 合 18758 賓	 合 14295 賓	 合 5299 正 賓
	 合 10936 正 賓	 合 32902 歷	 合 27632 無	 合 19401 賓	 合 18094 賓	 合 5307 賓
	 合 18089 賓	 合 4493 賓			 合 21712 子	 懷特 489 賓
						 邐簋 集成 3975

2184 聝

聝

合 6619
賓

聝鼎
集成 1210

聝鼎
集成 1211

聝鼎
集成 1209

聝觚
集成 6712

2185 馘

馘

合 20649
自

合 20751
自

村中南 319
自

合 673
賓

合 412 正
賓

花東 3

花東 181

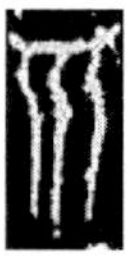

花東 273

按：《説文》以「馘」爲「聝」之或體。

2186 聑

聑

合 36943
黃

聑髭婦斝角
集成 8984.2

聑父辛鼎
集成 1657

聑父丙爵
集成 8440

聑爵
影彙 1646

聑卣
影彙 1786

2187 聶*

聶

合 5382
賓

2188	2189	2190	2191	2192		2193
耴*	聀*	聿*	聘*	聣*		聴*
耴	聀	聿	聘	聣	琞	聴
 合 20196 自  合 7238 賓  合 10223 賓  英 1921 午	 合 13027 反 賓  屯 4330 歷	 合 6 賓	 合 22282 婦  合 22283 婦  合 22284 婦	 合 18092 賓  合 10995 賓  合 8258 賓  英 1594 賓  合 24651 出	 合 8256 賓  合 8257 賓  合 18091 賓  合 18238 賓	 合 1821 正 賓  合 1821 正 賓  合補 6246 賓
			按：或釋「聶」。			

2199	2198	2197		2196	2195	2194
揞	承	拏		撣	扶	臣
揞	承	拏		撣	扶	臣
 合 19945 自  合 19946 正 自  合 20119 自  合 9375 賓  屯 751 歷	 合 4094 賓  合 9175 賓			 合 27302 何  合 31787 何		
按：或釋「汷」。		 拏卣 集成 4791  拏宆器 集成 10506	 拏鼎 集成 1090  宆拏鼎 集成 1478		 巽扶父辛卣 集成5167.1  巽扶父辛卣 集成5167.2	 臣觚 集成 6746

2203 扔	2202 攣			2201 揚		2200 扗
扔		𤔔	𤔔		揚	扗
 合 21050 𠂤	 合 32227 歷  合 32384 歷  合 34532 歷  村中南 489 歷  合 39425 黃	 屯 29 歷  合 13307 賓  合 27997 無  合 36964 黃  合 21695 子	 合 5574 賓  合 15515 正 賓  合 24769 出  合 31782 何  合 31161 無			 合 13404 賓
	 攣戈 集成 10686.1  攣戈 集成 10686.2	 小臣攣卣 集成 5379.2  攣戈 集成 10686.1	 戈涉攣爵 集成 8809  小臣攣卣 集成 5379.1	 小子省卣 集成 5394.2	 小子省卣 集成 5394.1  作丁揚卣 集成 5211.1	

2204 掫

掫

合 13365
賓

合 13366
賓

合 13362 正
賓

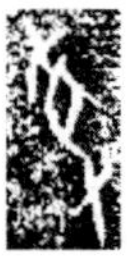
合 13361
賓

2205 扜

扜

合 30431
無

2206 搓

搓

合 21358
自

合 21567
子

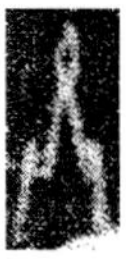
合 21569
子

合 21714
子

英 1915 正
午

合 22049
午

合 22391
婦

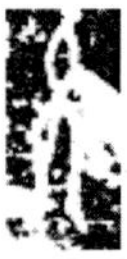
合 21886
圓

花東 3

花東 241

按：或釋「繆」。

2207 脊

脊

合 21892
圓

子脊鼎
集成 1716

子脊觚
集成 6897

子脊爵
集成 7567

子脊鼎
集成 1715

2208 女

女

合 20685
自

合 536
賓

合 536
賓

合 32297
歷

合 32298
歷

子圭女爵
集成 8756

女魚卣
集成 4851.1

2213 晦*	2212 姬	2211 ⿰女姜*	2210 姜	2209 姓		
晦	姬	⿰女姜	姜	姓		
 合 27547 無  合 35361 黃  合 35364 黃  合 36276 黃	 合 33291 歷  合 34217 歷	 合 18047 賓	 合 32160 歷  合 22099 午	 合 13963 賓  合 14027 賓  合 18052 賓	 合 668 賓  合 14002 正 賓  合 14161 正 賓  懷特 1591 歷  花東 205	 合 585 正 賓  合 728 賓  合 670 賓  合 671 正 賓  合 9934 反 賓
					 女亞斝 集成 9177	 陶彙 1.76

2214 敄

敄

合 37485
黄

2215 娸

娸

文父乙簋
集成 3502

2216 娶

娶

合 3297 正
賓

2217 妻

妻

合 689
賓

合 690
賓

合 693
賓

合 696
賓

合 34086
歷

合 34085
歷

合 30380
無

合 22049
午

合 21975
圓

合 22098
午

合 686
賓

合 17382
賓

合 18016
賓

懷特 808
賓

合 5450
賓

子鼻君妻鼎
集成 1910

2218 婦

婦

合 14025
賓

合 18060
賓

婦闟甗
集成 922

婦觥
集成 9251.2

2223	2222	2221	2220	2219		
母	嬬	娠	妊	妃		
母	嬬	娠	妊	妃		
 合 19907 自 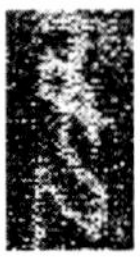 合 685 正 賓  合 32393 歷  花東 401		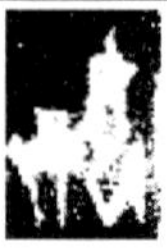 合 14070 賓	 合 2800 賓  合 21556 子  合 21557 子  合 21559 子	 合 2869 正 賓  合 2868 賓  合 6197 賓  合 22460 婦		
 作母戊觥蓋 集成 9291  戈母乙爵 集成 8734	 亞醜嬬鐃 集成 399		 犨妊甗 集成 877  遣妊爵 集成 8137  郾侯尊 影彙 1585		 射婦鼎 集成 1378  婦觥 集成 9251.1	 婦旋鼎 集成 1340  婦鳥觚 集成 6870

2226 妹		2225 妣	2224 姑			
妹		妣	姑			
 合 19137 賓  合 19138 賓  懷特 138 賓  合 23673 出  村中南 447 午	 合 20348 𠂤 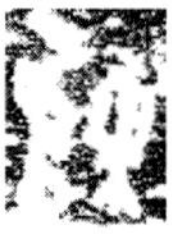 合 19140 賓  合 30497 無  合 38216 黄  合 38137 黄	按：甲骨文以「匕」爲「妣」，見卷八「匕」字。			 合 19952 𠂤  合 924 正 賓  合 1784 賓  英 2274 無  合 27559 何	 合 19907 𠂤  合 673 賓  合 27559 無  合 21882 圓  花東 349
	 黿帚方鼎 集成 1711		 黿婦姑鼎 集成 2137  婦闔甗 集成 5349. 2	 黿婦姑甗 集成 891  婦闔甗 集成 922	 小子作母己卣 集成 5175. 2  母己爵 集成 7992	 司母戊方鼎 集成 1706  雚母觶 集成 6150

2232	2231	2230		2229	2228	2227
妭	婢	妁*		姼	姪	妹*
妭	婢	妁		姼	姪	妹
 合 22301 婦	 合 26956 無  合 35361 黄  合 35361 黄  合 35363 黄	 花東 321	 合 22246 婦  合 22322 婦  合 22323 婦  合 22323 婦  合 22324 婦	 合 22246 婦  合 22247 婦  合 22255 婦  合 22259 婦  合 22261 婦	 合 21065 𠂤  合 21066 𠂤  合 14067 賓  合 18055 賓	 合 6552 𠂤 賓  合 19139 乙 賓

始 2236			媦 2235	妸 2234	娥 2233	
始			媦	妸	娥	
按：或釋「娰」；或釋「司母」、「后母」合文。重見合文「司母」下。	 合 27607 何  合 27605 無  合 36176 黃  合 36176 黃  合 38729 黃	 合補 6552 自  合補 6552 自  合補 6552 自  合補 6552 自	 屯 3110 無	 合 1336 臼 賓  合 7081 臼 賓  合 9669 臼 賓  合 31768 何	 合 14787 正 賓  合 14780 賓  屯 2113 賓  合 14783 正 賓 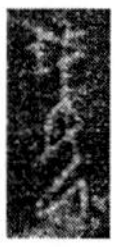 合 22246 婦	 合 14788 賓  合 22246 婦  合 21121 自  合 3006 賓  合 1677 正 賓
 始康方鼎 集成 1906  㪅始方鼎 集成 2434	 者始方尊 集成 5936  乙未鼎 集成 2425	 者始觥 集成 9295.1  者始罍 集成 9818.2				

2237 媚

媚

合 811 正
賓

合 14797
賓

合 14795 正
賓

合 2002 反
賓

合 655 正甲
賓

合 655 正甲
賓

合 707 反
賓

合 2535
賓

合 5592
賓

合 6592
賓

合14035 正甲
賓

合14035 正丙
賓

合14035 正丙
賓

合 9717 正
賓

合 14799
賓

子媚爵
集成 8078

子媚觚
集成 6899

2238 姝

姝

合 21037
𠂤

合 5807
賓

合 14161 正
賓

合補 6172
賓

合 14161 正
賓

合 17058 正
賓

2239 婳*

婳

合 22301
婦

2240 好

好

合 21021
𠂤

合 154
賓

合 176
賓

合 773 甲
賓

合 5532 反
賓

婦好方罍
集成 9781.2

2243 嫙	2242 姘		2241 委			
嫙	姘		⿷匚禾			
	 合 13931 賓  合 13950 賓  合 13952 賓  合 14009 正 賓  英 165 賓	 合 181 賓  合 2723 賓  合 13951 賓  合 7816 賓  屯 4023 無	 合 20208 𠂤  合 20194 𠂤  合 20211 𠂤  合 20205 𠂤  合 20772 𠂤	 合 19754 𠂤  合 20191 𠂤  合 20212 𠂤  合 20201 𠂤  合 20204 𠂤	 合 32762 甲正 歷  合 32762 乙正 歷  合 32759 圓  花東 5  花東 296	 合 6153 賓  合 2649 正 賓  合 6770 正 賓  合 32757 歷  屯 4191 歷
 近出 653					 好甗 集成 762.1  婦好箕 集成 10394	 婦好壺 集成 9486

2249	2248	2247		2246	2245	2244
婞	妯	媟		妝	婡	如
婞	妯		媟	妝	婡	如
 合 2801 賓	 合 1089 賓  合 1088 正 賓  合 14068 賓  合 18068 賓	 合 1773 正 賓  合 2773 賓  英 170 賓  合 7854 正 賓  懷特 1227 何	 合 641 正 賓  合 376 正 賓  合 7860 賓  合 13957 賓  合 13959 賓	 屯 2767 自  合 18063 賓  合 5652 賓  花東 241  花東 241	 合 2812 賓  合 13961 正 賓  合 18061 賓  合 17068 正 賓  英 1119 賓	 合 19136 賓  合 32227 歷  屯 2672 歷  合 21785 子

2255	2254	2253	2252	2251		2250
妏	奸	婪	婎	娃		妍
妏	奸	婪	婎	娃		妍
 合 454 正 賓 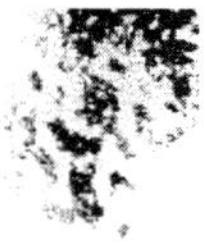 合 9200 反 賓  合 14084 賓  合 6655 反 賓		 合 10298 賓		 合 4464 正 賓  合 4464 正 賓  合 4465 正 賓  合 17437 反 賓	 合 32169 歷  合 3273 正 賓  合 3274 賓  合 3278 賓  合 6642 賓	 合 27250 無  合 30459 無  合 30458 無  合 30461 無  合 32170 歷
	 竊鼎 集成 1498		 冀婎鐃 集成 393  冀婎鐃 集成 393			

2260 㚸*	2259 妟*			2258 㚣*	2257 㚢*	2256 姦
㚸	妟	𡥈		㚣	㚢	姦
 合 5682 賓  合 1130 甲 賓  合 1130 乙 賓  合 1131 正 賓  合補 6855 子	 合 5650 賓	 合 21786 子  合 21787 子  合 21788 子  合 21790 子  合 21792 子	 合 30032 無  合 37855 黃  合 22246 婦  花東 100  花東 480	 合 20472 𠂤  合 21069 𠂤  合 21066 𠂤  合 6905 賓  合 181 賓	 合 32171 歷  村中南 427 歷  合 21651 子	
					按：或釋「妃」。	 婦姦觶 集成 6148  婦姦罍 集成 9783

2266	2265	2264		2263	2262	2261
妊*	牧*	妥*		奺*	㚤*	妏*
妊	牧	妥		奺	㚤	妏
 合 20706 正 自	 合 20672 自	 合 36548 黃	 屯 4514 自	 合 18066 賓	 合 1699 反 賓	 合 20006 自
 合 18045 賓	 村中南 447 午	 合 36181 黃	 合 945 正 賓		 合 2337 反 賓	 合 18041 賓
		 村中南 511 無	 合 587 正 賓		 合 10816 反 賓	 合 18042 賓
		 合 22459 婦	 合 19511 賓		 合 18067 賓	
		 合 21890 圓	 合 31765 無		 合 22098 午	
		 子妥鼎 集成 1304	 子妥鼎 集成 1301	按：或釋「姛」。		
		 子妥簋 集成 3075	 子妥鼎 集成 1303			

2267	2268	2269	2270	2271	2272	2273
妐*	妭*	俶*	妦*	妗*	娶*	妓*
妐	妭	俶	妦	妗	娶	妓
 合 2760 臼 賓  合 18050 賓	 合 2153 正 賓  合 2788 賓  合 2788 賓  英 1291 賓	 合 14588 賓	 合 21568 子	 合 10935 正 賓  合 10935 正 賓	 合 22099 午  合 22099 午  合 22099 午  村中南 389 午	 合 12500 賓  合 36831 黄

2274	2275	2276	2277	2278	2279	2280
姀*	娫*	娖*	媔*	妶*	姡*	姾*
姀	娫	娖	媔	妶	姡	姾
 合 7076 正 賓  合 7076 正 賓  合 18051 賓  花東 5	 合 2803 賓	 合 7145 賓	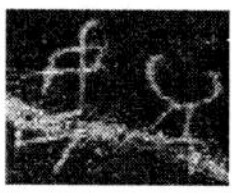 合 22246 婦	 合 21506 自  合 22301 婦	 合 282 賓	 合 28235 無
	 □婦娫鼎 集成 1709					

2287 姫*	2286 娍*	2285 娟*	2284 妯*	2283 娣*	2282 姳*	2281 妄*
姫	娍	娟	妯	娣	姳	妄
 合 20815 𠂤  合 18034 賓	 合 22246 婦  合 22247 婦	 合 900 正 賓  合 418 正 賓  合 13505 正 賓  合 10136 正 賓  合 9608 正 賓	 花東 321  花東 321	 合 12431 賓	 合 864 賓  合 11501 賓  合 18043 賓  合 18044 賓	 合 21306 乙 𠂤  合 6057 反 賓  合 300 賓  合 17509 賓  合 22099 午
				 娣盉 近二 817		

2294 嫛*	2293 婭*	2292 娙*	2291 姑*	2290 娎*	2289 娍*	2288 姘*
嫛	婭	娙	姑	娎	娍	姘
 合 21306 乙 自  合 33092 歷	 合 1567 賓  合 18039 賓	 村中南 327 午  村中南 361 午  村中南 478 午	 合 13868 賓  合 10579 賓	 合 22340 婦	 合 22507 婦	 合 2488 臼 賓  合 1463 反甲 賓  合 2631 臼 賓  合 4261 賓  合 7287 臼 賓
						 婦姘告鼎 集成 1710

2300	2299	2298		2297	2296	2295
婡*	姡*	娃*		⿰女豖*	娘*	⿱⿰丬止女*
婡	姡		娃	⿰女豖	娘	⿱⿰丬止女
 合 3043 賓  合 13716 正 賓  合 13716 正 賓  合 14017 正 賓  合 2781 賓	 合 36751 黄	 合 36344 黄  合 36355 黄  合 38761 黄  合 2861 賓  合 26956 無	 合 19141 賓  合 19143 賓  合 15220 賓  合 17066 賓  合 17067 賓	 合 13758 反 賓	 合 10137 反 賓  合 11423 反 賓  合補 412 賓	 合 20005 自  合 21368 自  花東 293
			 子娃心觚 集成 7270			 ⿱宀帚 ⿰女止盤 集成 10029

2301 婐*	2302 婭*	2303 婞*	2304 婛*	2305 ⿰女食*	2306 ⿰女卣*	2307 婈*
婐	婭	婞	婛	⿰女食	⿰女卣	婈
 英 2271 無	 合 22301 婦  合 22301 婦	 合 1124 賓  合 1123 正 賓  合 1127 賓  合 1126 賓  合 1121 正 賓	 合 22099 午	 合 19886 自  合 13954 賓  合 2783 賓  合 2785 賓  合 2786 賓	 合 22174 婦	 合 18038 賓  合 18037 賓  懷特 432 賓

2314 ⿰女咸*	2313 婭*	2312 婍*	2311 嫊*	2310 嫀*	2309 ⿰女桑*	2308 ⿳日罒女*
⿰女咸	婭	婍	嫊	嫀	⿰女桑	⿳日罒女
 合 32612 歷	 合 22247 婦	 合 27605 無	 合 2802 賓	 合 1086 正 賓  合 1086 正 賓	 合 2782 正 賓  輯佚 8 賓  合 36830 黄  合 36961 黄	 合 8175 賓

編號	字頭	隸定	字形
2315	媿*	媿	 合 3096 賓
2316	婚*	婚	 英 346 賓  英 346 賓
2317	婞*	婞	 合 32301 歷  合 22215 婦  合 22256 婦  合 22259 婦  合 22261 婦
2318	婚*	婚	 合 36948 黃  合 36947 黃  合 36953 黃
2319	婺*	婺	 合 973 正 賓  合 973 正 賓
2320	婎*	婎	 合 22271 婦
2321	嬉*	嬉	 合 2726 反 賓  合 3097 賓

2328	2327	2326	2325	2324	2323	2322
嬙*	嬶*	嫙*	嫫*	嬂*	婋*	嬕*
嬙	嬶	嫙	嫫	嬂	婋	嬕
 合 32299 歷  合 32299 歷	 合 2537 賓  合 2537 賓	 合 22301 婦	 合 13866 賓	 合 20003 𠂤  合 22246 婦	 合 28264 無  合 28265 無	 合 32289 歷

2329	2330	2331	2332	2333	2334	2335
孄*	嬛*	⿱竹婦*	⿰女龍*	⿰女遠*	⿰女雝*	⿰女豐*
孄	嬛	⿱竹婦	⿰女龍	⿰女遠	⿰女雝	⿰女豐
 合 22301 婦	 合 2815 賓  合 22370 婦	 合 17510 賓	 合 4156 賓  合 18048 賓  合 18049 賓	 花東 253  花東 280	 合 38245 黃	 合 12030 反 賓  合 24610 出

2342	2341	2340	2339	2338	2337	2336
㜸*	媓*	娫*	婛*	媨*	㛸*	𡣒*
㜸	媓	娫	婛	媨	㛸	𡣒
						 英 2271 無
 㜸鼎 集成 1488	 媓觚 集成 6523  媓爵 集成 7416  媓爵 集成 7417	 婦娫罍 近二 889	 齊婛母爵 集成 8753  齊婛母爵 集成 8754  䀉齊婛尊 集成 5686	 媨鼎 集成 998	 聑髭婦㛸角 集成 8984.2  聑髭婦㛸尊 集成 5760	

2349	2348	2347	2346	2345	2344	2343
雙*	𡢃*	𡢽*	嬢*	嬆*	嫊*	嫂*
雙	𡢃	𡢽	嬢	嬆	嫊	嫂
 雙方鼎 集成 2579 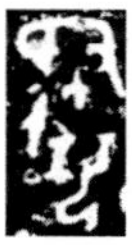 雙方鼎 集成 2579	 母𡢃罍 集成 9780. 1  母𡢃罍 集成 9780. 2	 𡢽器 集成 10480  嬦觥 影彙 1890	 嬢作父庚鼎 集成 2578	 婦嬆觚 集成 7171  婦嬆觚 集成 7172	 文嫊己觥 集成 9301. 2	 嫂簋 集成 2924  嫂卣 集成 4754. 1  嫂卣 集成 4755

2353 乇	2352 弋		2351 弗			2350 民
乇	弋		弗			民
 合 19946 反 自	 合 5746 賓	 合 19946 反 自	 合 21637 子	 合 27737 何	 合 19779 自	 合 20231 自
 合 10405 正 賓	 合 18722 賓	 合 21521 自	 合 21897 圓	 合 29084 何	 合 20456 自	 合 20231 自
 合 10406 正 賓	 合 18851 賓	 合 20607 自	 合 22063 午	 合 26906 無	 合 4855 賓	 合 13629 賓
 合 23779 出	 合 18723 正 賓	 合 4284 賓	 花東 378	 合 32609 歷	 合 628 正 賓	 合 18272 賓
	 花東 235	 合 4415 正 賓	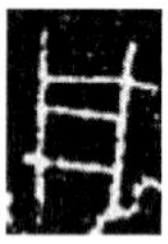 花東 102	 合 37854 黄	 合 24450 出	
 戈罟作乇簋 集成 3394  戈罟作乇簋 集成 3395.1					 乃孫罍 集成 9823	

民部　丿部　厂部　氏部

2356 戎		2355 肇		2354 戈		
戎		肈		戈		
 合 19663 賓	 合 6906 𠂤	 合 264 正 賓	 合 5776 正 賓	 合 29783 無	 合 10713 賓	 合 20621 𠂤
 合 24363 出	 合 6665 正 賓	 合 3130 賓	 合 5827 賓	 合 32834 歷	 合補 10641 無	 合 584 正甲 賓
 合 32904 歷	 合 5237 賓	 合 15522 賓	 合 5826 賓	 合 33208 歷	 屯 2194 無	 合 775 正 賓
 合 28038 無	 合 6888 賓	 合 31181 無	 合 19139 甲	 合 21922 圓	 屯 2194 無	 合 5900 賓
 戎刀爵 集成 8239	 乙戎鼎 集成 1287			 陶彙 1.3  陶彙 1.35  陶彙 1.62	 戈卣 集成 4701.1  北單戈方彝 集成 9868  家戈父庚卣 集成 5082.1	 戈鼎 集成 1204  戈簋 集成 3018  戈父丁簋 集成 3172

2359 戩	2358 成		2357 [illegible]*			
戩	成		[illegible]			
 屯 2232 無	 合 28031 無	 合 6 賓	 合 9608 正 賓	 合 6895 賓	 屯 2286 無	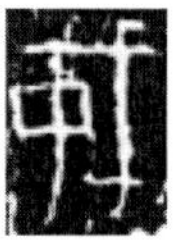 屯 1049 歷
	 屯 2320 無	 合 25877 出	 英 23 正 賓	 合 8991 正 賓	 合 27997 無	 合 21252 𠂤
	 屯 2651 無	 合 28050 何	 合 8022 正 賓	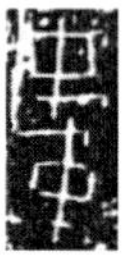 屯 10 歷	 合 31811 何	 合 20417 𠂤
	 合 36538 黃	 合 28056 何	 合 24425 出	 合 20584 𠂤	 合 22043 午	 合 20168 𠂤
	 合 38758 黃	 合 27967 無	 合 24426 出	 合 34866 歷	 合 22043 午	 合 18709 正 賓
按：或釋「截」。	 無冒觚 近出 757	 成圅鼎 集成 2694	按：或釋「誖」。	 父辛[illegible]鼎 集成 1662		 戎器 集成 10510
	 成鈴方彝 集成 9894	 成學鼎 集成 2708				

2360 戕

戕

合 7986 反
賓

合 35301
歷

2361 𢦏

𢦏

合 21099
𠂤

合 27072
何

合 13514 正甲
賓

合 6650 正
賓

合 17230 正
賓

合 33430
歷

合 28633
無

合 28188
無

屯 1013
無

合 28610
無

合 6649 正甲
賓

屯 344
歷

2362 𢦒*

𢦒

合 6830
賓

合 6650 正
賓

合 6834 正
賓

合 6368
賓

合 6367
賓

合 6371
賓

合 24156 正
出

合 28077
何

屯 2119
無

屯 2286
無

合 31970
歷

合 36346
黃

合 20446
𠂤

屯 3706
𠂤

合 33081
歷

合 33081
歷

合 33083
歷

合 33084
歷

合補 6625
𠂤

合 32103
歷

合 22477
午

合 14295
賓

合 33208
歷

册弜且乙角
集成 9064.2

按：或釋「捷」、「翦」。

2363 戔

戔

合 96 賓

合 1086 正 賓

合 4768 賓

合 32033 歷

合 32997 歷

合 4763 賓

屯 806 歷

屯 1047 歷

合 32920 歷

按：「殲」古字。

2364 武

武

合 456 正 賓

合 10989 正 賓

合 26770 出

合 27151 無

合 27741 無

合 36168 黄

合 36317 黄

懷特 1696 黄

懷特 1700 黄

合 22075 午

武父乙盉 影彙 130

肄作父乙簋 集成 4144

2365 戠

戠

合 19771 𠂤

合 20346 正 𠂤

合 945 正 賓

合 25586 出

合 31791 何

合 33705 歷

合 27145 無

合補 11299 反 黄

合 22475 午

花東 236

合 33711 歷

合 37387 黄

合 21245 𠂤

合 25724 出

合 25726 出

2371	2370	2369	2368	2367	2366	
𢦒*	𢦏*	𢦔*	𢦘*	𢦓*	戔	
𢦒	𢦏	𢦔	𢦘	𢦓	戔	
 合 21446 𠂤	 合補 2060 賓	 合 18379 賓  花東 181	 合 22047 午	 合 21163 𠂤  合 21447 𠂤	 合 6335 賓  合 6336 賓  合 36348 黄  合 36528 反 黄	 合 438 反 賓  合 4758 正 賓  合 4759 賓  合 7321 賓
					 𠆢戔父丁觚 集成 7237B	 戔父丁爵 集成 8465

2372	2373	2374	2375	2376	2377	2378
⿹戈豆*	⿹戈冏*	⿹戈丙*	⿹戈⿱业文*	⿰⿹戈大册*	⿹戈酉*	戣*
⿹戈豆	⿹戈冏	⿹戈丙	⿹戈⿱业文	⿰⿹戈大册	⿹戈酉	戣
 合 88 賓  合 9474 賓	 合補 6744 𠂤  合 30547 何	 合 19771 𠂤	 合 199 賓	 合 7768 賓  合 7768 賓  花東 38	 合 30946 無  合 30945 無	 村中南 319 𠂤  村中南 319 𠂤
		 ⿹戈丙簋 集成 3025  駿卣 集成 5380.1  駿卣 集成 5380.2  ⿹戈丙觚 集成 7034		 ⿰⿹戈大册父乙鼎 近二 196		按：或釋「戣」。

2379 ⿺戈冋*

⿺戈冋

合 32 正
賓

合 32 正
賓

合 7385 正
賓

合 3979 正
賓

合 3979 正
賓

合 6419
賓

合 6484 正
賓

合 7386
賓

合 619
賓

合 6461 正
賓

2380 ⿰黑戈*

⿰黑戈

村中南 319
𠂤

村中南 319
𠂤

村中南 319
𠂤

按：或釋「⿰豖戈」。

2381 ⿰女⿺戈犬*

⿰女⿺戈犬

⿰女⿺戈犬觚
集成 6701

⿰女⿺戈犬觚
集成 6703

⿰女⿺戈犬觚
集成 6704

⿰女⿺戈犬觚
集成 6702

2382 戉

戉

合 21522
𠂤

合 172
賓

合 176
賓

合 4722
賓

合 4722
賓

合 4723
賓

合 4723
賓

合 6567
賓

合 7684
賓

合 7685
賓

葡戉父癸甗
集成 846

戉葡卣
集成 5101.1

戉木爵
集成 8209

戉木卣
集成 4864.1

2384 ⿹戊大*

2383 ⿹戊儿*

⿹戊大	⿹戊儿					
	按：或釋「伐」。	 合 21138 自	 花東 206  花東 206	 屯 2291 無  合 35913 黃  合 36532 黃  合 22043 午 按：或釋「或」。	 合 7691 賓  合 7698 賓  合 7702 賓  合 7703 賓  屯 2260 歷	 合 7686 賓  合 7688 賓  合 7689 賓  合 7690 賓  合 7691 賓
 ⿹戊大父庚爵 集成 8585  ⿹戊大父庚爵 集成 8586	 ⿹戊儿父乙盉 集成 9343.1  ⿹戊儿爵 集成 7397	 ⿹戊儿爵 集成 7395  ⿹戊儿鼎 集成 1023	 戊葡且乙 集成 5047.1  戊葡且乙 集成 5047.1	 戊乙簋 集成 3061  子戊戈 集成 10855	 陶彙 1.63  陶彙 1.64	 且辛戊觚 集成 7216  戊木卣 集成 4864.2

2385 戚

戚

合 34400
歷

屯 2842
歷

屯 783
歷

合 34287
歷

英 2446
歷

喜戚觥
集成 9262.1

屯 2194
歷

合 31036
無

合 31036
無

屯 1501
無

懷特 1402
無

喜戚觥
集成 9262.2

合 14735 正
賓

合 16976 正
賓

合 4059 正
賓

合 32535
歷

屯 225
歷

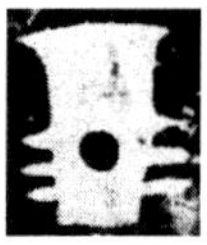
戚喜父乙器
集成 10532

花東 391

花東 490

花東 180

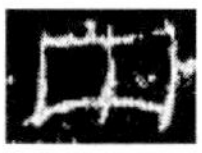
花東 288

按：或釋「玉」、「⿰王又」。

2386 ⿰戚又*

⿰戚又

合 20757
𠂤

合 20757
𠂤

合 20757
𠂤

合 20757
𠂤

合 20757
𠂤

合 20758
𠂤

合 20759
𠂤

英 1616 正
賓

合 10577
賓

花東 198

2387 ⿰女⿰王又*

⿰女⿰王又

合 22246
婦

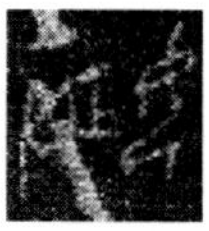
合 22246
婦

合 22247
婦

2392	2391	2390	2389	2388		
⿱我豆*	⿰東我*	⿱我日*	義	我		
⿱我豆	⿰東我	⿱我日	義	我		
 合 6057 反 賓	 合 19907 𠂤	 合 718 正 賓	 合 17620 賓	 合 21610 子	 合 27882 何	 合 21215 𠂤
			 合 32982 歷	 合 21616 子	 合 32829 歷	 合 20665 𠂤
			 合 27979 無	 合 22496 婦	 屯 2785 歷	 合 248 正 賓
			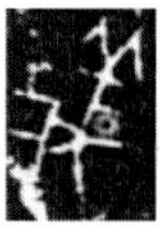 屯 2179 無	 花東 470	 合 35913 黃	 合 584 反甲 賓
			 合 38762 黃	 合 18944 正（習刻） 賓	 合 22075 午	 合 26039 出
			 子義爵 近出 843	 我戈 集成 10737.1	 我且丁觶 集成 6205	 毓且丁卣 集成 5396.2
				 我戈 集成 10737.2	 我戈 集成 10736	 我戈 集成 10735

2393 ⿱義子*

⿱義子

合 36522 黃

2394 丿*

丿

合 9669 臼 賓

合 13443 臼 賓

合 17612 賓

合 17525 賓

懷特 1636 歷

按：或釋「亅」。

2395 瑟

瑟

花東 130

花東 130

花東 372

花東 372

2396 直

直

合 5828 賓

合 32301 歷

合 32877 歷

合 35295 歷

合 21713 子

合 22050 午

合 22048 午

合 22103 午

屯 2240 午

合 22413 婦

2397 亡

亡

合 20634 自

合 20477 自

合 137 正 賓

合 506 正 賓

合 24178 出

合 30550 何

合 34724 歷

合 28267 無

合 39083 黃

合 37794 黃

作册般黿
影彙 1553

2399 勾　　2398 乍

勾		乍				

合 34172 歷	合 19983 自	合 6506 賓	合 21615 子	合 20193 自	合 21910 圓	合 21822 子

合 21876 圓	合 272 正 賓	合 13493 賓	合 22067 午	合 11274 正 賓	合 22083 甲 午	合 21701 子

合 22099 午	合 17055 反 賓	屯 2785 歷	合 22247 婦	合 34609 歷	合 22258 婦	合 21739 子

合 22246 婦	合 24132 出	合 23711 出	合 22405 婦	合 27352 無	合 22258 婦	合 21703 正 子

花東 179	合 32315 歷	合 36483 黃	花東 75	合 28422 無	花東 113	合 21731 子

		乍父乙簋 集成 3861.1	小子作母己卣 集成 5175.2	小子乍父乙方鼎 集成 2016		

		遷簋 集成 3975	戍學鼎 集成 2708	遷方鼎 集成 2709		

2404 匽	2403 匿		2402 ⿷匚口*	2401 區		2400 ⿷匚吕*
匽		匿	⿷匚口		區	⿷匚吕
	 村中南 337 午	 屯 3566 無	 合 458 反 賓  合 459 反 賓	 合 32020 歷  屯 629 歷  屯 629 歷  合 34676 歷  屯 300 歷	 合 685 正 賓  合 18102 賓  合 34678 歷  合 34679 歷  屯 300 歷	 花東 218  花東 218  花東 379
 亞㠱侯父乙盉 集成 9439.1	 匿爵 集成 7376  匿斝 集成 9114  匿斝 集成 9115	 匿爵 集成 7377  匿爵 集成 7374  匿爵 集成 7375	按：或釋「叵」、「區」。			

2411	2410	2409	2408	2407	2406	2405
匚	⿷匸鹿*	⿷匸⿱丰口*	⿷匸交*	⿷匸羊*	⿷匸示*	医
匚	⿷匸鹿	⿷匸⿱丰口	⿷匸交	⿷匸羊	⿷匸示	医
 合 22421 反　自 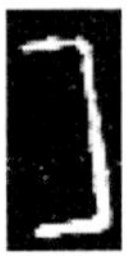 合 32349 歷 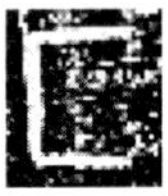 合 27084 何  合 32391 無  屯 2265 無	 合 20717 自  合 20718 自  合 20720 自	 合 5712 賓  合 6717 賓  合 13889 賓	 合 5375 賓  合 3379 賓	 合 474 賓  合 15949 賓  合 18652 賓  英 721 賓	 合 1161 賓	 村中南 313 歷  合 36641 黃  合 37468 黃  合 37468 黃
 乃孫作且己鼎 集成 2431					按：或釋「匸示」合文。重見合文卷。	

2415	2414		2413	2412		
甗	[甾巿]		甾	曲		
甗	[甾巿]		甾	曲		
	 合 33084 歷  合 33083 歷  合 33082 歷	 合 22086 午  花東 375  合 36348 黃  合 36515 黃  合 36512 黃	 合 19754 自  合 5439 正 賓  合 23716 出  屯 145 歷  合 21899 圓	 合 1022 甲 賓	 屯 608 歷  合 32328 歷  合 32393 歷  英 2398 歷  合 30477 無	 合 19852 自  合 150 正 賓  合 7772 正 賓  合 23063 出  合 23064 出
 甗鉞 集成 11737  甗[彳止]觚 集成 7019			 甾觚 集成 6645	 曲父丁爵 集成 8501		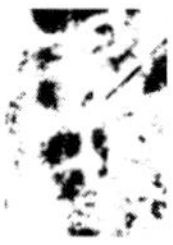 賓匚爵 集成 8277

2416 弓

弓

合 20117
自

合 151 正
賓

合 151 正
賓

合 940 正
賓

合 248 正
賓

合 3046
賓

合 3369
賓

合 7932
賓

屯 2579
無

合 26907 正
何

合 21659
子

花東 37

合 4813
賓

花東 37

花東 149

出甗爵
集成 8204

ᐃ甗觚
集成 7021

弓父庚卣
集成 4968.2

弓衛且己爵
集成 8843

子弓觶
集成 6140

弓䍙父癸尊
集成 5758

田子弓葡卣
集成 5142

2417 引

引

合 19875
自

合 809 反
賓

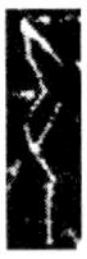
合 3099
賓

合 5382
賓

合 23368
出

合 32892
歷

合 27901
無

合 35347
黄

花東 110

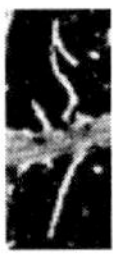
花東 118

聿引觥
集成 9288.1

聿引觥
集成 9288.2

按：或釋「弘」。

2418 弘

弖

合 667 正
賓

合 269
賓

合 3076
賓

合 23532
出

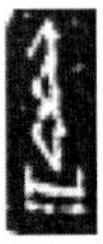
懷特 1145
出

2422 ⿰弓夅*	2421 ⿰弓亘*	2420 ⿰弓又*	2419 發			
⿰弓夅	⿰弓亘	⿰弓又	⿰弓攴		⿰弓口	
 合 22680 出	 合 14760 賓	 合 20041 自	 合 31145 無	 合 10405 正 賓	 合 9106 賓	 合 667 正 賓
 合 23166 出	 合 18478 賓	 合 20042 自	 英 2373 無	 合 26917 無	 合 3440 賓	 合 938 反 賓
 合 23692 出	 英 1177 正 賓	 英 190 賓	 合 4840 賓	 合 26909 無	 合 21914 圓	 合 4771 賓
 合 23694 出	 英 1177 正 賓		 合 32563 歷	 合 27017 無	 合 35673 黄	 合 4997 賓
			 合 5558 賓	 合 31144 無	 合 21895 劣	 合 14128 正 賓
				 發觶 集成 6067		

2423 弢*

弢

合 26956
無

屯 4066
無

2424 弜

弜

合 20347
𠂤

合 5433
賓

合 23002
出

合 25160
出

合 30766
何

亞弜鐃
集成 383

亞弜鼎
集成 1398

合 31196
何

合 32890
歷

合 34428
歷

合 26898
無

合 30355
無

肆作父乙簋
集成 4144

亞弜器
集成 10498

懷特 1374
無

合 36418
黃

合 36909
黃

花東 412

花東 437

亞弜觚
集成 7819

婦亞弜觶
集成 6346

2425 弓*

弓

合 30588
何

合 26899
何

合 26907 正
何

合 31049
無

按：否定詞，或釋「勿」、「發」。

2426 弦

弦

合 593
賓

合 29745
何

合 36344
黃

花東 113

花東 416

合 18477
賓

合 25
賓

合 10048
賓

花東 252

懷特 1582
歷

按：或釋「發」。

孫

						孫
						 合 10554 賓  合 30527 無  合 31217 無  懷特 434 賓
						 乃孫作 且己鼎 集成 2431  乃孫罍 集成 9823

商代文字字形表 卷十三

	2428		2429	2430
	糸		絕	繼
	糸		絕	繼
甲骨文	 合 335 賓	 合 21306 甲 自	 合 20849 反 自	 合 2940 賓
	 合 15121 賓	 合 21306 乙 自	 合 1423 賓	 合 14959 賓
	 合 28401 無	按：或釋「索」。	 合 36508 黃	 合 16225 賓
金文及其他	 子糸爵 集成 8105	 糸保觚 集成 6996	 絕爵 集成 7613	
	 子糸爵 集成 8107	 子刀糸示簋 影彙 1504	 絕爵 集成 7614	
	 子父癸鼎 集成 2136	 子糸爵 集成 8106		

2435 彝		2434 繕	2433 編	2432 紳	2431 鬬*	
彝		繕	編	紳	鬬	
 合 30286 無	 合 14294 賓	 合 3406 反 賓	 合 26801 出	 英 2415 反 歷	 合 339 賓	 合 19737 賓
 合 31010 無	 合 14295 賓				 合 1682 賓	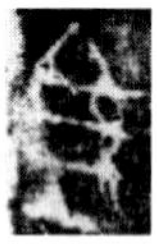 英 126 賓
 合 32551 歷	 合 15924 賓				 合 4493 賓	 合 17166 正　賓
 合 36390 黃	 合 15925 賓				 合 8032 賓	 合 22035 圓
 合 36512 黃	 合補 8662 出				 合 18601 賓	 合 21818 子
 小子作父辛尊 集成 5965	 作父己簋 集成 3861.1					
 子作父戊觶 集成 6496	 作父乙卣 集成 5205.1					

花東 37

合 32360
歷

合 32360
歷

合 34044
正　歷

屯 3723
歷

鈇卣
影彙 779

寗卣
集成 5353.1

按：此从「凡」，或釋「凡彝」。

2436

紒*

紒

合 9002
賓

合 18598
賓

合 18599
賓

合 30173
無

合 31801
無

花東 63

花東 286

花東 292

花東 437

花東 437

2437

紼*

紼

合 20090
自

合 20440
自

合 20359
自

合 3358
賓

合 880 正
賓

合 880 正
賓

合 4550 正
甲　賓

合 4550 正
乙　賓

合 6524 正
賓

合 585 正
賓

合 16026
正　賓

合 6819
賓

合 8084
賓

合 34256
歷

合 22274
婦

2438

絅*

絅

合 32048
歷

合 32049
歷

合 32050
歷

花東 450

2443 轡	2442 絲	2441 緯*	2440 絴*		2439 紟*	
轡	絲	緯	絴		紟	
 合 20602 自	 合 3336 正 賓	 合 36938 黄	 合 27976 無	 合 21050 自	 合 27888 無	 合 20332 自
 合 339 賓	 合 3337 賓		 合 1118 賓	 合 7 賓	 合 27887 無	 合 21234 自
 合 8174 賓	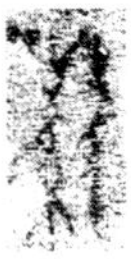 合 23560 出		 懷特 840 何	 合 8598 賓	 合 32919 歷	 合 13902 賓
 合 8176 賓			 合 20373 自	 合 8599 賓	 合 36345 黄	 合 4489 賓
 屯 82 歷			 合 8596 賓	 合 33019 歷	 合 36508 黄	 合 9381 賓
	按：或隸定爲「⿱絲木」。					 紟爵 集成 7369

2447 率		2446 纖*	2445 績*	2444 [illegible]*		
率		纖	績	[illegible]		
 合 25172 出	 合 95 賓	 合 371 正 賓	 合 13888 賓	 合 36570 黃	 合 33145 歷	 合 33030 歷
 屯 4233 歷	 合 97 正 賓	 合 5513 賓		 合 38177 黃	 合 33147 歷	 合 33100 歷
 合 30299 無	 合 3327 賓			 合 39463 黃	 合 8177 賓	 合 8179 賓
 合 36523 黃	 合 5842 賓				 合 27990 無	 合 33147 歷
 花東 474	 合 26051 出				 屯 2613 無	 合 22299 子
	 作册般黿 影彙 1553	按：或釋「績」。				

2448 㙠*

㙠

花東 294

花東 294

2449 虫

虫

合 14403
賓

合 3262
賓

合 20332
𠂤

屯 643
𠂤

合 22384
圓

合 23110
出

合 27703
何

合 33249
歷

合 22296
婦

旅博 1272
賓

虫爵
集成 7555

甲虫爵
集成 8000

虫乙觶
影彙 1746

2450 蠆

蠆

按：「蠆」與「萬」古本一字，見卷十四「萬」字。

2451 蟺

蟺

合 26898
無

合 26898
無

合 27999
無

2452 蝠

蝠

合 3224
賓

合 9947
賓

合 13827
賓

合 10613 正　賓

合 914 正
賓

子蝠何觚
集成 7174

子蝠何觚
集成 7173

子蝠觚
集成 6908

子蝠斝
集成 9172.1

2456 蠡			2455 𧒒	2454 蚰		2453 虹
蛷			蚤	蚰		虹
 花東 50	 合 32315 歷	 合 19907 自	 合 21238 自	 合 7009 賓	 合 20970 自	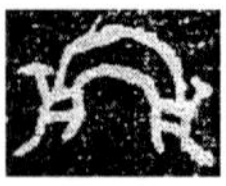 合 10405 反 賓
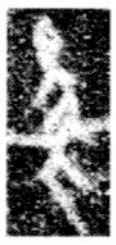 合 22323 婦	 屯 2525 歷	 合 20465 自	 合 4890 賓	 合 14704 賓	 合 14698 賓	 合 10406 反 賓
 合 22322 婦	 合 30176 無	 合 137 正 賓	 合 18154 賓	 合 14707 賓	 合 14701 賓	 合 13442 正 賓
 合 27826 正 無	 英 1906 子	 合 6767 賓		 合 1140 正 賓	 合 14700 賓	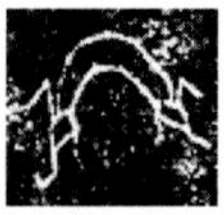 合 13443 正 賓
 合 33026 歷	 合 21895 圓	 合 26096 出		 合 14703 賓	 合 21905 圓	 合 13444 賓
按：《說文》以「蛷」爲「蠡」或體。			按：《說文》以「蚤」爲「𧒒」或體。			

2462 蚩*	2461 [illegible]*	2460 [illegible]*	2459 [illegible]*	2458 [illegible]*	2457 [illegible]*	
蚩	[illegible]	[illegible]	[illegible]	[illegible]	[illegible]	
 合 20592 𠂤	 合 18389 賓	 合補 6240 賓	 合 13627 賓	 合 10229 反　賓	 合 18676 賓	 合 13514 正甲　賓
 合 21377 𠂤	 合 18390 正　賓			 合 13728 正 賓	 合 21461 𠂤	 合 13514 正乙　賓
 合 5306 賓				 合 13753 賓	 合 39447 黄	 合 2954 賓
 合 22647 出				 合 16458 甲　賓	 合 21703 正 子	 合 37468 黄
 合 22667 出				 英 358 賓	 合 22086 午	 村中南 453 午
					 戍𠧟鼎 集成 2694	

合 30450
何

合 32087
歷

合 32556
歷

合 32578
歷

屯 1018
無

合 37864
黃

合 21793
子

花東 247

合 2147
賓

合 5304
賓

合 4150
賓

合 22668
出

合 27150
何

合補 10628
歷

合 22246
婦

按：或釋「螫」，讀「害」。

2463 徭*

徭

合 35405
黃

合 35404
黃

合 36511
黃

合 37835
黃

英 2594
黃

2464 蠱

蠱

合 6016 正
賓

合 13665
正　賓

合 13796
賓

合 17183
賓

合 14277
賓

合 201 正
賓

合 201 正
賓

合 22416
婦

合 17191
賓

合 17190
賓

2465 ⿱䖵土*

⿱䖵土

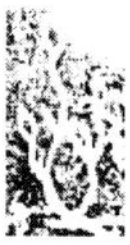
合 5666 正
賓

合 9002
賓

合 9002
賓

合 18733
賓

合 27990
無

子癸⿱䖵土觶
集成 6351.1

2466 風

風

按：甲骨文以「鳳」爲「風」，見卷四「鳳」字。

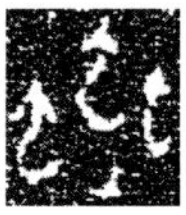
合 37386
黃

合 37387
黃

合 21116
自

2467 它

它

合 672 正
賓

合 4813
賓

合 10060
賓

合 10063
賓

合 10065
賓

合 14353
賓

懷特 898
出

合 32509
歷

合 32033
歷

合 36960
黃

陶彙 1.103

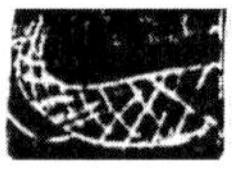
陶彙 1.107

陶彙 1.108

2468 龜

龜

合 6480
賓

合 18366
賓

合 7859 正
賓

合 7860
賓

合 33329
歷

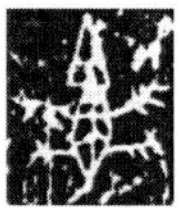
屯 859
歷

合 926 正
賓

合 8995 正
賓

合 8996 正
賓

合 17666
賓

合 18364
賓

合 30449
何

合 21562
子

花東 449

花東 450

龜爵
集成 7535

弔龜鼎
集成 1468

陶彙 1.106

弔龜爵
集成 8224

龜父丙鼎
集成 1569

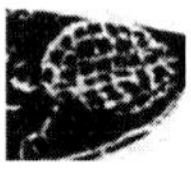
陶彙 1.105

弔龜爵
集成 8227

弔龜斧
集成 11781.2

2475 ⿱羊龜*	2474 ⿰鬲龜*	2473 ⿱罒龜*	2472 ⿰龜攴*	2471 ⿰彳龜*	2470 ⿰龜匕*	2469 ⿰龜又*
⿱羊龜	⿰鬲龜	⿱罒龜	⿰龜攴	⿰彳龜	⿰龜匕	⿰龜又
 合 23612 出	 合 10076 賓	 合 9188 反 賓	 合 10198 正　賓  合 32997 歷  合 32996 歷  屯 1047 歷	 合 18706 賓	 合 18365 賓  合 8811 正 賓	 合 8956 反 賓

2476 鼊*

鼊

合 8996 正
賓

2477 黽

黽

合 20853
自

合 17953
賓

合 5947
賓

屯 2659
無

村中南 364
午

按：或釋「奄」。

父辛黽卣
集成 4979

黽且乙觚
集成 7073

陶彙 1.70

黽父丁鼎
集成 1584

黽爵
集成 7536

2478 鼉

鼉

合 6163 反
賓

合 7405 反
賓

合 17869
賓

2479 鼋

鼋

合 451
賓

合 809 正
賓

合 9187
賓

合 19124
賓

合 17542
賓

合補 9603
無

合 36417
黃

花東 288

合補 6200
賓

村中南 238
無

懷特 1381
黃

合 36417
黃

2484		2483	2482		2481	2480
亘		恆	亟		二	黽*
亘		恆	亟		二	黽
合 20383 自	合 1075 正 賓	合 14749 正 賓	合 13637 反 賓	合 32094 歷	合 20700 自	合 8401 賓
合 14573 反 賓	合 7081 臼 賓	合 14762 賓	合 16936 反 賓	合 32099 歷	合 20715 自	合 29351 無
合 7076 正 賓	合 33180 歷	合 14766 反 賓	合 20407 自	合 26907 正 何	合 903 正 賓	
合 16442 賓	合 22099 午	合 14768 賓		合 28853 何	合 2940 賓	
合 36751 黄	合 224 賓	合 14769 賓		合 35891 黄	合 26482 出	
				花東 278	合 22962 出	
亘甼 影彙 1582	亘鬲 集成 447			寧孳鼎 影彙 924	二祀邲其卣 集成 5412.3	
				甗鼎 影彙 1566	二肓 集成 11894	

2485 凡

凡

合 20575 自

合 1578 賓

合 23395 出

合 27391 何

合 28945 無

合 28122 無

合 29990 無

合 32296 歷

合補 13169 正　黃

合 21565 子

合 22030 圓

合 22108 午

合 22274 婦

花東 349

𨶗鐓 集成 11903

凡作父乙觶 集成 6492.2

按：或釋「同」。

2486 土

土

合 20627 自

合 21105 自

合 6057 正 賓

合 6419 賓

合 6445 正 賓

合 32048 歷

屯 2563 歷

合 26898 無

合 28111 無

合 28107 何

合 6407 賓

合 6449 賓

合 9744 賓

合 33050 歷

合 36975 黃

土父癸爵 集成 8708

陶彙 1.22

按：或釋合 36975 爲「牡」。

2487 基

基

合 6571 正 賓

合 6572 賓

合 6574 賓

合 8447 賓

合 8450 賓

字號	字頭	隸定	甲骨文	金文
2488	掃	[illegible]	 花東 391  花東 391  花東 391  花東 391	 叉[illegible]觚 集成 6934  叉[illegible]觚 集成 6935
		[illegible]	 合 13727 賓	
		埽	 合補 6244 賓	
2489	在	在	按：商代甲、金文中以「才」爲「在」，見卷六「才」字。	
2490	坐	坐	 合 1779 正 賓 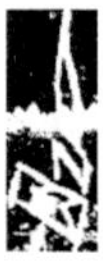 合 1779 正 賓  合 5357 賓  合 8131 賓  合 16998 正 賓	
2491	封	封	 合 18424 賓  合 24248 出  合 24248 出  合 24248 出	 封乙觚 集成 6819  封觚 影彙 1657
2492	墉	墉	按：商代甲、金文中以「𩫖」爲「墉」，見卷五「𩫖」字。	

2493

圭

圭

合 11006 正 賓

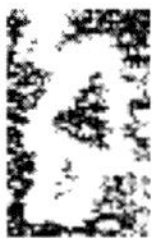
合 15147 賓

合 18546 賓

合 18924 賓

合 33085 無

花東 203

花東 475

花東 480

花東 490

子圭女爵 集成 8756

子圭女爵 集成 8757

圭旅壺 集成 9480

圭天斧 影彙 665

2494

[illegible]*

[illegible]

合 9473 賓

合 9475 賓

合 9477 賓

合 9481 賓

合 9483 賓

合 20291 𠂤

合 33213 歷

合 33209 歷

合 33211 歷

屯 499 歷

合 11473 賓

合 6774 賓

合 6773 賓

合 6773 賓

合 18193 賓

合 34239 歷

村中南 375 歷

合 33223 歷

屯 2260 歷

按：或釋「圣」、「裒」等。

2495

敀*

敀

合 18163 賓

2501	2500		2499	2498	2497	2496
堯	量*		甬*	𡉏*	垔*	里*
堯	量		甬	𡉏	垔	里
合 9379 賓	合 30303 無 屯 650 無 合 37392 黄 合 37514 黄	合 22 賓 合 9485 賓 合 9486 賓 合 28198 無 合 28199 無	合 18215 賓	合 8401 賓	合 34075 歷	合 3396 賓
	按：或釋「圣」、「貴」、「壅」等。					

2503　艱　　　　2502　堇

⿰壴莫			⿰女壴	莫		
 花東 3	 合 24177 出	 合 22577 出	 合 137 正 賓	 花東 240	 合 10174 正 賓	 合 20613 𠂤
 花東 124	 合 24200 出	 合 24151 出	 合 137 反 賓	 花東 247	 合 10178 賓	 合 10164 賓
 花東 5	 合 24203 出	 合 24165 出	 合 140 正 賓	 花東 290	 合 5760 正 賓	 合 10167 賓
 花東 450	 合 24204 出	 合 24180 出	 合 11460 正乙　賓	 花東 403	 合 32017 歷	 合 10173 正 賓
 花東 455	 合 24206 出	 懷特 1144 出	 合 22537 出	 花東 449	 合 22091 甲　午	 合 10174 正 賓
					 小子𠭯卣 集成 5417.1	 肄方鼎 集成 2579

2506 疇　　2505 田　　2504 野

疇		田			埜	⿰亻壴
合 14912 賓 合 23614 出 合 23805 出 花東 159 合 21181 𠂤	合 21174 𠂤 合 21174 𠂤 合 339 賓 合 15287 賓 合 1183 賓 合 1626 賓	合 20495 𠂤 合 29330 無 合 32026 歷 合 32700 歷 屯 102 歷 合 21999 圓	合 28203 無 合 29278 無 合 27929 何 合 22043 午 合補 11299 反 黃 花東 80	合 21145 𠂤 合 20196 𠂤 合 6057 正 賓 合 23006 出 合 24395 出 合 33222 歷	合 18006 賓 合 18419 賓 合 30173 無 合 30173 無 合 22027 圓	合 14006 正 賓 合 24147 出 合 22091 甲 午 屯 2672 無
		王罍 集成 9821 陶彙 1.58	告田觶 集成 6191 田戈 集成 10739	田父甲簋 集成 3142 二祀𠨘其卣 集成 5412.3	按：或釋「楙」。	

2507	2508	2509	2510	2511	2512	
畯	畜	⿱甾田*	畕	彊	黃	
畯	畜	⿱甾田	畕	彊	黃	
 合 3019 賓	 合 29415 何	 合 18433 賓	 英 744 賓	 合 37831 黃	 合 19771 自	 合 29509 無
 合 5608 賓	 合 29416 何				 合 553 賓	 合 33167 歷
 合 5606 賓	 屯 3121 無				 合 6209 賓	 合 36823 黃
 合 5605 賓	 屯 3398 無				 合 26663 出	 合 22088 午
 合補 2139 正甲　賓					 合 29687 何	 屯 2182 無
					 黃簋 集成 3045	 黃觚 集成 6598

2517	2516	2515	2514	2513		
力	男	潢*	⿰黄殳*	⿲丨黄丨*		
力	男	潢	⿰黄殳	⿲丨黄丨		
 合 19801 自  合 21304 自  英 751 賓  合 22099 午  合 22323 婦	 合 3451 賓  合 3452 賓  合 3453 賓  合 3454 賓  合 21954 圓	 合 32783 歷	 合 13758 反 賓	 合 20260 自  合 20962 自	 合 26662 出  屯 216 歷  合 36992 黄  合 36993 黄  花東 180	 合 409 賓  合 595 正 賓  合 916 正 賓  合 3460 正 賓  合 8478 賓
 力册父丁觚 集成 7233  力册父丁觚 集成 7233						 黄壺 集成 9474

2521 [劦+曰]*	2520 劦		2519 励*	2518 助		
[劦+曰]	劦		励	叀		
 合 3 賓	 合 27277 無	 合 20283 自	 合 21479 自	 合 19486 賓	 合 15799 賓	 合 22268 婦
 合 1210 賓	 屯 348 無	 合 14295 賓		 合 8855 賓	 懷特 409 賓	 合 22269 婦
 合 5202 賓	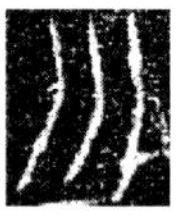 合 32226 歷	 合 15588 正 賓		 合 27997 無	 合 5532 正 賓	 合 22322 婦
 合 14294 賓	 合 34615 歷	 合 22654 出		 合 27736 無	 合 6946 正 賓	 合 22324 婦
 合 15707 賓	 合 37848 反 黄	 合 27044 無		 合 827 賓	 合 16468 賓	 合 22370 婦
 肄作父乙簋 集成 4144				 □戈 集成 10749.1	 戈□爵 集成 8232	 陶彙 1.100
 成鈴方彝 集成 9894				 □□爵 近二 747.3	 叀册鼎 集成 1360	

					 合 30282 何  合 35472 黄  合 35529 黄  合 35530 黄  英 2512 正 黄	 合 22651 出  合 23122 出  合 23307 出  合 27042 正 何  合 31091 何
					 𦥑𠃞作兄癸卣 集成 5397.1	 𡨦孳鼎 影彙 924

	2522 金		2523 鑄	
	冞	金	鑄	
甲骨文	 合 23573 出  花東 2  花東 183  花東 152  花東 492	 村中南 296 自	 合 29687 何  英 2567 黃	 合 33045 歷  合 27987 無  合 27988 無  合 27988 無  合 27989 無
金文及其他	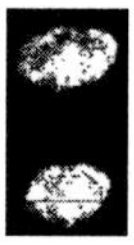 彭尊 殷新 161	 執尊 集成 5971		

2529 勺	2528 幵	2527 鎷	2526 鑿	2525 雋*	2524 鑊	
勺	幵	鎷	鑿	雋	鑊	
		 合 36984 黃	 合 32885 歷	 花東 377 按：或釋「鑊」。	 合 4834 賓  合 5477 正 賓  合 946 正 賓  合 15945 賓  合 15946 正 賓	 合 257 賓  合 4833 賓  合 32922 歷  合 33218 歷  合 15947 賓
 勺方鼎 集成 1193 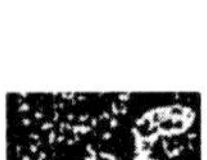 勺鼎 影彙 1924	 竝幵戈 集成 10851.2			 仲子觥 集成 9298.1  發作文父丁鼎 集成 2318		

2530 几

几

合 242 賓	合 31129 何	屯 2707 歷
合 553 賓	屯 751 歷	合 32543 歷
合 1203 正 賓	合 32374 歷	合 25026 出
合 26063 出	合 30677 無	合 1781 賓
合 27084 何	屯 250 歷	

按：或釋「皆」、「汎」。

2531 冗*

冗

合 20293 𠂤
合 6482 反 賓
合 22074 午
合 22074 午
合 22129 午

2532 且

且

合 1472 賓	合 947 正 賓	合 27061 無
合 32545 歷	合 23395 出	合 21617 子
合 22187 婦	合 27155 何	合 22047 午
合 19820 𠂤	合 30959 何	花東 4
合 19844 𠂤	合 32302 歷	合補 11069 黃
且戊觚 集成 7214	且壬觚 集成 6809	門且丁簋 集成 3136
戈且戊爵 集成 8329	且丁觶 集成 6093	弓衛且己爵 集成 8843

		2536	2535	2534	2533	
		新	斧	斤	取*	
		新	斧	斤	取	
 合 30802 無	 合 34124 歷	 合 360 賓	 合 3212 賓	 合 21954 圓	 合 7040 正 賓	 合 709 反 賓
 合 30978 何	 屯 766 無	 合 724 正 賓	 合 5810 賓			 合 22053 午
 屯 1031 無	 合 22124 午	 合 5785 賓	 合 21073 自			 合 22094 午
 合 22073 午	 花東 367	 合 24951 出	 合 29783 無			 合 1777 賓 按：「祖」古字。
 花東 181	 合 30799 無	 合 30800 何				
		 作册豊鼎 集成 2711				 且辛卣 集成 4821  〓且己父己卣 集成 5145.2

且部　斤部

2540 斗		2539 𢏁*			2538 肵*	2537 [illegible]*
斗		𢏁			肵	[illegible]
 合 21347 自	 合 21340 自	 屯 2241 賓	 合 23477 出	 合 44 賓	 合 8833 賓	 花東 483
 合 21350 自	 合 21341 自	 合 5677 自	 合 23548 出	 合 8523 賓	 屯 1051 歷	 花東 440
 合 21350 自	 合 21342 自	 合 15169 賓	 合 29729 無	 合 4801 賓	 合 6045 賓	
 合 21353 自	 合 21344 自	 合 18161 賓	 合 22106 午	 合 4807 賓		
 合 21354 自	 合 21348 自	 合 18162 賓	 合 22186 婦	 合 13752 正 賓		
		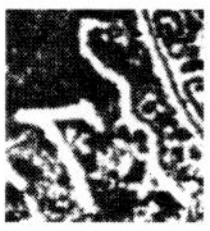 衛𢏁册盤 集成 10046	 衛册𢏁箕 集成 10395	 衛𢏁册盤 集成 10046		

2545			2544	2543	2542	2541
⿰礻升			升	⿰斝攴*	⿰斝又*	斝
⿰礻升			升	⿰斝攴	⿰斝又	斝
 合 30960 無	 合 35913 黃	 合 30366 無	 合 23248 出	 合 9544 正 賓	 合 914 反 賓	 合 19791 𠂤
 合 30972 無	 合 36115 黃	 屯 606 無	 合 25056 出	 合 235 正 賓		 合 21504 𠂤
 合 36534 黃	 合 26954 何	 合 30365 無	 合 30356 何	 合 235 正 賓		 合 18579 賓
 合 32030 歷	 合 35630 黃	 合 30367 無	 合 30359 無			 合 18580 賓
 合 30922 何	 合 36114 黃	 屯 822 無	 合 30353 無			
	按：或釋「祼」。					 斝器 集成 10495

2546 ⿰礻厥*

⿰礻厥

合 34447
歷

屯 3763
歷

屯 3763
歷

合 32787
歷

合 32994
歷

合 34448
歷

合 34445
歷

英 2262
無

合 35604
黃

合 38457
黃

合 38461
黃

按：或釋「裸」。

2547 彳*

彳

合 19815
自

合 21146
自

合 438 正
賓

合 5909
賓

合 23342
出

合 22724
出

合 32029
歷

合 30466
歷

合 26927
何

合 26994
無

合 36126
黃

合 36168
黃

合 21552
子

合 22045
午

合 22249
婦

花東 142

按：隸定爲「彳」形，非「彳亍」之「彳」字。或釋「巳」、「升」。

2548 矛

矛

鳳娍𠬝觶
影彙 160

2552	2551	2550	2549			
𠂤	輻*	輦	車			
𠂤	輻	輦	車			
 合 19756 𠂤  合 19799 𠂤  合 5806 賓  合 17172 賓	 合 18672 賓	 合 29693 無  合 31181 無	 合 584 正甲 賓  合 10405 正 賓  合 11450 賓  合 11448 賓	 合 27628 無  合 36481 正 黃  合 21778 子 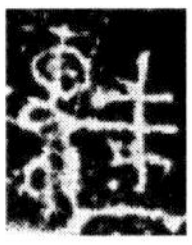 花東 416	 合 11452 正 賓  合 11442 賓  合 11458 賓  合 10405 正 賓	 合 21622 𠂤  合 6834 正 賓  合 584 正甲 賓  合 11456 賓
 亞若癸鼎 集成 2400  亞若癸簋 集成 3713		 輦作妣簋卣 集成 5266.1  輦作妣簋卣 集成 5266.2	 車觚 集成 6753  車鼎 殷新 36  車斝 殷新 41	 車瓿 集成 9944  車𠭯鼎 集成 1456  陶彙 1.49	 買車卣 集成 4874.1  買車斝 集成 9196  車買爵 集成 8251	 車𠭯罍 集成 9776  車𢾊戈 集成 10866.1  亦車戈 集成 10863.1

车部 𠂤部

2554 皀*

2553 官

皀		官				
 合 777 正 賓	 合 7358 賓	 合 34158 歷	 合 14228 正 賓	 合 36518 黃	 合 34716 正 歷	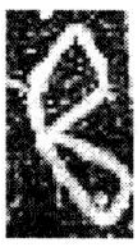 合 24249 出
 合 7356 賓	 合 7361 賓	 合 21507 子	 合 4576 賓	 合 21661 子	 合 34720 歷	 合 24265 出
 合 6536 賓	 合 14129 正 賓	 合 22045 午	 合 28032 無	 合 22088 午	 合 28086 無	 合 24295 出
 合 33056 正 歷	 合 32277 歷	 花東 416	 合 28033 無	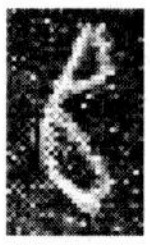 合 22322 婦	 屯 728 無	 合 27882 何
 合 36522 黃	 合 33062 歷	 花東 384	 英 2466 歷	 花東 236	 合 36909 黃	 合 32900 歷
按：或釋「次」。	 皀鼎 集成 1244  皀父丁觶 集成 6264			 ♦衢自觚 集成 7187	 亞若癸方彝 集成 9887.2 自鼎 影彙 268	 自父丁爵 集成 8498 亞若癸方彝 集成 9887.1

2559 ⿰𠂤朿*			2558 ⿰𠂤目*	2557 ⿰𠂤口*	2556 ⿰氵𠂤*	2555 ⿺𠃊𠂤*
		⿰𠂤朿	⿰𠂤目	⿰𠂤口	⿰氵𠂤	⿺𠃊𠂤
 合 36789 黄	 合 32486 歷	 合 5819 賓	 合 17537 正 賓	 合 18780 賓	 合 21372 自	 合 20231 自
 合 36814 黄	 屯 565 歷	 合 23348 出	 合 18719 賓			 合 20231 自
 合 36913 黄	 屯 1074 歷	 合 23508 出	 合 18720 賓			 合 20231 自
 合 36909 黄	 合 36476 黄	 合 28971 無				 合 19956 自
 宰甫卣 集成 5395.1	 小子罤鼎 集成 2648.2  宰甫卣 集成 5395.2	 邐方鼎 集成 2709  小子罤鼎 集成 2648.1				

2560	2561	2562	2563	2564	2565	2566
⿰木自*	⿰自冉*	⿱自丌*	⿰自人*	⿰自阝*	⿰自甾*	⿰自奉*
⿰木自	⿰自冉	⿱自丌	⿰自人	⿰自阝	⿰自甾	⿰自奉
 合 24389 出	 合 20653 自  合 8648 正 賓  合 21395 自	 村中南 447 午	 合 7345 賓  合 18749 賓  合 18750 賓  合 31233 何	 屯 130 歷  屯 130 歷	 英 2434 歷	 合 36834 黃

2567 皋			2568 陰			2569 陽
皋			雇			陽
 合 19790 自	 合 20600 自	 合 20253 自	 合 20923 自	 合 13464 賓	 合 19780 自	 屯 4529 無
 合 7859 正 賓	 合 30284 無	 合 7860 賓	 合 13447 賓	 合 12456 賓	 合 19781 自	
 合 10405 正 賓	 合 22391 婦	 合 27988 無	 合 13454 賓	 合 721 正 賓	 合 20769 自	
 合 19215 賓	 合 22391 婦	 合 31831 無	 合 13461 賓	 合 672 正 賓	 合 20988 自	
 合 24356 出	 合 22522 婦	 合補 10390 無	 合 13462 賓	 合 685 反 賓	 屯 2866 歷	

2570 陸

陸

合 36825
黃

陸冊父乙卣
集成 5052.1

陸冊父甲卣
集成 5050

陸冊鼎
集成 1359

陸冊父庚卣
集成 5081.2

2571 隹

隹

合 4837
賓

合 8744
賓

合 9504 正
賓

合 9783 正
賓

合 28128
何

屯 994
歷

合 33149
歷

合 33150
歷

合 33152
歷

合 34168 正
歷

2572 陟

陟

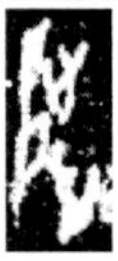
合 20271
𠂤

合 1292
賓

合 1667
賓

合 6981
賓

合 6981
賓

合 14628
賓

合 15370
賓

合 15371
賓

合 19220
賓

合 24356
出

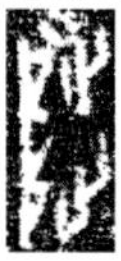
合 26393
出

合 26394
出

合 34287
歷

合 32420
歷

屯 142
歷

陷

凷		麀		穽		
 合 14610 賓	 合 21412 自	 合 10662 正 賓	 合 10658 賓	 合 27964 無	 合 7363 正 賓	 合 28011 何
 合 21258 自	 合 15601 賓	 合 14783 正 賓	 合 3223 賓	 合 28375 無	 合 13875 賓	 合 30756 無
 合 14362 賓	 合 15602 賓	 屯 2626 歷	 合 10657 賓	 合 28797 無	 合 17075 正 賓	 屯 2219 無
 合 21257 自	 合 15602 賓	 屯 664 歷	 合 10951 賓	 合 27883 何	 合 33404 歷	 合 21958 圓
 合 14313 正 賓	 合 14559 賓	 合 33348 無	 合 10659 賓	 屯 2589 無	 屯 923 歷	 花東 178
按：或釋「坎」。						

2574 墜

墜

合 10405 正
賓

合 18752
賓

合 18789
賓

合 17310
賓

英 1694
賓

英 1923
出

合 6065
賓

按：或釋「顛」。

2575 降

降

合 19829
自

合 20440
自

合 808 正
賓

合 7852 正
賓

合 19627
賓

毓且丁卣
集成 5396.1

合 371 反
賓

合 1027 正
賓

合 6664 正
賓

合 14173 正
賓

合 17312
賓

毓且丁卣
集成 5396.2

屯 723
歷

合 32112
歷

合 34146
歷

合 34711
歷

合 34711
歷

合 34712
歷

合 34712
歷

合 30386
無

21960
圓

合 22092
午

2576 防

衛

合 32937
歷

合 30602
何

合 28059
無

屯 3666
無

屯 728
無

2579 階　2578 除　2577 陶

階	除	陶	⿱方止	⿰彳⿱方止	⿲彳⿱方止亍	
 合 36937 黃  合 36938 黃	 合 18755 賓	 合 5788 賓  合 8844 賓  屯 2154 無  屯 2259 無	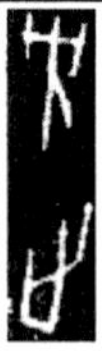 合 33193 歷 按：或釋「方止」兩字。	 合 33235 歷  合 34530 歷  合 27826 正 無  屯 756 歷  屯 756 歷	 合 32229 歷  合 27897 無  合 916 反 賓  合 556 反 賓  合 18700 賓	 合 948 賓  合 7570 反 賓  合 7571 正 賓  合 7571 正 賓  合 5746 賓
			按：或釋「衛」。			

自部

2580	2581	2582	2583	2584		
陴	⿰阝卩*	⿰阝夭*	⿰阝及*	⿰阝心*		
陴	⿰阝卩	⿰阝夭	⿰阝及	⿰阝心		
 合 36775 黃	 合 27651 無	 合 4782 賓	 合 19799 𠂤	 合 8039 賓	 合 28247 無	 合 37785 黃
 合 36962 黃	 合 27651 無		 屯 1445 歷	 合 24457 出	 合 29098 無	 花東 14
				 合 27916 無	 英 2289 無	 花東 288
				 合 28130 無	 屯 758 無	 花東 289
				 合 28345 無	 屯 2726 無	 花東 352

2588		2587		2586		2585
阷		陕*		阦*		阝丰*
阷		陕		阦		阝丰
 花東 205	 合 7153 正 賓	 合 4777 賓	 合 5708 正 賓	 合 926 正 賓	 合 20407 自	 合 27160 無
 花東 349	 合 10405 正 賓	 合 10613 正 賓	 合 376 正 賓	 合 1185 賓	 合 21284 自	 村中南 86 無
 花東 349	 合 10406 正 賓	 合 32926 歷	 合 4774 賓	 合 10613 反 賓	 合 21284 自	
 花東 441	 合 22099 午	 屯 1082 歷	 合 4780 反 賓	 合 10937 正 賓	 合 4784 賓	
 花東 441		 合 27898 無	 合 4778 賓	 合 22246 婦	 合補 6510 賓	
按：或釋「阱」。					 辛邑矛 集成 11486	

<table>
<tr><td>2595</td><td>2594</td><td>2593</td><td>2592</td><td>2591</td><td>2590</td><td>2589</td></tr>
<tr><td>⿰阝林*</td><td>⿰阝⿱亼日*</td><td>⿰阝妻*</td><td>⿰阝夭*</td><td>⿰阝甹*</td><td>⿰阝言*</td><td>⿱亼⿰阝止*</td></tr>
<tr><td>⿰阝林</td><td>⿰阝⿱亼日</td><td>⿰阝妻</td><td>⿰阝夭</td><td>⿰阝甹</td><td>⿰阝言</td><td>⿱亼⿰阝止</td></tr>
<tr>
<td>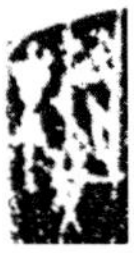
合 18421
賓</td>
<td>
合 22598
出

合 22598
出

合 22598
出</td>
<td>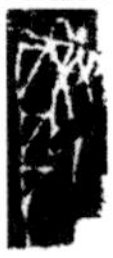
合 4494
賓

屯 1439
無</td>
<td>
花東 33</td>
<td>
史購 195
出

合 24453
出

合 24454
出

合 24454
出

合 24456
出</td>
<td>
合 28009
無</td>
<td>
合 22083 甲午

合 22083 甲午

合 22083 乙午</td>
</tr>
<tr><td></td><td></td><td></td><td></td><td></td><td></td><td></td></tr>
</table>

2600 ⿰阝悤*			2599 ⿰阝尊*	2598 ⿰阝炏*	2597 隀*	2596 ⿰阝辱*
⿰阝悤			⿰阝尊	⿰阝炏	隀	⿰阝辱
	 花東 198  花東 198  花東 26  花東 228 按：或釋「尊」。	 屯 173 無  合 30728 無  合補 9670 無  合 35350 黄  合 36345 （缺刻） 黄	 合 1291 賓  合 13566 賓  合 18751 賓  合 23572 出  合 27931 何	 合 14792 賓  合補 13422 賓  合 28012 無	 村中南 238 無	 合 28351 無  合 28352 無  合 28900 無  合 28087 何
 戊寅作父丁方鼎 集成 2594	 竟作父辛卣蓋 集成 5286  皿父己罍 集成 9812	 作父辛尊 集成 5965  𪒠卣 集成 5362. 1	 作父己簋 集成 3861. 1  小子夫父己尊 集成 5967			

2603 亞	2602 宁			2601 四		
亞	宁			四		
合 20371 自	花東 26	合 32115 歷	合 19946 正 自	合 27861 何	合 24769 出	合 20045 自
合 19991 自	合 9650 賓	合 34547 歷	英 1784 自	合 35400 黄	合 24769 出	合 1055 賓
合 43 賓	英 2400 歷	合 31678 正 無	合 3099 賓	合 21573 子	合 33043 歷	合 10133 正 賓
合 914 正 賓	屯 2567 歷	合 21586 子	合 13569 賓	合 22046 午	合 33685 歷	合 14138 賓
合 14918 正 賓	屯 2522 賓 按：或釋「賈」。	合 21896 圓	合 27177 何	花東 320	合 28324 無	合 23717 出
亞又方彝 集成 9853	矢宁鼎 集成 1453	告宁鼎 集成 1368	鄉宁鼎 集成 1362	陶彙 1.88	小子𦉢簋 集成 4138	四祀𠨘其卣 集成 5413.3
亞备鼎 集成 1416	矢宁爵 集成 8244	告宁觚 集成 7006	啟宁父戊爵 集成 9014		小臣邑斝 集成 9249	四祀𠨘其卣 集成 5413.3

2604

五

五						
花東 112	合 34083 歷	合 20045 自	合 21623 子	合 30296 無	合 32273 歷	合 27929 何
花東 32	合 26879 無	合 20702 自	合 22092 午	合 28021 無	合 32273 歷	合 27930 何
花東 27	合 29433 無	合 1906 賓	合 21912 圓	屯 2346 無	屯 340 歷	合 27931 何
合 23921 出	合 26912 何	合 23197 出	合 22246 婦	合 36346 黄	屯 502 歷	合 32987 歷
合 15662 賓	合 35400 黄	合 23200 出	花東 28	合 21704 子	合 30295 無	合 32274 歷
花東 178						
陶彙 1.15	五冑 集成 11898	五簋 集成 3026	陶彙 1.60	亞[illegible]罍蓋 影彙 261	葡亞作父癸角 集成 9102.2	亞啟方彝 集成 9847.1
	瓿鼎 影彙 1566	小臣艅犀尊 集成 5990		亞鼎 集成 1144	亞父丁爵 集成 9007	邐簋 集成 3975

2605 六

六

- 合 21017 自
- 合 151 賓
- 合 98 正 賓
- 合 137 反 賓
- 合 32329 正 歷
- 合 35422 黃
- 合 21635 子
- 合 22046 午
- 花東 20
- 合 23984 出
- 六祀𠨘其卣 集成 5414.2
- 宰椃角 集成 9105.1
- 亞魚鼎 近出 339
- 陶彙 1.65

2606 七

七

- 合 11500 正 賓
- 合 895 甲 賓
- 合 895 乙 賓
- 合 4917 賓
- 合 6768 臼 賓
- 合 9631 賓
- 合 23717 出
- 合 36557 黃
- 合 22046 午
- 合 22356 婦
- 陶彙 1.95
- 陶彙 1.98
- 陶彙 1.99

2607 九

九

- 合 20350 自
- 合 151 正 賓
- 英 1 賓
- 合 32302 歷
- 合 34138 歷
- 屯 2949 歷
- 合 29783 無
- 合 36487 黃
- 合 37946 黃
- 合 37855 黃
- 合 36846 黃
- 合 21718 子
- 合 22046 午
- 合 22334 婦
- 花東 480
- 成𦥑鼎 集成 2708
- 九簋 集成 3035
- 子黃尊 集成 6000
- [illegible]卣 集成 5397.1
- [illegible]卣 集成 5397.2
- 成鈴方彝 集成 9894

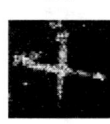

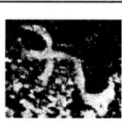

2608	2609				2610	
馗	禽				隼*	
馗	毕				隼	
	 合 20017 自	 合 10785 正 賓	 合 28838 無	 合 37514 黃	 合 20736 自	 合 33368 無
	 合 79 賓	 合 28325 何	 合 28839 無	 花東 35	 合 6450 賓	 花東 9
	 合 5533 賓	 合 28834 何	 合 28848 無	 合 7562 反 賓	 合 10820 正 賓	 合 6384 賓
	 合 6049 賓	 合 28316 無	 合 28853 無	 合 9225 賓	 合 28423 何	 合 6386 賓
	 合 10514 賓	 合 28843 無	 合 37528 黃	 合 10273 賓	 屯 664 歷	 合 21793 子
 作册般鼋 影彙 1553	 雍伯盉 近二 833	 禽爵 集成 7649			 隼子 鐃集成 404	 隼鼎 集成 1089

2611 萬

萬

合 20253
自

合 21239
自

合 6477 正
賓

合 17914
賓

合 8715
賓

合 18397
賓

合 18396
賓

合 21651
子

萬觚
集成 6680

萬庚爵
集成 8050

萬爵
集成 7552

子▲萬爵
集成 8764

萬戈
集成
10700.1

▌萬盉
影彙 1435

2612 禼*

禼

合 18394
賓

合 18395
賓

2613 禹

禹

且辛禹方鼎
集成 2111

冀且辛卣
集成 5201.2

冀且辛罍
集成 9806

2614 嘼

嘼

聑嘼簋
集成 3124

聑嘼器
集成 10507

2615 獸

獸

合 20762
自

合 10591
賓

合 24444
出

合 10587
賓

合 10582
賓

合 32219
歷

合 33388
歷

村中南 248
歷

宰甫卣
集成 5395.1

宰甫卣
集成 5395.2

獸觚
集成 6670

獸觚
集成 6671

2618 乙　　2617 甲　　2616 單子*

乙		甲		單子		
 合 24804 出	 合 19944 自	 合 31041 無	 合 19978 自	 合 3271 正 賓	 屯 271 無	 合 33375 歷
 合 32360 歷	 合 20950 自	 合 35370 黄	 合 20196 自	 合 3271 正 賓	 合 22371 婦	 合 28773 何
 合 33694 歷	 合 1944 賓	 合 21535 子	 合 137 正 賓		 花東 28	 合 28640 無
 合 28195 何	 合 10970 正 賓	 合 22050 午	 合 24899 出		 花東 289	 合補 9272 無
 合 30826 何	 合 24883 出	 花東 17	 合 33430 歷		 花東 480	 屯 226 無
 魚父乙卣 集成 4914	小臣䍙卣 集成 5378	 敔父甲爵 集成 8375	 小子省卣 集成 5394.2	按：或釋「單子」兩字。	 獸父辛鼎 集成 1641	獸父癸簋 集成 3212
 㠱父乙鼎 集成 1527	 亞厷父乙卣 集成 5055.1	 羊父甲觚 集成 9266.1	 鳥且甲卣 集成 4889.1			

2619 尤

尤

- 合 27776 無
- 合 35368 黄
- 合 21796 子
- 合 22274 婦
- 花東 7

- 合 1977 賓
- 合 4992 賓
- 合 22606 出
- 合 22621 出
- 合 26899 何

- 合 26899 何
- 合 28766 無
- 合 34722 歷
- 合 35669 黄
- 懷特 1727 黄

- 己且乙尊 集成 5597

按：或釋「拇」，讀「吝」。

2620 丙

丙

- 合 19907 𠂤
- 合 20332 𠂤
- 合 1075 正 賓
- 合 655 正甲 賓
- 合 8984 賓
- 合 2626 賓

- 合 22606 出
- 合 25567 出
- 合 23823 出
- 合 33034 歷
- 合 33385 無
- 合 30995 何

- 合 36166 黄
- 合 36481 正 黄
- 合 21960 子
- 合 21891 圓
- 合 22072 午
- 花東 3

- 疋作父丙鼎 集成 2118
- 戉學鼎 集成 2708
- 重父丙觶 集成 6249
- 重父丙爵 集成 8438
- 𠬝父丙鼎 集成 1566
- 聑父丙爵 集成 8440

2621 ⿱丙丙*

⿱丙丙

- 合 20532 𠂤
- 合 3418 賓
- 合 3420 賓
- 合 3422 賓
- 合 3424 賓

2624			2623	2622		
丁			⿱丙日*	⿱丙口*		
丁			⿱丙日	⿱丙口		
 合 38232 黄	 合 33710 歷	 合 19946 正 自	 合 3073 賓	 英 2372 無	 合 27111 無	 合 3423 賓
 合 38234 黄	 合 32208 歷	 合 20441 自	 合 23717 賓	 屯 766 無	 合 27110 無	 合 3426 賓
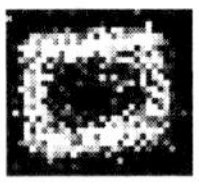 合 21729 子	 合 25154 出	 合 21291 自		 懷特 1399 無	 合 27313 無	 合 22539 出
 合 22043 午	 合 25370 出	 合 139 反 賓		 合 23395 出	 合 31769 何	 合補 11099 黄
 花東 34	 合 27444 何	 合 1916 賓		 合 23396 出	 合 27200 無	 花東 290
 萬父丁觶 集成 6257	 父丁爵 集成 7911	 丁鼎 集成 986				
 𠬝且丁尊 集成 5600	 小子畬卣 集成 5417.1	 弭丁卣 影彙 1786				

2626 成

2625 戊

成		戊				
英 1170 正 賓	合 20099 自	合 37563 黃	合 28024 無	屯 4191 歷	合 22837 出	合 19954 自
合 27915 無	合 7803 賓	合 21644 子	合 27302 何	合 33241 歷	合 22829 出	合 21523 自
屯 762 無	合 1243 賓	合 22049 午	合 29747 何	合 34157 歷	合 24913 出	合 20582 正 自
合 27511 何	合 32052 歷	花東 28	合 36534 黃	合 27902 無	合 25375 出	合 3527 賓
合 39465 黃	花東 346	花東 375	合 37544 黃	合 28109 無	合 32490 歷	合 14250 賓
	中父丁盉 集成 9405.1	父戊罍 影彙 801	屰父戊爵 集成 8520	何戊簋 集成 3065	且戊尊 集成 5510	戊罤 集成 9152
		陶彙 1.76	□父戊爵 集成 8527	父戊鼎 集成 1258	秉盾戊觶 集成 6357	父戊方鼎 集成 1259

2627	2628			2629		2630
戚*	己			㠱		巴
戚	己			㠱		巴
	 合 20104 自	 合 32225 歷	 合 18914 賓	 合 9571 賓	 合 36524 黃	 合 32 正 賓
	 合 22484 自	 合 32226 歷	 合 25229 出	 合 9571 賓	 合 36525 黃	 合 93 反 賓
	 合 163 賓	 合 32228 歷	 合 32656 歷	 合 9570 賓	 合 36525 黃	 合 6468 賓
	 合 1488 賓	 合 27138 何	 合 27391 何	 合 9570 賓	 合 36956 黃	 合 6469 正 賓
	 合 9627 賓	 合 37743 黃	 合 21997 圓			 合 8411 賓
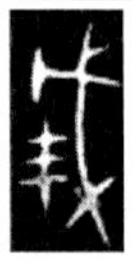 爻癸婦鼎 集成 2139	 作父己簋 集成 3861.2	 子父己爵 集成 8536	 羊己觚 集成 6835	 亚㠱作母癸鼎 集成 2262	 仲子觥 集成 9298.2	
按：或釋「𢦏」。	 字父己觶 集成 6270	 子且己卣 集成 4894.1	 陶彙 1.74	 𦎫作母癸卣 集成 5295.2	 孝卣 集成 5377	

2631 庚

庚

合 6475 正 賓

合 6477 賓

合 6478 正 賓

合 6479 正 賓

合 21137 𠂤

合 20347 𠂤

合 32 正 賓

合 22662 出

合 27167 何

合 31987 歷

合 29886 無

合 38565 黄

合 21673 子

合 22075 午

合 22301 婦

花東 420

弓父庚卣 集成 4968.1

父庚爵 集成 7948

子父庚爵 集成 8584

鄉鬲 集成 741

子庚父觚 集成 7138

陸父庚卣 集成 5081.2

庚戈斝 集成 9187

羊父庚鼎 集成 1627

父庚⿱宀从鼎 集成 1628

2632 ⿱庚又*

⿱庚又

合 27173 無

合 30693 無

屯 2148 無

屯 2148 無

合 22274 𠂤

合 22274 𠂤

合 21911 子

花東 403

2633 ⿱庚大*

⿱庚大

合 20555 𠂤

合 20577 𠂤

2634 𩃘*

𩃘

合 10566 賓

合 15733 賓

合補 324 賓

2635 辛

辛

合 20850 自

合 95 賓

合 26252 出

合 32020 歷

合 27739 何

屯 39 無

合 37621 黃

合 21793 子

合 21911 圓

合 22074 午

合 22434 婦

花東 28

象且辛鼎 集成 1512

父辛爵 集成 7955

辛章鼎 集成 1296

弔父辛卣 集成 4981.2

舟辛鼎 集成 1298

子▲父辛觶 集成 6410.2

父辛尊 集成 5531

需父辛鼎 集成 1635

辛聿尊 集成 5555

2636 亲*

亲

花東 28

按：隸定作「亲」，非簡化字「亲」。

2637 辟

辟

合 1253 正 賓

合 14049 賓

合 22825 出

合 21739 子

合 17464 賓

合 11240 反 賓

合 31071 無

合 31910 何

2643	2642		2641	2640	2639	2638
壬*	工*		壬	齾*	孨*	辭
壬	工		壬	齾	孨	辭
 英 2458 歷	 合 16609 賓	 合 30484 無  合 27382 何  合補 11299 反 黄  合 22067 午  花東 35	 合 20351 𠂤  合 20831 𠂤  合 859 賓  合 33375 歷  合 33432 歷	 合 18138 賓	 合 20824 𠂤	 輯佚 548 正 何  花東 286  合 41614 （殘） 歷
		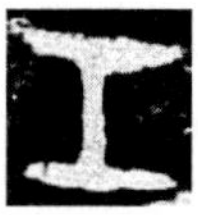 何兄日壬觶 集成 6429  史父壬尊 集成 5662	 且壬觚 集成 6809  重父壬鼎 集成 1666			

2645				2644		
子				癸		
子				癸		

合 24440 出	合補 6941 圓	合 30390 無	合 20043 自	英 1891 子	合 32401 歷	合 19957 反 自

合 31655 何	合 21938 圓	合 22086 午	合 536 賓	合 21892 圓	合 27171 無	合 137 正 賓

合 33208 歷	合 21217 自	花東 53	合 27649 何	合 22074 午	合 36234 黄	合 23857 出

合 31839 無	合 20516 自	合 21526 子	合 32783 歷	花東 29	合 22211 婦	合 31365 何

子且己卣 集成 4894.2	子父乙壺 集成 9500	戍甬鼎 集成 2694	子妥鼎 集成 1301	鳥且癸爵 集成 8363	天父癸鼎 集成 1667	癸母鼎 集成 1282

子[illegible]簋 集成 3077	子衛觚 集成 6904	小臣缶方鼎 集成 2653	子鼎 集成 1043	父癸方鼎 集成 1275	串父癸卣 集成 4992.1	父癸足册鼎 集成 1900

子弓盉 影彙 800	小子畬卣 集成 5417.1	子达觶 集成 6485	子龏鼎 集成 1306	臤父癸簋 集成 3213	亞得父癸卣 集成 5094	癸[illegible]卣 集成 4838.1

2649		2648	2647	2646		
季		字	娩	孕		
季		字	娩	孕		
 合 21119 自  合 21120 自  合 21117 自  合 21117 自  合 14710 賓			按：甲骨文以「冥」爲「娩」，見卷七「冥」字。	 合 21071 自  合 21207 自  合 709 正 賓  合 10136 正 賓  合 2680 正 賓	 合 21350 自  合 22375 自  合 21567 子  合 21938 圓  花東 142	 屯 2219 無  合 36642 黃  合 37995 黃  合 19946 反 自  合 19812 正 自
 季父戊子鼎 集成 1862  亞䣪作季隮彝甗 集成 886	 角戊父字鼎 集成 1864  字葡父己爵 集成 8929	 字父己觶 集成 6270  字觚 集成 6530			 咸娸子作且丁鼎 集成 2311  亯孳鼎 影彙 924	 子刀觶 集成 6139  者[illegible]罍 集成 9818.2

2654 孤	2653 孳	2652 孽		2651 𡥉*	2650 孟	
孤	孳		胯	𡥉	孟	
		 合 23711 出  合 23710 出  合 23709 出  屯 2273 歷  合 36422 黃	 合 3983 賓  合 17386 賓  合 110 正 賓  合 6826 正 賓  合 2500 正 賓	 洹寶 238 賓	 合 33014 歷  合 22323 婦  合 22323 婦	 合 941 賓  合 14720 賓  合 24973 出  花東 139  花東 249
 亞㠱孤竹罍 集成 9793  子孤簋 集成 3077	 亞孿父辛盉 集成 9379  寏孿鼎 影彙 924				 父乙孟觚 集成 7099	 亞䰞季作兄己鼎 集成 2335  亞䰞作季卣 集成 5238.1

2657	2656	2655				
⿸广享*	⿱丰孖*	疑				
⿸广享	⿱丰孖	疑				
 合 27889 無	 合 1251 賓	 合 25460 出  合 26377 出  合 26378 出  合 32908 歷  合 12532 正 賓	 合 26675 出  合 23559 出  合 23672 出  合 24317 出  合 24317 出	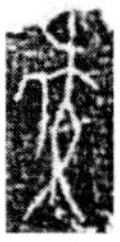 輯佚 169 賓  合 13465 賓  合 22577 出  合 23590 出  合 26381 出		
		 亞其卣 集成 5015  亞其疑作母辛卣 集成 5292.1	 孝卣 集成 5377  疑斧 集成 11762	 亞疑爵 集成 7780  疑父辛觶 集成 6298	 亞㝠父丁卣 集成 5271.1  亞㝠鼎 集成 2033	 亞㝠父丁觚 集成 7293  亞㝠父丁卣 集成 5271.2

				2660 育	2659 厷	2658 孨
				毓	厷	孨
 合 22736 出	 合 20689 𠂤	 合 22663 出	 合 14856 賓	 合 14857 賓	 合 27042 反 何	 合補 6257 賓
 合 27381 何	 合 843 反 賓	 合 32763 歷	 合 8251 正 賓	 合 14857 賓	 合 27643 何	
 合 38244 黄	 合 3201 正 賓	 合 27359 無	 合 22651 出	 合 31913 何		
 合 38243 黄	 合 3410 賓	 合 27321 何	 合 22666 出	 英 2502 黄		
 合 38245 黄	 屯 1089 歷	 合 35404 黄	 合 22322 婦	 屯 469 無		
			 毓且丁卣 集成 5396.2	 毓且丁卣 集成 5396.1		

2661 丑

丑

合 19761 自
合 20646 自
合 94 正 賓
合 6060 反 賓
合 23815 出

合 23819 出
屯 1002 歷
合 32303 歷
合 27045 無
合 35007 無

合 26988 正 何
合 31329 何
合 35350 黄
合 38015 反 黄
合 22056 午

彭尊 殷新 161

2662 羞

羞

合 111 正 賓
合 8085 賓
合 15430 賓
合 18146 賓
合 18148 賓

合 18147 賓
英 2179 出
合 32768 歷
合 27998 無
花東 286

合 30768 何
合 37392 黄
合 20908 自
合 20922 自
屯 2605 歷

羞方鼎 集成 1072
羞鼎 集成 1071

羞鼎 集成 1070
丁羞爵 集成 8018

羞觶 集成 6028.2
羞觶 集成 6028.3

2663 寅

寅

合 20846 自
合 21352 自
合 19804 自
合 23828 出
合 32050 歷

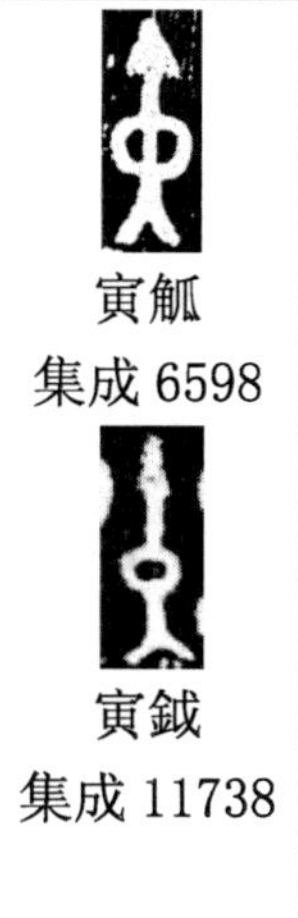

寅觚 集成 6598
寅鉞 集成 11738

2666			2665	2664		
辰			卯	[弓矢]*		
辰	卯			[弓矢]		
合 21145 自	合 30381 無	合 22562 出	合 19798 自	合 26019 出	合 38776 黃	合 22067 午
合 19831 自	合 31113 無	合 32308 歷	合 137 正 賓		合 38015 反 黃	合 20510 自
合 1402 正 賓	懷特 1400 無	屯 503 歷	合 321 賓		合 35974 黃	合 20792 自
合 139 正 賓	合 35379 黃	屯 1062 歷	合 362 賓		合 21891 圓	合 35452 黃
合 32310 歷	花東 480	合 26955 何	合 16146 賓		花東 9	合 35696 黃
肄作父乙簋 集成 4144	文父乙簋 集成 3502	[宀高]魚爵 集成 9101	鳥卯爵 集成 8221		小子省卣 集成 5394.1	[革攴]作父癸角 集成 9100
戉葡卣 集成 5101.2		辛卯羊鼎 近出 291	戍[𦥑]鼎 集成 2694		小子省卣 集成 5394.2	戊寅作父丁方鼎 集成 2594

2667 辱

2668 巳

			巳	辱		
按：商代甲骨文以「子」爲干支「巳」。	 合 30760 何  合 38115 黄  合 22516 婦  花東 13  合 30765 何	 合 15497 賓  合 32654 無  合 27370 無  合 28412 何  合 30810 何	 合 20810 自  合 5724 賓  合 6498 賓  合 13525 賓  合 15495 賓	 屯 125 無  屯 474 無	 合 31598 何  合 36645 黄  合 21475 正 子  花東 226  花東 490	 合 32330 歷  合 24759 出  合 25747 出  屯 3599 無  合 29740 何
			 陶彙 1. 11		 二祀卲其卣 集成 5412. 3	 辰寐出簋 集成 3238  辰□爵 集成 8297

2670 午					2669 㠯	
		午		㠯		以
屯 1047 歷	合 20611 自	合 19944 自	合 36524 黃	合 20439 自	合 1025 賓	合 19779 自
合 27955 無	合 20792 自	合 7323 賓	合 21727 子	合 27701 何	合 1031 賓	合 21284 自
合 22490 子	合 19773 賓	合 23849 出	合 21914 圓	屯 340 歷	合 22542 出	合 945 正 賓
合 22049 午	合 27585 何	合 27321 何	合 22048 午	合 32023 歷	合 22940 出	合 43 賓
花東 288	合補 11300 反 黃	花東 22050 午	花東 498	合 28096 無	合 21777 子	合 1026 賓
	寯蔑鼎 集成 2710	成學鼎 集成 2708 四祀𠨍其卣 集成 5413.3	朿父庚爵 集成 9057 朿父庚觚 集成 7282	小子𠭯卣 集成 5417.1 朿父庚爵 集成 9056		以父丁爵 集成 8449

2671 未

未

合 20577 自
合 19957 反 自
合 19946 正 自
合 21471 反 自
合 22093 自

合 1778 正 賓
合 11741 賓
合 22580 出
合 32028 歷
合 32384 歷

屯 147 歷
合 35394 黄
合 22403 子
合 22043 午
花東 9

小子鄂簋 集成 3904
迺父癸方彝蓋 集成 9890
婀㠯爵 集成 9098
未戈 集成 10762
婦十未瓿 殷新 159
彭尊 殷新 161

2672 申

申

合 20354 自
合 20792 自
合 117 賓
合 22811 出
合 26338 出

合 27166 何
合 31970 歷
合 29699 無
合 36166 黄
合 37422 黄

合 21708 子
合 21989 圓
合 22066 午
合 22381 正 婦
花東 316

葡亞作父癸角 集成 9102.1
葡亞作父癸角 集成 9102.2
宰椃角 集成 9105.1
作册般黿 影彙 1553

2673 臾

臾

合 21231 自
合 1107 賓
合 1107 賓
合 17955 賓
合 32509 歷

2674 酉

酉

合 19946 正 自	合 24062 出	合補 11926 何	合 21615 子
合 20463 正 自	合 22739 出	屯 2782 歷	合 22508 子
合 6057 正 賓	合 30813 何	合 34338 歷	合 21910 圓
合 165 賓	合 28011 何	合 27498 無	合 22307 婦
合 3527 賓	合 28227 何	合 38830 黄	花東 14
酉爵 集成 7590	酉父癸簋 集成 3210	四祀𠨘其卣 集成 5413.3	酉冎戈 集成 10880
父辛酉卣 集成 4987	酉乙鼎 集成 1285	子⿱工乙酉爵 集成 8987	酉冎爵 集成 8276

2675 酒

酒

合 9560 賓
輯佚 628 歷
輯佚 628 歷
合 28231 無
宰甫卣 集成 5395.1
邐方鼎 集成 2709

按：「酉」用作「酒」。

2676 ⿰酉彡*

⿰酉彡

合 21220 自	合補 7515 出
合 19806 自	合 32216 歷
合 542 賓	合 30903 何
合 903 正 賓	合 29705 無
合 25939 出	合 37844 黄
戍寅作父丁方鼎 集成 2594	亞䰜父乙尊 集成 5894

2677 酓

酓

花東 7

花東 454

花東 475

花東 501

花東 501

合 32345
歷

合 32345
歷

合 32344
歷

合 28097
無

合 22139
婦

合 21804
子

合 21956
圓

合 22294
婦

花東 236

合 32548
歷

邐簋
集成 3975

2678 配

配

合 31841
何

合 31840
何

花東 441

花東 379

合 34129
歷

英 1864
自

合 5007
賓

合 14238
賓

懷特 25
賓

懷特 1640
歷

婦配咸簋
集成 3229

配勺
集成 9903

2679 酌

酌

合 26039
出

2680 ⿱乍酉*

⿱乍酉

花東 289

花東 178

2687	2686	2685	2684	2683	2682	2681
酘*	酥*	⿱五酉*	⿹气酉*	⿱宀酉*	⿱公酉*	⿱酉丂*
酘	酥	⿱五酉	⿹气酉	⿱宀酉	⿱公酉	⿱酉丂
 合 23566 出	 懷特 649 賓	 合 3139 賓  合 3148 賓  合 31159 無  合 31158 無	 合 31124 無  花東 149  花東 363	 合 471 賓  合 15821 賓  合 25983 出  英 2180 出	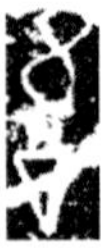 合 20665 𠂤	 村中南 481 午

2692 尊	2691 酨*	2690 醴*			2689 𨢦*	2688 罶*
尊	酨	醴			𨢦	罶
 合 6571 正 賓  合 15807 賓  合 8437 正乙 賓  合 23505 出  合 32536 歷		 花東 161	 合 1464 賓  合 6734 賓  合 14187 賓  輯佚 63 賓	 合 5384 賓  合 26766 出  合 34582 歷  合 31012 無	 合 20070 自  合 656 正 賓  合 26799 出  合 26800 出	 合 30957 無
 允冊卣 集成 5186.1  小臣兒卣 集成 5351	 駿卣 集成 5380.1  駿卣 集成 5380.2		按：或釋「饗」、「尊」或「罶」。			

			2694 戌		2693 䡵*	
			戌		䡵	
 合 21784 子	 合 27008 無	 合 22646 出	 合 19803 自	 合 24419 出	 合 8245 賓	 屯 2861 歷
 合 21909 圓	 合 36642 黄	 合 28011 何	 合 19907 自	 花東 37	 合 8246	 屯 260 無
 合 22075 午	 合補 11178 黄	 合 31621 何	 合 20961 自	 花東 178	 合 8247 賓	 合 9869 賓
 花東 290	 合補 11508 黄	 合 32002 歷	 合 15096 賓	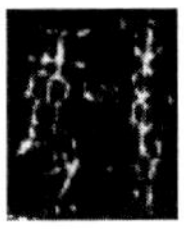 花東 178	 合 8248 賓	 合 15812 賓
 花東 428	 合補 12670 黄	 合 33291 歷	 合 423 賓		 合 8249 賓	 合 15855 賓
						 亞旃父辛尊 集成 5926  寍蟲作父 癸卣 集成 5360.1

2695 娍*

娍

合 1051 正 賓

合 1051 正 賓

合 6949 正 賓

合 6949 正 賓

2696 ⿰彖戈*

⿰彖戈

合 18465 賓

2697 ⿰奚戈*

⿰奚戈

合 6018 賓

合 121 賓

合 564 正 賓

合 809 正 賓

合 810 反 賓

合 824 賓

合 6011 賓

合 6012 賓

合 6014 賓

合 6017 正 賓

合 6018 賓

合 32190 歷

合 32192 歷

合 32193 歷

合 21538 乙子

2698 ⿰夒戈*

⿰夒戈

合 6300 賓

合 6301 賓

合 6302 賓

合 6304 賓

合 14391 賓

合 14385 賓

合 34176 歷

合 33228 歷

合 33272 歷

合 33274 歷

2702	2701	2700	2699			
殼*	豦*	虜*	⿰𣎵戉*			
殼	豦	虜	⿰𣎵戉			
 合 37729 黄	 合 28307 正 無	 輯佚 1002 黄	 合 16215 賓	 合 16205 賓	 合 21114 自	 合 33276 歴
			 合 14210 正 賓	 合 16204 賓	 合 21239 自	 合 34182 歴
			 合 24807 出	 合 16209 賓	 合 575 賓	 屯 2254 無
			 合 3158 賓	 合 16211 賓	 合 1051 正 賓	 合 30298 無
			 合 14395 正 賓	 合 16214 賓	 合 16207 賓	 合 30405 無
	按：或釋「豦」。					

2703 虩*

虩			
合 28341 無	屯 2726 無	合補 9245 無	合 37548 黃
合 28896 無	屯 2726 無	合 28888 何	合 28890 無
合 33555 無	合 28895 無	合 28889 何	合 33557 無
屯 2739 無	合 28897 無	合 37416 黃	合 29343 無
屯 607 無	合 28898 無	合 37433 黃	合 28898 何

2704 亥

亥		
合 20583 𠂤	合 12965 賓	合 28934 無
合 19907 𠂤	合 22621 出	合 29297 無
合 6083 賓	合 23132 出	合 27107 何
合 7629 正 賓	合 34945 歷	合 36394 黃
合 11883 賓	合 34998 歷	合 38004 黃
邐方鼎 集成 2709	作父己簋 集成 3861.1	小子⿱罒异鼎 集成 2648.2
六祀𠨘其卣 集成 5414.2	小子⿱罒异鼎 集成 2648.1	亞舊作且丁簋 集成 3940

2705

⿱王亥*

				⿱王亥		
				 合 34295 歷  合 30447 無  合 30448 無	 合 34294 歷  合 34293 歷  屯 1116 歷  屯 1116 歷	 合 21655 子  合 22044 午  合 21878 圓  合 22184 婦  花東 7
				按：「王亥」之「亥」專字。		 毓且丁卣 集成 5396.1  毓且丁卣 集成 5396.2

商代文字字形表　合文

字	甲骨文				金文及其他	
父甲	 合 19838 自	 合 26925 何	 合 27321 何	 合 27463 何		
	 合 27449 無	 合 27452 無	 屯 3666 無	 合 21543 子		
父乙	 合 19941 自	 合 19945 自	 合 19946 正 自	 合 2182 賓	 聑日父乙 方彝 集成 9871	
	 合 15238 賓	 合 31997 歷	 合 32226 歷	 合 22083 甲 午	 作父乙彝爵 近二 780	

父丙	父丁		父戊		父己	
父丙	父丁		父戊		父己	
 合 23297 出	 合 22723 出	 合 32715 無	 合 23298 出	 合 22045 午	 合 27400 何	 合 27395 無
 花東 286	 合 22560 出	 合 36129 黃	 合 23301 出	 合 22046 午	 合 30302 何	 合 27405 無
	 屯 777 歷	 合 22072 午	 合 25204 出	 合 22047 午	 合 27408 無	 合 27410 無
	 合 32224 歷	 合 22046 午	 屯 4078 無	 合 22047 午	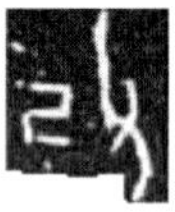 屯 95 無	 合 27419 無
	 合 32716 無	 合 22093 午	 合 22045 午		 合 27402 無	 合 22074 午
			 㠱父戊簋 集成 3188			

<table>
<tr><td>母甲</td><td>父癸</td><td>父壬</td><td colspan="2">父辛</td><td colspan="2">父庚</td></tr>
<tr><td>母甲</td><td>父癸</td><td>父壬</td><td colspan="2">父辛</td><td colspan="2">父庚</td></tr>
<tr>
<td>
合 19957 反
𠂤

掇二 400
（墨書）</td>
<td>
合 19947
𠂤</td>
<td>
屯 153
歷</td>
<td>
合 10275 反
賓

合 775 反
賓

合 8984
賓

合 22048
午</td>
<td>
合 19921
𠂤

合 19922
𠂤

合 19925
𠂤

合 19926
𠂤

合 2167
賓</td>
<td>
合 27419
無

合 27421
無

合 30330
無

屯 210
無

屯 563
無</td>
<td>
合 27422
何

合 27423
何

合 27424
何

合 27430
何

合 27432
無</td>
</tr>
<tr><td></td><td></td><td></td><td></td><td>
祖辛邑父辛云鼎
影彙 137</td><td></td><td></td></tr>
</table>

	母庚	母己		母戊	母丙	母乙
	庚母	己母		戊母	丙母	乙母
 合 21554 子	 合 19965 𠂤	 合 23406 出	 合 27592 無	 合 27040 無	 合 678 賓	 合 19957 反 𠂤
 合 22226 婦	 合 19966 𠂤	 合 23408 出	 合 27594 何	 合 27587 無		
 合 22239 婦	 合 19967 𠂤	 合 23409 出	 屯 2710 無	 合 27589 無		
 合 22240 婦	 屯 2673 無	 合 23410 出	 合 22206 乙 婦	 合 27590 無		
 合 22301 婦	 屯 3586 無	 英 1968 出	 花東 395	 合 27591 無		

兄乙	母癸		母壬		母辛	
兄乙	母癸		母壬		母辛	
 合 32729 無	 合 36322 黃	 合 19957 反 自	 合 23460 出	 合 19969 自	 合 23419 出	 合 22971 出
	 合 36328 黃	 合 23461 出	 合 23456 出	 合 926 賓	 合 23434 出	 合 23413 出
	 合 35858 黃	 合 36325 黃	 合 27719 何	 合 23458 出	 合 23415 出	 合 23452 出
	 合 36343 黃	 合 36323 黃	 合 23455 出	 合 23459 出	 合 22077 午	 合 23432 出
	 合 36334 黃	 合 36318 黃	 合 2576 賓	 合 27719 何	 英 1972 出	 合 23426 出

兄庚		兄己	兄戊		兄丁	兄丙
兄庚		兄己	兄戊		兄丁	兄丙
 合 20018 𠂤	 合 23354 出	 合 19775 𠂤	 合 19761 𠂤	 合 20011 𠂤	 合 19907 𠂤	 合 27609 無
 合 22624 出	 合 23470 出	 合 19776 𠂤	 合 20462 𠂤	 合 22272 婦	 合 19907 𠂤	 合 27610 無
 合 23120 出	 合 23472 出	 合 22820 出	 合 20016 𠂤	 花東 236	 合 19907 𠂤	
 合 23477 出	 合 22276 午	 合 23475 出	 合 2909 賓	 花東 236	 合 20013 𠂤	
 合 23517 出	 合 22275 婦	 合 23120 出	 英 1766 賓	 花東 236	 合 20014 𠂤	
			 冀兄戊父 癸鼎 集成 2019			

庚己	兄日	兄癸	兄壬		兄辛	
庚己	兄日	兄癸	兄壬		兄辛	
 合 23477 出		 合 27635 何	 合 23523 出  合 23520 出  合 23524 出  屯 95 無	 合 27624 歷  合 27631 歷  合 27632 歷	 合 27622 無  合 27628 無  合 27630 無  合 27633 無	 合 23485 出  合 23486 出  合 23491 出  合 23501 出
按：疑爲「兄己」之誤刻。	 亞登兄日 庚觚 集成 7271	 亞魚鼎 近出 339  庽兄癸爵 集成 8742				

祖乙 且乙				祖甲 且甲		
 合 27503 無	 合 32542 歷	 合 22708 出	 合 19850 𠂤	 合 35925 黄	 合 27335 無	 合 1782 賓
 合 35803 黄	 合 32547 歷	 合 22893 出	 合 19838 𠂤	 合 35939 黄	 合 27338 無	 合 1781 賓
 合 36243 黄	 合 32550 歷	 合 27185 何	 合 1473 賓	 合 37845 黄	 合 35745 黄	 合 23098 出
 合補 6925 圓	 屯 657 無	 合 27225 何	 合 1618 賓	 花東 17	 合 35756 黄	 合 23099 出
 花東 6	 合 27207 無	 屯 539 歷	 合 22572 出	 花東 34	 合 35803 黄	 合 27336 何
					 乃孫罍 集成 9823	 亯斈鼎 影彙 924

祖己 且己	祖戊 且戊	祖丁 且丁				祖丙 且丙
 合 32656 何	 合 19875 𠂤	 屯 348 無	 合 27302 何	 合 22911 出	 合 19812 正 𠂤	 合 1420 賓
 合 32657 無	 合 22852 出	 合 35803 黄	 合 27305 何	 合 23028 出	 合 19865 𠂤	 合 35370 黄
 合 35862 黄	 合 22853 出	 合 36270 黄	 合 27285 無	 合 32385 歷	 合 19866 𠂤	 花東 401
 合 35867 黄	 合 22073 午	 花東 226	 合 27301 無	 合 32601 歷	 合 19870 𠂤	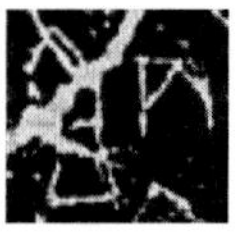 花東 446
 合 35872 黄	 花東 355	 花東 237	 屯 173 無	 合 26925 何	 合 19871 𠂤	
					 亞畣作祖丁簋 集成 3940	

祖癸 且癸	祖壬 且壬			祖辛 且辛		祖庚 且庚
 屯 2771 午	 合 22044 午	 合 32581 歷	 合 22968 出	 合 19856 自	 合 35866 黃	 合 2042 賓
 合 31993 屯西類子卜辭		 合 35683 黃	 合 22973 出	 合 19858 自	 合 35881 黃	 合 32609 歷
		 合 35685 黃	 合 27251 無	 合 19860 自	 合 35889 黃	 合 35874 黃
		 合 38224 黃	 屯 656 無	 合 22961 出	 合 35960 黃	 合 35959 黃
		 合 32572 反 歷	 合 32580 歷	 合 23004 出	 合 22044 午	 合 35877 黃
				 祖辛邑父辛云鼎 影彙 137		

妣丁 匕丁		妣丙 匕丙		妣乙 匕乙		妣甲 匕甲
 合 18440 賓	 合 27510 無	 合 19817 𠂤	 合 22068 午	 合 31993 無	 合 27503 無	 合 22715 出
 合 23338 出	 合 36194 黃	 合 23336 出	 合 22045 午	 合 22065 午	 合 27531 無	 合 22775 出
 屯 3110 無	 合 36293 黃	 屯 750 歷	 合 22045 午	 合 22065 午	 合 35361 黃	 合 23027 出
 合 21879 圓	 花東 401	 合 27501 何	 合 22187 婦	 合 22065 午	 合 36187 黃	 合 23333 出
 村中南 297 午	 花東 401	 合 27502 何	 合 22206 甲 婦	 合 22066 午	 合 36191 黃	 合 27482 何
		 二祀𠨘其卣 集成 5412.3		 [illegible]妣乙爵 集成 8735		

妣庚 匕庚		妣己 匕己		妣戊 匕戊		
 合 27539 無	 合 19893 𠂤	 合 27517 何	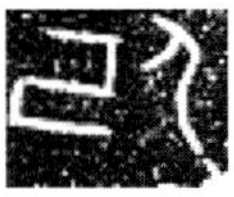 合 19887 𠂤	 合 36203 黃	 合 23339 出	 合 22226 婦
 合 36185 黃	 合 23370 出	 合 27503 無	 合 22206 甲 𠂤	 合 36205 黃	 合 23341 出	 合 22226 婦
 合 36244 黃	 合 27507 何	 合 36240 黃	 英 97 正 賓	 合 36294 黃	 合 27511 無	 花東 181
 花東 26	 屯 750 歷	 合 36258 黃	 合 23314 出	 合 22098 午	 屯 4023 無	 花東 217
 花東 39	 合 27514 無	 花東 181	 合 27515 何	 合 22207 婦	 合 27512 無	 花東 183
					 肄作父乙簋 集成 4144	

妣癸 匕癸		妣壬 匕壬		妣辛 匕辛		
 合 36311 黃	 合 23330 出	 屯 714 無	 合 19901 自	 合 36208 黃	 屯 610 無	 合 19867 自
 合 36317 黃	 合 27570 何	 合 27569 無	 合 19902 自	 合 36267 黃	 合 27561 何	 合 23395 出
 合 21877 劣	 合 27367 無	 合 36196 甲 黃	 合 23312 出	 合 21540 子	 合 26975 何	 合 23400 出
 合 22301 亞	 屯 323 無	 合 36220 黃	 合 23313 出	 合 22099 午	 合 27548 何	 合 27554 無
 花東 280	 合 36312 黃	 合 36309 黃	 合 23314 出	 合 22073 午	 合 27562 何	 屯 323 無

大乙				大甲		
大乙				大甲		
 合 26991 無	 合 27079 何	 合 22669 出	 合 19815 𠂤	 合 35534 黄	 屯 675 歷	 合 19829 𠂤
 合 35368 黄	 合 27080 何	 合 22721 出	 合 20065 𠂤	 合 35531 黄	 合 32476 歷	 合 19825 𠂤
 合 35496 黄	 合 27089 何	 合 22727 出	 合 1246 賓	 合 35528 黄	 合 32486 歷	 合 1397 賓
 合 35497 黄	 合 27090 無	 合 32403 歷	 合 14872 賓	 英 2503 黄	 合 27106 無	 合 22725 出
 合 36197 黄	 合 27105 無	 合 32386 歷	 合 22724 出	 花東 34	 合 27149 何	 合 22780 出
			 二祀𠨘其卣 集成 5412.3			

大庚	大戊			大丁		
大庚	大戊			大丁		
 合 22792 出	 合 27168 何	 合 22835 出	 合 19834 𠂤	 合 27106 無	 合 22761 出	 合 19946 正 𠂤
 合 22802 出	 合 27174 何	 合 22837 出	 合 1494 賓	 合 35506 黄	 合 32468 歷	 合 19817 𠂤
 合 22804 出	 合 36228 黄	 合 22843 出	 合 22826 出	 合 35510 黄	 合 32440 歷	 合 19825 𠂤
 合 22806 出	 合 36230 黄	 合 22848 出	 合 22830 出	 合 35517 黄	 合 32385 歷	 合 22723 出
 合 27167 無	 合 35608 黄	 合 32385 歷	 合 22832 出	 合 35519 黄	 屯 2375 無	 合 22725 出

小乙		小甲			大壬	
小乙		小甲			大壬	
 合 32621 歷	 合 2170 賓	 合 18407 賓	 合 35576 黄	 合 1489 賓	 合 23191 出	 屯 2375 無
 合 27357 無	 合 1662 賓	 英 380 反 賓	 合 35579 黄	 合 22811 出		 合 27168 何
 合 30350 無	 合 23117 出	 合 22717 出	 合 35402 黄	 合 27171 無		 合 35565 黄
 合 35800 黄	 合 27221 何	 合 32384 歷	 合 35529 黄	 合 35581 正 黄		 合 22165 子
 合 35808 黄	 屯 777 歷	 合補 8718 何	 花東 85	 合 35584 黄		 合 22168 子
					按：或釋「大戊」。	

小母	小父	小辛	小庚	小己		小丁
小母	小父	小辛	小庚	小己		小丁
 合 2601 賓  合 2603 賓  合 27602 無  合 22238 婦  合 22241 婦	 合 27498 無	 合 23110 出  合 23107 出  合 32612 歷  合 35789 黄  合 35790 黄	 合 31956 無	 合 21586 子	 合 32643 歷  合 32644 歷  合 32645 無  合 27330 無  合 27331 正 無	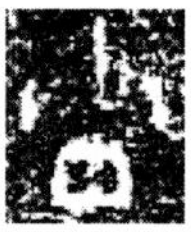 合 23048 出  合 23051 出  合 23052 出  合 23054 出  合 23055 出

小王	小帝	中母	中妣	中丁	中子	中己
小王	小帝	中母	中匕	中丁	中子	中己
 合 20021 𠂤	 合 34157 歷	 合 22133 婦	 合 32063 歷	 合 22723 出	 合 23545 出	 合 27385 何
 合 20023 𠂤		 合 22269 婦		 合 22869 出	 合 23548 出	 合 27391 何
 合 5031 賓		 合 22269 婦		 合 27177 何	 合 23554 出	 合 27389 無
 合 23808 出				 合 32385 歷	 合 23555 出	 合 27393 無
 合 28278 無				 合 35631 黃	 合 23544 出	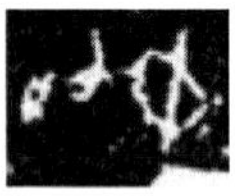 屯 957 無

內乙	入己		入乙	外壬		外丙
內乙	入己		入乙	卜壬		卜丙
 合 22086 午  合 22086 午  合 22087 反 午	 合 22055 午	 合 22062 正 午  合 22063 午  合 22064 午  合 22074 午  合 22074 午	 合 22060 午  合 22061 午  合 22063 午  合 22065 午  合 22065 午	 合 22875 出  合 22878 出  旅博 1770 何  合 35636 黃  合 35637 黃	 合 35549 黃  合 35544 黃  合 35547 黃  合 27164 無  合 27165 無	 合 19903 自  合 1419 賓  合 22775 出  合 22777 出  合 22778 出
按：或釋「丙乙」。						

匚乙

匚乙

合 19811 反
自

合 19926
自

合 6131 反
賓

合 6132
賓

合 22688
出

合 22692
出

合 32384
歷

合 27081
何

合 35446
黃

合 35449
黃

匚丙

匚丙

合 19811 反
自

合 22697
出

合 22698
出

合 22700
出

合 32384
歷

合 27042 反
何

合 35451
黃

合 35454
黃

合 35455
黃

合 35458
黃

匚丁

匚丁

合 19811 反
自

合 22688
出

合 22701
出

合 22703
出

合 22705
出

合 32384
歷

屯 2375
無

合 35406
黃

合 35466
黃

合 35467
黃

匚示

匚示

合 1161
賓

按：或釋「匚主」。

<table>
<tr><th colspan="2">示癸</th><th colspan="2">示壬</th><th colspan="2">下乙</th><th>三匚</th></tr>
<tr><td colspan="2">示癸</td><td colspan="2">示壬</td><td colspan="2">下乙</td><td>三匚</td></tr>
<tr><td>
合 27086
何</td><td>
合 22644
出</td><td>
合 27087
無</td><td>
合 19813 反
𠂤</td><td>
合 22088
午</td><td>
合 897
賓</td><td>
合 27082
無</td></tr>
<tr><td>
合 35483
黄</td><td>
合 22713
出</td><td>
屯 2375
無</td><td>
合 11166
賓</td><td>
合 22088
午</td><td>
合 903 正
賓</td><td>
合 27084
無</td></tr>
<tr><td>
合 35485
黄</td><td>
合 22716
出</td><td>
合 35468
黄</td><td>
合 22708
出</td><td>
合 22088
午</td><td>
合 1669
賓</td><td>
合 22421 反
歷</td></tr>
<tr><td>
合 35487
黄</td><td>
合 22718
出</td><td>
合 35470
黄</td><td>
合 22709
出</td><td>
合 22088
午</td><td>
合 11497 正
賓</td><td>
合 27083
無</td></tr>
<tr><td>
合 35406
黄</td><td>
合 27087
無</td><td>
合 35472
黄</td><td>
合 27500
何</td><td>
合 22044
午</td><td>
合 11499 正
賓</td><td></td></tr>
<tr><td>按：或釋「主癸」。</td><td></td><td>按：或釋「主壬」。</td><td></td><td></td><td></td><td></td></tr>
</table>

康丁	小示	下示	九示	五示	四示	二示
康丁	小示	下示	九示	五示	四示	二示
 合 36290 黃	 合 34104 歷  合 34115 歷  花東 21	 合 34103 歷  合 34103 歷	 合 34112 歷	 合 34108 歷  合 34109 歷  合 34110 歷	 合 34108 歷	 合 34106 歷  合 34105 歷  合 34107 歷

毓妣	多母	多妣	辛壬	南壬	二庚	王亥
毓匕	多母	多匕	辛壬	南壬	二庚	王亥
 合 23326 出	 合 1395 正 賓	 合 1395 正 賓	 合 27382 何	 合 24977 出	 合 22073 午	 合 14735 正 賓
					按：或釋「下庚」。	

帝丁	帝甲	上戊				上甲
帝丁	帝甲	上戊				上甲
 合 27372 無	 英 2347 出	 村中南 462 午	 合 22645 出	 合 22674 出	 合 32321 歷	 合 19804 自
	 合 27437 何	 村中南 462 午	 合 22652 出	 合 27050 無	 合 32214 歷	 合 19805 自
	 合 27439 何		 合 22621 出	 合 27069 何	 合 27071 何	 合 362 賓
			 合 27075 何	 合 27079 何	 合 27076 無	 合 1199 賓
			 合 27080 何	 合 35398 黃	 花東 487	 合 22620 出

	盤庚		南庚		雔己	
凡庚	般庚		南庚		雔己	
 合 19918 𠂤	 合 35774 黄	 合 19798 𠂤	 合 35726 黄	 掇三 183 歷	 合 35612 黄	 合 22817 出
 合 35779 黄	 合 35781 黄	 合 23102 出	 合 35730 黄	 合 23076 出	 合 35616 黄	 合 22818 出
 合 35780 黄	 合 35773 黄	 合 23104 出	 合 35742 黄	 合 23082 出	 合 35617 黄	 合 22820 出
 合 35783 黄	 合 35777 黄	 合 23106 出	 合 35743 黄	 合 23083 出	 合 35619 黄	 屯 2165 無
 合 35778 黄	 合 35782 黄	 屯 2671 無	 合 35739 黄	 合 27207 無	 合 35626 黄	 屯 3794 無

羌甲	祕甲		武乙		武丁	
羌甲	祕甲		武乙		武丁	
 合 22911 出	 合 35642 黄	 合 22882 出	 合 35818 黄	 合 35385 黄	 合 35820 黄	 合 35812 黄
 合 23018 出	 合 35657 黄	 合 22883 出	 合 35828 黄	 合 35436 黄	 合 35821 黄	 合 35818 黄
 合 23021 出	 合 35669 黄	 合 22885 出	 合 35858 黄	 合 35803 黄	 合 35823 黄	 合 35819 黄
 合 23022 出	 合 35672 黄	 合 35656 黄	 合 36048 黄	 合 36002 黄	 合 35849 黄	 合 35943 黄
 合 23024 出	 英 2510 黄	 合 35581 正 黄	 合 36052 黄	 合 36038 黄	 合 35943 黄	 合補 11301 反 黄
	按：或釋「戔甲」。					

黃尹	丩甲	石甲	𣎆甲		魯甲	
黃尹	丩甲	石甲	𣎆甲		魯甲	
 合 3097 賓  合 3098 賓  合 3099 賓  合 23565 出  合 23569 出	 合 22421 反 歷  合 22422 歷	 屯 2671 無  合 22044 午  合 22116 午  合 22119 甲 午	 合 13642 賓  合 14818 賓  懷特 35 賓  合 22569 出  合 21805 子	 合 32611 無  合 35750 黃  合 35760 黃  合 35763 黃  英 2503 黃	 合 23085 出  合 23091 出  合 23088 出  合 23092 出 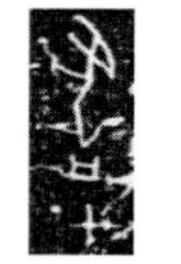 屯 3776 歷	 合 23025 出  合 23325 出  合 27256 無  合 35709 黃  合 35697 黃
	按：疑合 22422 缺刻「甲」。					

二祖丁	三祖丁	四祖丁	父小甲	父庚庸	中母己	三祖乙
二且丁	三且丁	四且丁	父小甲	父庚庸	中母己	三且乙
 屯 2364 無	 合 27180 無  合 27181 何  合 35627 黃	 合 35718 黃  合 35717 黃  合 36261 黃  合 38226 黃	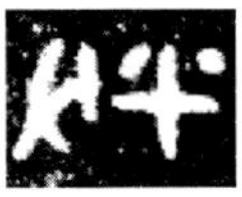 合 672 正 賓	 合 27310 何	 合 21805 子	 屯 586 歷

高祖乙	小祖乙	毓祖乙	武祖乙	毓祖丁	康祖丁	文武丁
高且乙	小且乙	毓且乙	武且乙	毓且丁	康且丁	文武丁
 合 32445 歷  合 32447 歷  合 32454 歷  合 32456 歷	 合 23171 出  合 32599 歷	 合 23140 出  合 32632 歷  屯 1094 無  屯 2364 無	 合 36115 黃  合 36116 黃  合 36089 黃  合 36072 黃	 合 27192 何	 合 35889 黃  合 35958 黃  合 35959 黃	 合 36089 黃  合 36135 黃  合 36138 黃  合 36534 黃

高祖亥	三祖庚	二祖辛	三祖辛	三妣庚	小妣己	十一示
高且亥	三且庚	二且辛	三且辛	三匕庚	小匕己	十一示
 合 34285 歷	 合 22188 婦	 合 27340 無	 合 32658 歷	 花東 226 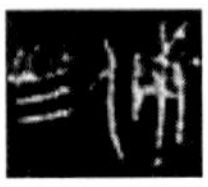 花東 427	 合 2449 賓	 合 15338 賓

母妣甲	母妣辛	毓妣辛	文武帝	司母	司戊
母匕甲	母匕辛	毓匕辛	文武帝	司母	司戊
 合 19956（倒刻）自  合 22775 出	 合 22246 婦	 合 27456 正 何  合 27456 正 何	 合 36168 黃	 合 27607 何  合 27605 無  合 36176 黃  合 36176 黃  合 38729 黃 按：或釋「后母」、「始」、「姛」，重見卷十二「始」字。	 合 22044 午  合 22044 午
					按：或釋「后戊」。

司己	司辛	司母戊	司母辛	司母毓		大子
㇆己	司辛	司母戊	司母辛	司母毓		大子
 合 22212 午  村中南 478 午	 合 27606 無	按：或釋「后母戊」。				
		 司母戊方鼎 集成 1706	 司母辛觥 集成 9280.1  司母辛方鼎 集成 1708  司母辛方形器 集成 10345	 司母毓觚 集成 6881  司母毓觚 集成 6883	 司母毓癸方鼎 集成 5680  司母毓尊 集成 5538	 遛簋 集成 3975

婦旋	婦配	婦冬	婦士	婦丁	婦婞	婦石
婦旋	婦配	婦冬	婦士	帚丁	帚婞	帚石
				 合補 6925 圓  合補 6925 圓	 合 22262 婦	 合 22099 午
 婦旋簋 集成 3228  婦旋鼎 集成 1340  婦旋觶 影彙 1855	 婦配咸簋 集成 3229	 婦冬觶 集成 6142	 子脊鼎 集成 1715			

工乙	叡壬	玄婦	婦好正	婦好		
工乙	叡壬	玄婦	帚好正	帚好		
 合 22467 婦	 合 24976 出					
		 亞矣玄婦罍 集成 9794.1	 婦好正壺 集成 9509.1  婦好正壺 集成 9509.2	 婦好爵 集成 8129  婦好方彝 集成 9861  婦好觚 集成 6847	 婦好鼎 集成 1335  婦好爵 集成 8127  婦好觶 集成 6141	 婦好三聯甗 集成 793.3  婦好鼎 集成 1331  婦好勺 集成 9922  婦好鉞 集成 11739

小臣墻	小臣酌	小臣			小歸	小叡
小臣墻	小臣酌	小臣			小歸	小叡
 合 5598 正 賓  合 5598 反 賓  合 5600 賓  合 5601 正 賓	 村中南 90 類組不明	 合 28008 無  合 36417 黄  合 36419 黄  花東 28	 合 28011 何  合 32663 何  合 32978 歷  屯 2744 無	 合 14037 賓  合 16559 反 賓  合 24139 出  合 27879 何	 合 40675 反 （摹本） 賓	 合 1661 臼 賓  合 17566 臼 賓  合 14433 臼 賓  英 368 臼 賓
		 小臣艅尊 集成 5990	 小臣兹卣 集成 5379.1	 小臣缶方鼎 集成 2653		

小⿰禾馬	小⿰弓刂	小方	小工	小妾	小配	小子
小 ⿰禾馬	小 ⿰弓刂	小 方	小 工	小 妾	小 配	小 子
 花東 386	 合 4962 賓	 合 20472 𠂤  合 20470 𠂤	 合 34157 歷  合 34482 歷	 合 629 賓	 合 31840 何  合 31841 何	 合 6653 正 賓  屯 2673 無  花東 205
						 小子省卣 集成 5394.1  小子父己 方鼎 集成 1874  小子𠭯卣 集成 5417.1

小告	小風	小雨	小采	小淮	小山	小亦
小告	小風	小雨	小采	小淮	小山	小亦
 合 94 正 賓  合 767 正 賓  合 11423 正 賓  合 17832 賓	 合 20769 𠂤	 合 38169 黄  合 38170 黄  合 28547 無  合 30150 無	 合 20966 𠂤  合 21013 𠂤  合 21016 𠂤	 合 36604 黄	 合 30393 無  合 30456 無	 合 13135 賓

小室	小宰		小豖	小叀	小皀	小艱
小室	小宰		小豖	小叀	小皀	小艱
	 合補 6925 圓  合 37300 黃  合 37305 黃  村中南 附錄一 11 黃  花東 39	 合 924 正 賓  合 24566 出  合 29669 何  合 32120 歷  屯 4023 無	 花東 124	 合 37719 黃	 花東 359	 花東 39
 寡小室盂 集成 10302						

子癸 子癸	子庚 子庚	子丁 子丁		木丁 木丁	我王 我王	白紳 白紳
 合 23538 出	 合 22046 午	 合 21885 圓	 合 30333 無	 合 34622 歷	 合補 10646 歷	 合 42 賓
 合 27633 無	 合 22080 午	 合 20523 圓	 合 30937 無	 合 32742 歷	 合 32444 無	
 合 27633 無	 合 22081 午	 合 21956 圓	 合 30940 無	 合 27444 無		
 花東 181	 合 22079 乙 午	 合 22511 子	 合 31155 無	 合 27444 無		
 花東 409			 合 27796 何	 合 30311 無		
			按：或釋「燎」。			

十示又二	祖乙一牛	多子	子戠	子興	子妻	子雍
十示又二	且乙一牛	多子	子戠	子興	子妻	子雍
 合 34102 歷	 合 32565 歷	 花東 430	 花東 181  花東 273  花東 273  花東 409	 花東 39  花東 53	 合 23529 出	 花東 21  花東 237  花東 237

六月	五月	四月	三月	二月	一月	正月
六月	五月	四月	三月	二月	一月	正月
 合 19946 反 自	 合 20702 自	 合 20508 自	 合 367 正 賓	 合 35 賓	 合 13 賓	 合 23002 出
 合 4065 賓	 合 576 賓	 合 4357 賓	 合 25374 出	 合 4616 賓	 合 13 賓	 合 22623 出
 合 4070 正 賓	 合 903 正 賓	 合 22889 出	 合 25405 出	 合 23971 出	 合 356 賓	 合 24361 出
 合 22742 出	 合 26381 出	 合 27861 何	 合 29719 何	 合 29717 何	 合 12820 賓	 合 25585 出

	七月	八月	九月		十月	十一月
	七月	八月	九月		十月	十一月
 合 24864 出	 合 21482 自	 合 20480 自	 合 19784 自	 合 25704 出	 合 6117 賓	 村中南 341 自
 合 29721 何	 合 5164 賓	 合 18676 賓	 合 19785 自	 合 26914 無	 合 23811 出	 合 2294 正 賓
 合 35261 甲 歷	 合 25368 出	 合 23712 出	 合 12623 甲 賓	 合 31301 何	 合 28359 無	 合 11423 賓
 合 22003 圓	 合 31354 何	 合 31304 何	 合 23099 出	 合 31306 何	 合 26907 正 何	 合 23810 出
					 合 35402 黄	 合 22888 出

五十	十五	十三	十四月	十三月		十二月
五十	十五	十三	十四月	十三月		十二月
 合 226 正 賓  合 8967 賓  合 24508 出  合 26907 正 何	 合 29537 無  合 29537 無	 合 21533 子	 合 22847 出  合 21897 圓	 合 4078 賓  合 25907 出  合 33082 歷  合 29730 何  合 21897 圓	 合 29729 無  合 27150 何  合 33082 歷  合 35529 黃	 合 20196 自  合 20530 自  合 6830 賓  合 23244 出

	六十	七十	八十	九十	二百	三百
	六十	七十	八十	九十	二百	三百
 合32675 歷	 合11054 賓	 合6057正 賓	 合580正 賓	 合10407正 賓	 合952反 賓	 合295 賓
 屯2792 歷	 合10307 賓	 英856 賓	 合10350 賓	 村中南158 歷	 合1531反 賓	 合300 賓
 合26908 無	 合17598 賓	 屯2792 歷	 合37471 黄		 合10349 賓	 合5771甲 賓
 花東113	 合37437 黄	 合27512 無	 合36481正 黄		 屯3922 歷	 合698正 賓

三千　二千　九百　八百　六百　五百　四百

三千	二千	九百	八百	六百	五百	四百
 合 6168 賓  合 6170 正 賓  合 32276 歷  村中南 66 歷	 合 7771 賓	 合 17995 反 賓  英 1643 賓	 合 6070 正 賓  合 15777 反 賓	 合 7771 賓	 合 20699 𠂤  合 93 正 賓  合 558 賓  合 36481 正 黄	 合 10344 反 賓  合 8965 賓

四千	五千	六千	八千	三萬	一人	二人
四千	五千	六千	八千	三萬	一人	二人
 合 6175 賓	 合 6167 賓  合 6540 賓  合 6541 賓  合 7317 賓	 合 17913 賓	 合 31997 歷	 合 10471 賓	 合 4976 賓  合 4983 賓  合 4985 賓  合 10344 正 賓	 合 1065 賓  合 27035 無  合 27037 無  合 27037 無

二尸	三人	四人	五人	六人	十人	廿人
二尸	三人	四人	五人	六人	十人	廿人
 合 19799 𠂤	 合 400 賓  合 399 賓  合 1064 賓  合 31677 無  合 26923 無	 合 1061 賓	 合 27032 何  合 27033 何  合 26915 無  合 26996 無  合 1059 賓	 合 1056 賓  合 1058 賓  合 1057 賓	 合 689 賓  合 27028 何  合 26916 無 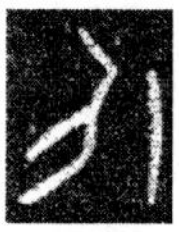 合 26917 無	 合 36354 黄

卅人	一羌	二羌	三羌	四羌	十羌	卅羌
卅人	一羌	二羌	三羌	四羌	十羌	卅羌
 合 1051 正 賓	 合 410 正 賓  合 414 賓  合 415 賓  合 32107 歷  合 32110 歷	 合 409 賓  合 408 賓  合 32108 歷	 合 19755 自  合 407 賓  合 32101 歷  合 32107 歷	 合 519 賓	 合 32067 歷  合 32069 歷  合 32078 歷	 合 32060 歷  合 32061 歷  合 32054 歷

四牛	三牛	二牛	一牛	十五伐	十伐	二伐
四牛	三牛	二牛	一牛	十五伐	十伐	二伐
 合 11073 賓  合 683 賓  合 1780 正 賓	 合 11077 賓  合 11078 賓  合 33309 歷  合 21117 自  合 9774 正 賓	 合 11094 賓  合 11092 賓  合 8976 賓  合 11144 賓	 合 19817 自  合 11097 賓  合 24518 出  合 1291 賓  合 2214 賓	 合 32198 歷	 合 32068 歷	 合 32198 歷

五牛	九牛	十牛	廿牛	卅牛	五十牛	一羊
五牛	九牛	十牛	廿牛	卅牛	五十牛	一羊
 合 11071 賓  合 23200 出	 合 33305 歷	 合 19844 自  合 1052 正 賓  合 1140 正 賓  合 14721 反 賓	 合 1052 正 賓  合 29426 何	 合 29426 何  合 29427 何	 合 1052 正 賓	 合 19932 自  合 672 正 賓

四豕	三豕	二豕	一豕	十羊	三羊	二羊
四豕	三豕	二豕	一豕	十羊	三羊	二羊
 合 1214 賓	 合 12855 賓	 合 672 正 賓	 合 672 正 賓  合 21104 𠂤	 合 14801 賓	 合 1214 賓	 合 19932 𠂤  合 672 正 賓  合 672 正 賓

三牡　一牝　二犬　二𧱏　三豭　二豭　一豭

三 牡	一 牝	二 犬	二 𧱏	三 豭	二 豭	一 豭
 合 22904 出  合 11145 賓  懷特 168 賓	 合 19817 自	 合 418 正 賓  合 14709 賓	 合 22276 婦	 合 1526 賓	 合 22276 婦  合 22276 婦	 合 1526 賓

十牢	五牢	三牢	二牢	一牢	六𦍋	四牡
十牢	五牢	三牢	二牢	一牢	六𦍋	四牡
 合 19000 賓	 合 30729 無	 合 32425 歷  合 33634 無  合 33638 無  合 32742 無  合 30729 無	 合 32425 歷  合 33668 歷  合 33666 歷  合 33667 歷  合 30729 無	 合 32425 歷  合 33666 歷  合 33671 歷  合 33672 歷  合 32742 無	 合 12819 賓	 合 1780 正 賓

二小宰　三小宰　十小宰　一宰　二宰　三宰　四宰

二小宰	三小宰	十小宰	一宰	二宰	三宰	四宰
 合 32198 歷	 合 378 正 賓  合 32198 歷	 合 39 賓  合 32198 歷	 合 11343 正 賓  合 22556 出	 合 11339 賓  合 11335 正 賓  合 11338 賓  合 22584 出	 合 11329 賓  合 11331 賓  合 22565 出	 合 19816 自  合 11317 賓  合 11318 賓

八朋	五朋	二朋	十宰	六宰		五宰
八朋	五朋	二朋	十宰	六宰		五宰
 懷特 142 賓	 懷特 142 賓	 合 1052 正 賓  合 1052 正 賓	 英 2091 出	 合 15057 賓	 合 24569 出  旅博 1509 出	 合 11313 賓  合 11314 賓
	 小子省卣 集成 5394.1  小子省卣 集成 5394.2  宰甫卣 集成 5395.2  二祀𠨘其卣 集成 5412.3	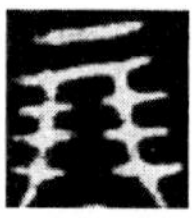 小子畬卣 集成 5417.1  小子夫父己尊 集成 5967  戍甬鼎 集成 2694  豊作父丁鼎 集成 2625				

乙亥	乙丑	六旬	三旬	百朋	廿朋	十朋
乙亥	乙丑	六旬	三旬	百朋	廿朋	十朋
 合 19824 自  合 32080 歷	 合 20898 自	 合 34086 歷	 合 903 反 賓			 合 11442 賓  合 11443 賓  合 11444 賓
				 子黃尊 集成 6000	 戍學鼎 集成 2708	 小子𦉜簋 集成 4138  小臣邑斝 集成 9249 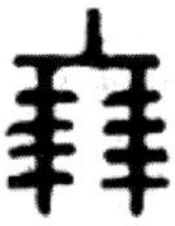 戍鈴方彝 集成 9894

戊申	戊辰	丙寅	丙丁	乙卯	乙未	乙巳
戊申	戊辰	丙寅	丙丁	乙卯	乙未	乙巳
 合 21885 圓 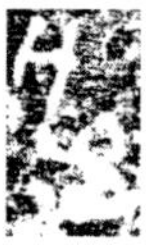 合 21885 圓	 合 19834 𠂤	 合 19865 𠂤  合 20929 𠂤 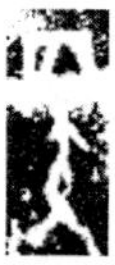 合 1848 賓  合 21891 圓  合 21938 圓	 合 32237 歷	 合 33012 歷	 合 33735 歷	 合 32237 歷

戊午	丁巳	丁未	庚子	庚辰	庚戌	辛卯
戊午	丁巳	丁未	庚子	庚辰	庚戌	辛卯
 合 20073 自  合 22099 午  合 22099 午  合 22099 午	 合 22099 午  合 22099 午	 合 22043 午  合 22043 午  合 22043 午	 合 33735 歷	 合 19831 自	 合 22043 午	 合 20272 自
						 寓卣 集成 5353.1  寓卣 集成 5353.2

辛亥	己巳	壬午	丙子	二告	三告	二祀
辛亥	己巳	壬午	丙子	二告	三告	二祀
 合 18912 賓	 合 20281 自	 合 19907 自  合 21970 圓  合 22490 婦	 21997 圓	 合 14 正 賓  合 84 正 賓  合 2002 正 賓  合 11423 正 賓  合 25034 出	 合 2820 正 賓  合 16858 賓  合 17830 賓  合補 5406 賓  合 31350 何	 合補 10944 黃

上下 下上 又二 又一 尸方 刀方 入日

上下	下上	又二	又一	尸方	刀方	入日
 合 36181 黄  合 36507 黄  合 36511 黄	 合 6160 賓  合 6201 賓  合 27107 何  合 36344 黄	 合 36484 黄  合 36638 黄  合 36825 黄  合 37371 黄	 合 37158 黄  合 37166 黄  合 37175 黄  合 37199 黄	 合 20612 𠂤  合 33039 歷	 合 33035 歷  合 33037 歷	 屯 2615 歷  屯 2615 歷

亡戈	亡災		亡囚	上下帝	上帝	上下壱
亡戈	亡災		亡囚	上下帝	上帝	上下壱
 合 28965 無  合 28991 無  合 29099 無  合 33532 無	 合 23787 出  合 28438 何  合 28493 何  合 28480 何	 合 32841 歷  合 35116 歷  合 35116 歷  合 22277 婦	 合 31496 何  合 31496 何  合 31501 何  合 31589 何		 合 10166 賓  合 24979 出  合 30388 何	 合 34176 歷  合 34176 歷
				 二祀𠨘其卣 集成 5412.3		

亡壱	有𡆥	有壱	有正	有祐		有𢦏
亡壱	又𡆥	又壱	又正	又又		又𢦏
 合 32499 歷  合 32865 歷	 合 32822 歷  合 32822 歷  合 34694 歷  合 22398 婦  合 22400 婦	 合 32262 歷  合 33107 歷  合 33148 歷	 合 30706 無	 合 27032 何  合 27079 何  懷特 1354 何  合 26997 無  英 2259 無	 屯 2617 無  合 36123 黄  合 36168 黄  合 36350 黄  合 38230 黄	 合 28036 無  合 28089 正 無
						按：或釋「有翦」。

雨疾	延雨	茲雨	不雨	其雨	允雨	允不
雨疾	征雨	丝雨	不雨	其雨	允雨	允不
 合 21036 自  合 12673 賓  合 12669 賓  合補 2238 賓	 合 19778 自	 合 33410 歷  合 33410 歷	 合 12907 賓  合 33813 歷  合 33822 歷  合 33841 歷  合 33810 歷	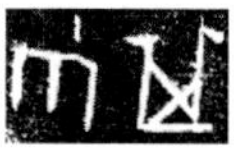 合 33808 歷  合 33417 歷  合 33809 歷	 合 20975 自  合 12909 正 賓  合 12993 賓  合 12994 賓  合 33838 歷	 合 21022 自  合 21052 自  合 21099 自

不吿	不吿黿	中行	之夕	之日	今夕	今日
不吿	不吿黿	中行	之夕	之日	今夕	今日
 合 5637 正 賓	 合 140 正 賓	 懷特 1504 自	 合補 3913 賓	 合 5281 賓	 合 21099 自	 合 20983 自
 合 5637 正 賓	 合 158 賓			 合 10906 賓	 合 21099 自	 合 10564 賓
 合 1424 賓	 合 547 賓			 合 26774 出	 合 12138 賓	 合 26041 出
 合 9758 正 賓	 合 17752 賓			 合 26772 出	 合 12120 賓	 合 30381 無
	 英 149 正 賓			 合 25955 出	 合 16117 正甲 賓	 合 37856 黃

用作	用吉	引吉	大吉	生月	湄日	易日
用乍	用吉	引吉	大吉	生月	湄日	易日
	 合 29800 無  合 30914 無	 合 28759 無  合 28854 無  屯 2726 無  合 35347 黃  合 37849 黃	 合 28982 無  合 28995 無  合 29838 無  合 31713 無  合 37139 黃	 合 33916 歷  合 34120 歷  合 34489 歷  屯 3568 無	 合補 9233 何  合補 9248 無  合 28495 無  合 28502 無  合 28498 無	 合 21944 圓
 遷簋 集成 3975						

至吉	受祐	茲用	幽牛	黃牛	黑牛	奔馬
至吉	受又	丝用	幽牛	黃牛	黑牛	逩馬
 合 31195 無	 合 20515 歷  合 32609 歷	 合 32113 歷  合 33314 歷  合 33695 歷  合 33696 歷	 屯 2363 無  屯 4420 無	 屯 2363 無  合 36350 黃  合 36997 黃  合 36998 黃	 屯 2363 無	 花東 381

磬京	義京	五卜	玄牛	六牡	牝牡	盧豕
磬 京	義 京	五 卜	玄 牛	六 牡	牝 牡	盧 豕
 合 20292 𠂤  合 33136 歷  合 33137 歷	 合 386 賓  合 388 賓  合 389 賓  合 390 正 賓	 合 22075 午	 合 33276 歷	 合 15067 賓	 合 19987 𠂤	 合 10724 賓  村中南 483 午  村中南 496 午
按：或釋「⿱磬京」。	按：或釋「⿱義京」。		按：或釋「幺牛」。			

柚京			二山	中日	羊百	牛百
柚京			二山	中日	羊百	牛百
 合 4722 賓  合 4723 賓  合 8049 賓  英 722 正 賓	 合 4912 賓  合 1097 賓  合 8054 賓  合補 3031 正 賓	 花東 114  花東 206  花東 300  花東 455	 合 30393 無  合 30453 無  合 30454 無	 俄藏 4 賓  合 22857 出  合 33986 歷  合 21659 子	 村中南 364 午	 村中南 364 午

五璧	我祭	企束	戎我	鬼日	自糧	設日
五璧	我祭	企束	戎我	鬼日	自糧	設日
 村中南 364 午	 合 34399 歷  合 34399 歷	 合 10410 正 賓  合 10048 賓  合 11446 賓  合 15241 正 賓	 合 6764 賓  合 6766 賓	 合 20772 自	 合 24251 出	 屯 3641 無

盾得	亡終	飲示	南門	子八	敦邑	歆黍
盾 得	亡 終	飲 示	南 門	子 八	敦 邑	歆 黍
					 屯 2161 歷  屯 2161 歷	 合 1772 正 賓
 盾得罍 集成 9775.1  盾得罍 集成 9775.2  盾得觚 影彙 274  盾得觚 集成 7026	 亡終戈 集成 10881  亡終鼎 集成 1451  亡終觚 集成 7023  亡終爵 集成 7612	 飲示爵 集成 8159	 父丙南門鼎 集成 1567	 子八父丁爵 集成 8443		

妝王	亦車			六六六	七八六	八一六
妝王	亦車			六六六	七八六	八一六
 妝王爵 集成 8309	 亦車簋 集成 2989  亦車戈 集成 10863.1  亦車戈 集成 10863.2	 亦車觚 集成 7045  亦車爵 集成 7719  亦車爵 集成 7718	 亦車觚 集成 7043 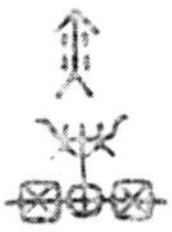 亦車觚 集成 7042	 𢆶六六六父戊卣 集成 5161.1  𢆶六六六父戊卣 集成 5161.2	 耳銜天父庚爵 集成 9074	 八一六盤 集成 10016

六七 七六 八六七 六七

					八六七 六七	六七 七六
						 合 29074 無
					 叔爵 近出 905	

引書簡稱表

合　《甲骨文合集》
屯　《小屯南地甲骨》
英　《英國所藏甲骨集》
乙　《殷虚文字乙編》
美　《美國所藏甲骨録》
德　《德瑞荷比所藏一些甲骨録》
張　《張世放所藏殷墟甲骨集》
京人　《京都大學人文科學研究所藏甲骨文字》
安明　《明義士收藏甲骨文集》
懷特　《懷特氏等收藏甲骨文集》
掇二　《殷契拾掇二編》
掇三　《殷契拾掇三編》
合補　《甲骨文合集補編》
花東　《殷墟花園莊東地甲骨》
輯佚　《殷墟甲骨輯佚》
史購　《史語所購藏甲骨集》
俄藏　《俄羅斯國立愛米塔什博物館藏殷墟甲骨》
旅博　《旅順博物館所藏甲骨》
拾遺　《殷墟甲骨拾遺》
村中南　《殷墟小屯村中村南甲骨》
集成　《殷周金文集成》
殷新　《殷墟新出土青銅器》
近出　《近出殷周金文集録》
近二　《近出殷周金文集録二編》
影彙　《新收殷周青銅器銘文暨器影彙編》
陶彙　《古陶文彙編》

參考文獻

貝塚茂樹：《京都大學人文科學研究所藏甲骨文字》，京都大學人文科學研究所，一九五九年。
畢秀潔：《商代金文全編》，作家出版社，二〇一二年。
蔡哲茂：《甲骨綴合集》，臺灣樂學書局有限公司，一九九九年。
蔡哲茂：《甲骨綴合續集》，臺灣文津出版社，二〇〇四年。
曹錦炎、沈建華：《甲骨文校釋總集》，上海辭書出版社，二〇〇六年。
段振美、焦智勤、党相魁、党　寧：《殷墟甲骨輯佚——安陽民間藏甲骨》，文物出版社，二〇〇八年。
高　明、涂白奎：《古文字類編》（增訂本），上海古籍出版社，二〇〇八年。
高　明：《古陶文彙編》，中華書局，二〇〇四年。
郭沫若：《甲骨文合集》，中華書局，一九七八—一九八二年。
郭若愚：《殷契拾掇初編》，上海出版公司，一九五一年。
郭若愚：《殷契拾掇二編》，上海出版公司，一九五三年。
郭若愚：《殷契拾掇三編》，上海古籍出版社，二〇〇五年。
胡厚宣：《甲骨文合集釋文》，中國社會科學出版社，一九九九年。

黄天樹：《甲骨拼合集》，學苑出版社，二〇一〇年。
黄天樹：《甲骨拼合三集》，學苑出版社，二〇一三年。
黄天樹：《甲骨拼合續集》，學苑出版社，二〇一一年。
黄天樹：《殷墟王卜辭的分類與斷代》（簡體增訂版），科學出版社，二〇〇七年。
焦智勤：《殷墟甲骨拾遺・續六》，《甲骨文與殷商史》新二輯，上海古籍出版社，二〇一一年。
雷焕章：《德瑞荷比所藏一些甲骨録》，利氏學社，一九九七年。
李學勤、齊文心、艾　蘭：《英國所藏甲骨集》，中華書局，一九八五年。
李鍾淑、葛英會：《北京大學珍藏甲骨文字》，上海古籍出版社，二〇〇八年。
李宗焜：《甲骨文字編》，中華書局，二〇一二年。
林宏明：《醉古集——甲骨的綴合與研究》，臺灣萬卷樓，二〇一一年。
劉　雨、盧　岩：《近出殷周金文集録》，中華書局，二〇〇二年。
劉　雨、嚴志斌：《近出殷周金文集録二編》，中華書局，二〇一〇年。
劉　釗：《新甲骨文編》（增訂本），福建人民出版社，二〇一四年。
彭邦炯、謝　濟、馬季凡：《甲骨文合集補編》，語文出版社，一九九九年。
上海博物館：《上海博物館藏甲骨文字》，上海辭書出版社，二〇〇九年。
沈建華、曹錦炎：《甲骨文字形表》，上海辭書出版社，二〇〇八年。
宋鎮豪、郭富純：《旅順博物館所藏甲骨》，上海古籍出版社，二〇一四年。
宋鎮豪、瑪麗婭：《俄羅斯國立愛米塔什博物館藏殷墟甲骨》，上海古籍出版社，二〇一三年。
宋鎮豪：《張世放所藏殷墟甲骨集》，綫裝書局，二〇〇九年。
吴鎮烽：《商周青銅器銘文暨圖像集成》，上海古籍出版社，二〇一二年。

徐中舒：《甲骨文字典》，四川辭書出版社，一九八八年。
許進雄：《懷特氏等收藏甲骨文集》，加拿大皇家安大略博物館，一九七九年。
許進雄：《明義士收藏甲骨文集》，加拿大皇家安大略博物館，一九七二年。
嚴志斌：《商金文編》，中國社會科學出版社，二〇一六年。
楊郁彥：《甲骨文合集分組分類總表》，臺北藝文印書館，二〇〇五年。
伊藤道治：《天理大學附屬天理參考館甲骨文字》，天理教道友社，一九八七年。
中國社科院考古研究所：《甲骨文編》，中華書局，一九六五年。
中國社科院考古研究所：《小屯南地甲骨》，中華書局，一九八〇年。
中國社科院考古研究所：《殷墟花園莊東地甲骨》，雲南人民出版社，二〇〇三年。
中國社科院考古研究所：《殷墟小屯村中村南甲骨》，雲南人民出版社，二〇一二年。
中國社科院考古研究所：《殷周金文集成》（修訂增補本），中華書局，二〇〇七年。
中研院史語所：《史語所購藏甲骨集》，臺灣中研院歷史語言研究所，二〇〇九年。
鍾柏生、陳昭容、黃銘崇、袁國華：《新收殷周青銅器銘文暨器影彙編》，臺北藝文印書館，二〇〇五年。
周鴻翔：《美國所藏甲骨録》，美國加利福尼亞大學，一九七六年。
朱鳳瀚、沈建華：《中國國家博物館館藏文物研究叢書·甲骨卷》，上海古籍出版社，二〇〇七年。

拼音檢字表

A

ài

艾 21

áo

敖 258

ào

驁 398
奡 427

ān

安 308

B

bā

八 29
巴 580

bà

癹 56
霸 287

bái

白 332

bǎi

百 147
柏 244

bài

敗 125

bān

般 357

bāng

邦 272

bāo

苞 21
勹 375

báo

雹 458

bǎo

寶 309
保 335

bào

虣 201
豹 394
瀑 440

bēi

卑 114

běi

北 347

bèi

𤰇 134
孛 259
貝 267
備 338
狽 409

bēn

奔 422

bī

偪 343

bí

鼻 147

bǐ

啚 231
鄙 273
比 346
妣 485

bì

璧 16
必 31
泌 31
畀 186
飶 218
柲 246
敝 333
匕 345
邲 370
辟 374
庇 382
駜 398
𦋚 428
濞 437
婢 486

biāo

髟 369

biào

𠬪 167

biān

邊 62
鞭 99
編 528

biàn

釆 32

bié

𠔁 30

bīn

賓 267
豩 389

bīng

兵 91

bǐng

秉 109
柄 246
眪 289
丙 577

bìng

并 346
竝 429

bō

剝 176

bó

博 84
亳 224
帛 332
伯 336
瞉 388
駁 398
泊 448

bū

逋 60

bǔ

卜 131

bù

步 56
不 469

C

cái

才 255

cǎi

采 247

cài

蔡 22

cān

奴 169
參 286

cǎn

朁 189

cāng

倉 219

cáo

曹 189
棘 251

cè

册 78
栅 79
曶 189

chài

蠆 532

chǎn

燀 412

chāng

昌 277

chàng

鬯 215

cháo

漅 449

chē

車 558

chè

中 19
徹 123

chén

晨 98
臣 116
晨 288
沈 441
辰 590

chēng

爯 163

字 585

zōng

宗 313

zōu

掫 481

zǒu

走 49

zòu

奏 427

媄 499

zú

族 281

卒 352

zǔ

祖 6

zuī

朘 174

zūn

隫 576

尊 597

zuǒ

祐 11

𠂇 114

左 114

zuò

钕 126

作 338

坐 541

坐 549

筆畫檢字表

十一畫

〔一〕

〔乛〕

〔丶〕

〔丿〕

〔丨〕

十三畫

〔、〕

〔乛〕

十四畫

〔一〕

〔丨〕

〔丿〕

〔、〕

〔乛〕

十五畫

〔一〕

〔丨〕

後記

二〇一一年，我有幸跟隨黄德寬先生讀博士。在黄老師精心指導下，我於二〇一四年夏完成了博士學位論文《甲骨文字用研究》，開始對甲骨文有了一定程度的了解。在博士論文寫作過程中，曾系統聽過高嶋謙一、朱歧祥先生的甲骨文課程，受益匪淺。畢業留校後，黄老師讓我加入「漢字發展通史」與「漢字理論與漢字發展史研究」課題組，負責《商代文字字形表》的編製。

在編製過程中，李宗焜先生編著的《甲骨文字編》、劉釗先生主編的《新甲骨文編》（增訂本）先後出版，兩位先生是當代著名甲骨文學者，其書體例嚴謹、釋字精審，爲本書的編纂提供了參考。在初稿完成後，黄德寬老師先後多次審閲書稿，並提出寶貴修改意見。二稿完成後，課題組成員又多次集中審稿，研討交流。所以小書得以出版，實乃課題組成員群策群力的結果。

古文字學博大精深，其中很多甲骨文字的釋讀又衆説紛紜，幾年來，雖數易其稿，但仍覺自己學識淺陋，力不從心，書中不當之處尚祈學界方家指正。

本書編製過程中，始終得到徐在國先生的指導，徐老師是我碩士導師，一直對我關愛有加。另外，課題組郝士宏、江學旺、吴國昇、程燕、劉剛、單曉偉諸位老師亦助力不少，在此一併致謝！

夏大兆

二〇一七年六月九日

圖書在版編目(CIP)數據

商代文字字形表 / 黄德寬主編；徐在國副主編；夏大兆編著. —上海：上海古籍出版社，2017.9（2023.8重印）
（古漢字字形表系列）
ISBN 978-7-5325-8234-1

Ⅰ.①商… Ⅱ.①黄… ②夏… Ⅲ.①漢字—古文字—字形—商代 Ⅳ.①H123

中國版本圖書館 CIP 數據核字(2016)第 229245 號

責任編輯　顧莉丹
封面設計　嚴克勤
技術編輯　富　强

古漢字字形表系列
商代文字字形表
黄德寬　主　編
徐在國　副主編
夏大兆　編　著
上海古籍出版社 出版發行
（上海市閔行區號景路159弄1-5號A座5F　郵政編碼 201101）
（1）網址：www.guji.com.cn
（2）E-mail：gujil@guji.com.cn
（3）易文網網址：www.ewen.co
上海世紀嘉晉數字信息技術有限公司印刷
開本 787×1092　1/16　印張 44.5　插頁 5
2017 年 9 月第 1 版　2023 年 8 月第 4 次印刷
ISBN 978-7-5325-8234-1
H·159　定價：248.00 元